Klaus Bölling

DIE FERNEN NACHBARN

Erfahrungen in der DDR

GOLDMANN VERLAG

Herausgeber der Originalausgabe:
Rolf Gillhausen, Peter Scholl-Latour

Made in Germany · 4/85 · 1. Auflage
Genehmigte Taschenbuchausgabe

Umschlaggestaltung: Design Team, München
Umschlagfoto: Vom Cover
der STERN-Buch-Originalausgabe abgenommen
Druck: Presse-Druck Augsburg
Verlagsnummer: 11539
E.R. · Herstellung: Peter Papenbrok
ISBN 3-442-11539-6

Vorwort

Knapp anderthalb Jahre als Ständiger Vertreter der Bundesrepublik Deutschland bei der DDR rechtfertigen es kaum, daß ich von „meiner Zeit" in Ostberlin spreche. Es wäre mir auch vermessen erschienen, auf dieser schmalen Basis über den anderen deutschen Staat ein Urteil zu Papier zu bringen. Mein Motiv ist vergleichsweise bescheiden: Nach mehreren Begegnungen mit Erich Honecker, dem Mann, der für das Schicksal der Deutschen in der DDR und ein vernünftiges Zusammenleben zwischen den Deutschen beider Staaten von erheblicher Bedeutung ist (und für geraume Zeit wohl auch bleiben wird), wollte ich schildern, wie ich den als „perfekten Bürokraten" verzeichneten Saarländer, wie ich seine wichtigsten Mitarbeiter und schließlich, wie ich den Staat selbst erlebt habe und unsere „fernen Nachbarn".

Im Frühsommer 1983 entstand in der Bundesrepublik ein Streit darüber, ob es in der Deutschlandpolitik gut sei, „Kontinuität" zu wahren oder ob „neue Akzente" gesetzt werden müßten. Inzwischen haben auch jene, die uns viele Male – ähnlich der schwarz-weiß-roten Reaktion in der Weimarer Republik – als „Erfüllungspolitiker" stigmatisieren wollten, begreifen gelernt, daß es zu dem überwiegend beschwerlichen Umgang mit der kommunistischen Staatsführung eine Alternative nicht gibt.

Was ich zu berichten habe, entbehrt des Sensationellen. Es bestätigt allerdings, daß es auf der anderen Seite Kontinuität gibt, daß man in Ostberlin einer Linie folgt. Mag sein, daß meine Eindrücke und Informationen aus Gesprächen mit Erich Honecker und anderen zum besseren Verständnis der Möglichkeiten, aber auch der Grenzen der Deutschlandpolitik beitragen können.

An meine Freunde in der Evangelischen Kirche in der DDR habe ich gedacht, als ich dem Bischof Albrecht Schönherr ein eigenes Kapitel widmete; auch an jenen mir bis heute unbekannt gebliebenen Christen in Ostberlin, der mir am Tage meiner Ankunft in Berlin-Niederschönhausen eine kleine Tonglocke an die Gartenpforte gehängt hatte. Sie trug die Inschrift: „Laßt uns einfacher leben, damit andere einfach leben können."

Viele von uns, auch wenn sie es nicht einräumen mögen, scheuen die Beschäftigung mit der DDR. Die Nachbarn sind uns über die Jahre ziemlich fern gerückt. Dabei gibt es gerade bei ihnen einen dringlichen Wunsch nach Nähe. Meine Aufzeichnungen können vielleicht zum Nachdenken darüber anregen, was wir, ohne eigene Standpunkte aufzugeben, tun können, damit wir uns nicht im doppelten Sinne des Wortes aus den Augen verlieren.

Klaus Bölling

Erinnerungen an eine ferne Zeit

KAPITEL I

Der Anruf in den frühen Abendstunden wirkte geheimnisvoll. Nicht im Amerika-Büro des Deutschen Fernsehens, sondern in meiner Privatwohnung in der Washingtoner Cathedral Avenue meldete sich in den letzten Maitagen 1971 eine Dame aus dem US-Außenministerium. Sie nannte korrekt ihren Namen und wünschte zu wissen, ob ich am anderen Tag Zeit fände, Mr. X gegen zehn Uhr vormittags zu besuchen. Meine Frage, wer Mr. X sei und was er von mir wolle, beantwortete sie lakonisch, das sei ihr nicht bekannt. Ich hatte, damals Korrespondent der ARD, nicht um einen Termin mit irgendwem im State Department gebeten. Von Freunden in Bonn war mir ein paar Tage vorher berichtet worden, daß der ebenso kluge wie konservative amerikanische Botschafter Martin Hillenbrand mehrfach meine „destruktive" Berichterstattung über den Vietnamkrieg und die Politik Richard Nixons beanstandet hatte. So war ich auf eine sanfte Ermahnung durch einen mit Presseangelegenheiten beschäftigten Beamten vorbereitet.

Die Vorzimmerdame stand bereits am Besucherschalter von „Foggy Bottom", wie das Außenministerium in Washington genannt wird, begrüßte mich routiniert freundlich und brachte mich zu dem Mann, in dessen Auftrag sie am Abend vorher, augenscheinlich nach Dienstschluß, bei mir angeläutet hatte. Auf dem Türschild waren die Worte „Research and Analysis" zu lesen. Diese Abteilung des

State Department verkehrt selten mit ausländischen Korrespondenten.

Die Beamten, meist Karrierediplomaten, arbeiteten, wie wir europäischen Journalisten wußten, recht eng mit dem CIA zusammen, legten aber besonderen Wert darauf, nicht als Mitglieder der sogenannten intelligence community, als Geheimdienstleute also, ins Zwielicht zu geraten.

Mr. X kam sogleich zur Sache. Nein, ich hatte die Toleranz unserer amerikanischen Verbündeten gegenüber Journalisten aus der Bundesrepublik unterschätzt. Nicht Vorhaltungen wegen meiner Vietnamberichte im Deutschen Fernsehen sollten gemacht, sondern lediglich eine Auskunft eingeholt werden. „Sie waren doch als junger Mann bei der FDJ in Ostberlin. Ich weiß, daß Sie damals auch Herrn Honecker begegnet sind. Uns interessiert, welche Meinung Sie über ihn haben. Ihre Regierung hat diese Woche gesagt, der Nachfolger von Ulbricht sei ein Mann des Staatssicherheitsdienstes, ein Apparatschik. Sehen Sie das auch so?" Einige Tage nach der Wahl Honeckers zum Nachfolger von Walter Ulbricht hatte ich den Kommentar meines Freundes Conny Ahlers gelesen und gedacht, warum müssen die sich in Bonn immer gleich so endgültig äußern. Das öffentliche Bild Honeckers bei uns schien klar zu sein: stets gefügiger Parteigänger des Sachsen Ulbricht, Drillmeister der Staatsjugend, blasser Stalinist, neue Ideen nicht zu erwarten.

Meine Kenntnisse über den neuen Machthaber in Ostberlin gründeten sich auf Begegnungen mit Honecker in den Jahren zwischen 1945 und 1947. Damals hatte ich ihn als einen Mann erlebt, der spontan und sogar herzlich sein konnte. Er war es nicht gleichmäßig. Mir erschien er in diesen allerersten Nachkriegsjahren jedenfalls als ein zuverlässiger Antifaschist und ein von der Gerechtigkeit und der Richtigkeit des Kommunismus innerlich überzeugter Mann. Was alles später über seine ihm zur zweiten Natur gewordene Vorsichtigkeit und Begabung zur Anpassung, über seine Verschlossenheit und seinen Rigorismus im Umgang mit Gegnern berichtet worden ist, konnte ich nach einigen Treffen nicht verläßlich einschätzen, denn seine eigentliche Entwicklung hatte ja eben erst begonnen.

Immerhin hatte ich den Saarländer als einen Kommunisten erlebt, dem ich Idealismus und Menschlichkeit zutraute und der sich für mich und viele andere vorteilhaft von Ulbricht unterschied.

Es war nicht das erste Mal, daß mich ein amerikanischer Regierungsbeamter zur Person Erich Honeckers befragte. Dieses Mal wurde ich höflich um eine Auskunft gebeten, weil dem US-Außenministerium bekannt war, daß ich gleich nach dem Krieg der KPD und etwas später der SED angehört hatte. Sicherlich gab es in Washington kein großartiges Dossier über mich.

Bald nach dem 17. Juni 1953 – ich war zu dieser Zeit Redakteur beim RIAS Berlin – wurde ich in ein Büro des CIA bestellt, das irgendwo in einer Villa in der Clayallee in Berlin-Dahlem angesiedelt war. Es erreichte mich diese Vorladung wenige Wochen nach einem Besuch der Herren Cohn und Shine, der beiden Ausschußassistenten des Senators Joseph McCarthy. Sie „investigierten" im Auftrag des Kommunistenjägers aus Wisconsin alle amerikanischen Einrichtungen, in denen deutsche Staatsangehörige arbeiteten und fanden in meinen dünnen Personalpapieren auch die Tatsache meiner Zugehörigkeit zur KPD vermerkt. Die amerikanische Obrigkeit des Senders hatte das bei meiner Einstellung natürlich gewußt, Gordon Ewing, der US-Direktor, hatte es als „Jugendsünde" nicht ernstgenommen. In den Tagen der von McCarthy erzeugten antikommunistischen Hysterie bekam diese Phase in meiner „Biographie" nun eine besondere Bedeutung. Die mich vernehmenden CIA-Beamten schienen zu glauben, daß ich mit achtzehn Jahren als stiller Zuhörer den Sitzungen des Politbüros hatte lauschen können. Obwohl sich der amerikanische Hochkommissar James Conant die Mühe machte, für den jungen Berliner RIAS-Redakteur zu intervenieren, mußte ich den Sender verlassen. Die Amerikaner im RIAS, fast alle der Demokratischen Partei zuneigend, waren über diese bizarren Fernwirkungen des McCarthyismus in ihrem Land sehr bedrückt. Sie begriffen schon früh, daß der SED-Staat nicht mit tönenden Freiheitslosungen wegzukriegen sei. Deshalb standen sie auch hinter Egon Bahr, der als Chefredakteur des RIAS mit viel Mut und guten

Argumenten am Tag des Volksaufstandes in der „Zone" einer von militanten konservativen Berliner Sozialdemokraten angeregten Kampagne für einen Generalstreik in der ganzen DDR entgegentrat und diese lebensgefährliche Unternehmung dann auch verhindern half.

Meine gerade anderthalb Jahre währende Mitarbeit bei verschiedenen kommunistischen Blättern, vor allem bei dem von Erich Honecker herausgegebenen ersten Organ der FDJ, „Neues Leben", ließ mich nicht nur den Gehilfen des Kommunistenfressers McCarthy, sondern mehr als zwanzig Jahre später auch Abgeordneten der CDU/CSU im Deutschen Bundestag als ein „Sicherheitsrisiko" erscheinen. Und weil das Honecker-Blättchen im Verlag „Volk und Wissen" erschien, jenem Verlag, zu dem auch der Kanzlerspion Guillaume fünfzehn Jahre später eine Verbindung hatte, suchten einige der ultrarechten Parlamentarier in Bonn den neuen Regierungssprecher in die geistige Nachbarschaft des MfS*-Hauptmanns zu schieben. Zu keiner Zeit hatte ich verschwiegen, daß ich – wie viele andere meiner Generation – mit einer Menge Idealismus an der Gründung einer antifaschistischen Jugendbewegung mitgewirkt hatte. Meine Beziehung zu Honecker hatte ich erwähnt, hatte sie in der angemessenen Bedeutung geschildert. Und die war eher gering.

Helmut Schmidt wußte seit vielen Jahren von meiner „kommunistischen Vergangenheit", auch von meiner Bekanntschaft mit Honecker. Bei einer ersten Begegnung mit dem SED-Generalsekretär in Helsinki im Sommer 1975 unter dem Dach der KSZE-Konferenz frotzelte er zu Honekker: „Wenn Sie wüßten, was ich durch Herrn Bölling alles über Sie erfahren habe." Der Ostberliner Staatschef war in der Lobby des Konferenzgebäudes mit einer damals nur selten an ihm zu beobachtenden Unbefangenheit auf mich zugegangen. „Wenn Sie gestatten, Herr Bundeskanzler, will ich eben mal einem alten Bekannten die Hand geben." Das war liebenswürdig gemeint, stimmte auch – und war doch eine gelinde Übertreibung.

Zwischen meinem achtzehnten und neunzehnten Lebensjahr hatte ich in Honeckers Zeitschrift Aufsätze ge-

* MfS = Ministerium für Staatssicherheit

schrieben, die hochgemut idealistisch waren und in denen ich meine frisch erworbenen Marxismuskenntnisse mit den Früchten des nicht nationalsozialistisch, aber kräftig deutsch-national eingefärbten Geschichtsunterrichts am Berlin-Zehlendorfer Gymnasium vermengte. Die Artikel in der ersten FDJ-Zeitschrift waren, wie man das damals nannte, „schmissig" geschrieben und fanden bei gleichaltrigen Lesern freundlichen Widerhall. Das und meine Begeisterung für die Idee des Sozialismus, die Verve, mit der ich in jeder neuen Nummer unseres Blattes für sie zu werben suchte, mögen, wie einige später gesagt haben, bei Erich Honecker eine gewisse Sympathie für mich geweckt haben.

Es war noch im Spätsommer 1945, als Honecker mich bat, ihm dabei zu helfen, die umfängliche Bibliothek der Jugendabteilung des Zentralkomitees der alten KPD einzurichten. Die vielen tausend Bände, die vor Hitlers Machtergreifung nach Moskau gebracht worden waren, enthielten manche Titel, die später gewiß aussortiert worden sind.

Erich Honecker besuchte die Redaktion der von ihm herausgegebenen Zeitschrift regelmäßig. Zu den ständigen Besuchern in der alten Wilhelmstraße gehörten auch Hermann Axen und Paul Verner. Der Spanienkämpfer Verner war damals schon ein sehr zurückhaltender, verschlossen wirkender Mann. Auf mich wirkte er anfangs wie ein Finsterling, dem man besser aus dem Weg ging. Heute rangiert er in der Hierarchie als Stellvertreter des Generalsekretärs. Meine wiederholten Versuche, mit Verner zu einem richtigen Gespräch zu kommen, scheiterten allesamt. Nur ganz selten läßt er sich mit Besuchern aus dem Westen sehen. Aus den wenigen Unterhaltungen mit ihm weiß ich, daß Paul Verner zu jenen DDR-Kommunisten gehört, die einer engeren Zusammenarbeit mit uns abwehrend gegenüberstehen, selbst dann, wenn sich der eigene Staat davon Vorteile erwarten kann.

In der Redaktion des „Neuen Leben" wurde mir von einem der „bürgerlichen" Redakteure hinterbracht, daß sich Paul Verner im Gespräch mit Hermann Axen kritisch über mich geäußert hätte. Es schien ihnen zu mißfallen, daß mich Honecker ohne wirkliche Bewährung in das Redaktionskollegium aufgenommen und zugelassen hatte, daß ich gemeinsam mit drei älteren Redakteuren als verantwortlich für den Inhalt genannt wurde. Vielleicht hatte ich auch einige Male zu feurig von Rosa Luxemburg geredet und von der Demokratie, ohne die der Sozialismus „verkommen" müsse. Bestimmt war ich für beide nur deshalb ein Gesprächsthema, weil sie spürten, daß der Herausgeber mich aktiv zu fördern suchte. Axens und Verners Instinkt war richtiger als die Prophezeiung, mit der mich Erich Honecker eines Tages dem KPD-Nestor Wilhelm Pieck vorstellte: „Das ist ein junger Genosse, der gute Arbeit beim ‚Neuen Leben' macht. Von dem erwarte ich mir was." Der spätere Staatspräsident der DDR beschenkte mich mit einem von ihm signierten Exemplar des „Kommunistischen Manifests", legte väterlich seine Hand auf meine Schulter, und Honecker führte mich wie ein freundlicher Klassenlehrer aus dem Raum, in dem die Audienz für eine Gruppe junger FDJ-Leute stattfand.

Während der Wochen, die ich im Gebäude des Zentralkomitees Bücher nach Autoren und Sachgebieten ordnen half, gab es erste Zweifel. Natürlich waren die aus Moskau mit Walter Ulbricht heimgekehrten alten KPD-Leute mit allerhand Privilegien ausgestattet worden, zumal mit besseren Lebensmitteln, als sie damals für die Berliner und die meisten Deutschen erreichbar waren. Einige wenige Male nahm mich Erich Honecker zum Mittagessen in die Kantine des ZK mit. Dort gab es ein Dreiklassenrecht. Das feinste Essen wurde an die Mitglieder des ZK ausgeteilt. In der zweiten Gruppe fand man die Abteilungsleiter und Referenten. Zu denen zählte damals, wenn ich mich richtig erinnere, auch Erich Honecker. Für die Fahrer und andere Gehilfen der „Nomenklatura" gab es einen dritten Raum. Diese in der Sowjetunion selbstverständliche Kantinenhierarchie paßte überhaupt nicht in meine Vorstellung vom einfachen Lebensstil eines richtigen Sozialisten. Als ich gegenüber Honecker eine kritische Bemerkung über diese befremdliche Erscheinung machte, schien er einen Augenblick ehrlich verlegen zu sein. Schließlich gehörte er ja zu jenen Genossen, die die schreckliche Hitler-Zeit nicht im Vaterland der Werktätigen, sondern in einem Zucht-

Frühjahr 1950: Erich Honecker (links) als FDJ-Vorsitzender, Wilhelm Pieck (Mitte), erster Staatspräsident der DDR und Honeckers „väterlicher Freund". Daneben Otto Grotewohl, Ministerpräsident der DDR, der sich als Sozialdemokrat dem Führungsanspruch der Kommunisten unterwirft.

haus im Hitler-Deutschland erlebt hatten. Doch was sollte er schon antworten? Es kam, nach kurzem Zögern, jener famose Spruch, den ich noch oft gehört habe: Kommunismus sei eben nur nach Meinung des Klassenfeindes ein gleichmacherisches System. Jeder müsse im Sozialismus nach seinen Leistungen behandelt werden. Meine Betrachtungsweise, meinte Honecker freundlich, aber autoritativ im Ton, sei vulgär-marxistisch.

Mit dem Saarländer wirklich vertraut zu werden, gab es für mich in der kurzen Spanne meiner Zugehörigkeit zur KPD und nachher zur SED nur wenige Gelegenheiten. Es mag im Sommer 1946 gewesen sein, daß Honecker, inzwischen zum Vorsitzenden der FDJ bestellt, nach Dresden fuhr. Vermutlich weil über seinen Auftritt in der sächsischen Provinz später im „Neuen Leben" berichtet werden sollte, durfte ich mitreisen. Unser Gastgeber in einem bescheidenen Einfamilienhaus auf dem Weißen Hirsch war Robert Bialek, der die regionale FDJ leitete. Ihm war ich schon vorher in Berlin begegnet. Ein gläubiger Kommunist aus einer alten Arbeiterfamilie, ein Idealist und Honecker ergebener Funktionär, der sich an der Gleichschaltung der Jugendorganisation in Sachsen mit einigem Fanatismus beteiligt hat. In den fünfziger Jahren beschuldigte man ihn der Spionage im Dienste westlicher Nachrichtendienste. Man verhaftete ihn, ließ ihn später aber nach Westberlin gehen; eines Tages wurde die Nachricht verbreitet, Robert Bialek habe sich das Leben genommen.

Am Tag nach unserer Ankunft in Dresden, dieser tödlich verwundeten Stadt, redete Honecker vor den sächsischen FDJ-Funktionären. Zu begeistern verstand er nicht, seine rednerischen Talente sind recht karg. Und doch schien er einen Teil seiner Zuhörer durch die eindringliche Art seiner Argumente zu beeindrucken. Auch ich, mit meinen achtzehn Jahren, war überzeugt davon, daß es Honecker ehrlich meinte, wenn er von der gleichberechtigten Rolle der evangelischen und katholischen Jugendorganisationen unter dem Dach der FDJ sprach. Dabei begannen die vielfältigen Schikanen gegen solche Gruppen, die sich dem Macht- und Führungsanspruch der Kommunisten widersetzten, schon sehr früh.

Dieser Anspruch wurde von Erich Honecker von Anfang an mit Härte vertreten und gegen Andersdenkende durchgesetzt, wobei es mir in Erinnerung an jene Jahre manchmal so vorkam, als sei dem Saarländer die schon in Moskau beschlossene geistige Uniformierung der Jugend nicht ganz leichtgefallen. Er hatte es in dem Führungsgremium der FDJ mit einigen Sozialdemokraten zu tun, auch mit Männern der beiden Kirchen, die, ebenso wie er selber, von der Hitler-Diktatur verfolgt worden waren. Mit ihnen, so meine ich mich zu erinnern, verband ihn ein Gefühl von Solidarität. Es mag ihn bedrückt haben, daß es Teil seines Auftrags war, diese Männer bald schon zu entmachten. Das gemeinsame Erlebnis der Verfolgung war für ihn, der ein Gefühlsmensch ist, etwas Wichtiges. Das ist wohl bis heute so geblieben. Seine Schulung in der KPD und im Kommunistischen Jugendverband verbot ihm, solche Gefühle zu zeigen. Er hat sie verdrängt.

Ein einziges Mal war ich für den FDJ-Chef als „ghostwriter" tätig: Es war tollkühn, eine viele Seiten lange Rede über „Nietzsche und den deutschen Faschismus". Das Manuskript enthielt alle mir aus der gierig verschlungenen marxistischen Literatur erreichbaren Klischees über den Verfasser des Zarathustra. Honecker hat diese Rede niemals gehalten. Das war bestimmt kein Verlust.

Ohne meine Aktivitäten beim „Neuen Leben" hätte ich 1946 kaum jenen Reifevermerk erhalten, der mir die Immatrikulation an der alten Friedrich-Wilhelm-Universität auch ohne reguläres Abitur ermöglichte. Neben dem Besuch germanistischer und historischer Vorlesungen konzentrierte ich mich auf allerhand Aktivitäten in der studentischen Betriebsgruppe der SED. In dieser Zeit lernte ich auch Heinz Keßler kennen, heute einer der führenden Militärs der DDR. Keßler, der als Soldat der Wehrmacht zur Roten Armee desertiert war, stammte aus einem kommunistischen Elternhaus und war einer der engsten Freunde von Erich Honecker. Von ihm, der mir auf Anhieb gut gefallen hatte, kam die Idee, mich als Vertreter der Studentengeneration in die Landesleitung Berlin der FDJ „wählen" zu lassen.

Zu dieser Zeit, es war das Frühjahr 1947, begann ich,

mich innerlich immer schneller von Honeckers Partei zu entfernen. Schon die von den Kommunisten gemeinsam mit der sowjetischen Besatzungsmacht erzwungene Vereinigung von SPD und KPD war für mich, wie für viele politisch engagierte junge Leute, ein bedrückendes Erlebnis gewesen. Es war so offenkundig für jedermann, daß die Sozialdemokraten unter Otto Grotewohl der „Einheit der Arbeiterklasse“ ein Opfer zu bringen bereit waren, das sie vor ihrem Gewissen gar nicht vertreten konnten.

Wenige Wochen vor den ersten Wahlen zum Studentenrat an der inzwischen auf die Namen der Humboldt-Brüder umgetauften alten Berliner Universität verdoppelten die SED-Funktionäre ihre Anstrengungen, die bürgerliche Opposition mundtot zu machen. Otto Stoltz und Otto Hess, der eine Sozialdemokrat, der andere CDU-Anhänger, hatten eine klare Mehrheit ihrer Kommilitonen hinter sich. Deshalb sollten die Wahlen durch die Kommunisten mit Hilfe verschiedener Tricks für die SED entschieden werden. Ich habe damals in zahlreichen Diskussionen, vor allem in der Auseinandersetzung mit einem Mann namens Hauser, für eine faire Auseinandersetzung mit den nichtkommunistischen Studentengruppen geworben. Die Vorhaltungen eines Achtzehnjährigen wurden zwar angehört – vielleicht auch deshalb, weil ich zur Redaktion des FDJ-Organs gehörte –, doch sahen die Genossen keinen Grund, meine Kritik besonders ernst zu nehmen. Sie hatten eine Marschroute vom ZK vorgeschrieben bekommen. Da war es einfältig zu meinen, ein einzelner könne den Funktionären demokratische Rechtschaffenheit beibringen.

Ich wollte mir die Trennung nicht leichtmachen. Die Partei war für mich kein lebendiges Wesen, vor dem ich mich in Person meinte rechtfertigen zu müssen. Als ich mich in meinem möblierten Zimmer in Berlin-Nikolassee an die Maschine setzte, um meinen Austritt aus der SED zu begründen, dachte ich mehr an Erich Honecker und daran, daß mich dieser Mann über knapp zwei Jahre gelegentlich eine gewisse Sympathie hatte spüren lassen. Der Durchschlag dieses Briefes an die Landesleitung Berlin der SED kam mir irgendwann abhanden.

Am 18. März 1981 konnte ich dann unerwartet das Original des Briefes zu meinen Privatakten heften. Um eine „mündliche Botschaft" des Generalsekretärs als Antwort auf eine Mitteilung von Helmut Schmidt entgegenzunehmen, erschien ich an diesem Tag im Zentralkomitee der SED. Es war die erste Begegnung zwischen Honecker und mir ohne Anwesenheit von Funktionären des DDR-Außenministeriums. Nur der ihm unbedingt ergebene Staatssekretär Frank-Joachim Herrmann saß mit am Tisch. Während unseres knapp zweistündigen Gesprächs – die Dauer der Unterhaltung war wohl nicht geplant – schob er mir einen mit dem Staatswappen der DDR verzierten Aktendekkel über den Tisch. Darin lag das Original meiner Austrittserklärung vom November 1947, adressiert an einen Genossen E. Lautenbach, den im Landesverband Berlin der SED für Kultur und Erziehung zuständigen Referenten. Ich schrieb:

„Zur Begründung meines, Euch am 20. des Monats mitgeteilten Austritts möchte ich im einzelnen ausführen:
Aus Begeisterung für den Gedanken des Sozialismus und für seine wissenschaftliche Begründung, den Marxismus, trat ich Ende 1945 der KPD bei. Ich glaubte, in dieser Partei die beste Garantie für die baldmöglichste Herbeiführung des Sozialismus gefunden zu haben und sah überdies in der KPD die einzige entschlossene Kraft gegen den Faschismus. Die Ablehnung des Fusionsangebots der SPD habe ich seinerzeit für eine taktische Notwendigkeit angesehen und habe in Erkenntnis der Unerläßlichkeit einer sozialistischen Aktionseinheit die Vereinigung von KPD und SPD danach um so stärker begrüßt. Allein die Praktiken, durch die diese Aktionseinheit, vor allem in der Ostzone, hergestellt wurde, habe ich zu diesem Zeitpunkt bereits abgelehnt, weil ich diese forcierte Vereinigungspolitik für anorganisch und daher auch für nicht dauerhaft ansah.
Über die Notwendigkeit einer durch die Verschmelzung bedingten politischen Kursänderung bin ich mir von vornherein klar gewesen. Wäre aus der Einheit tatsächlich eine Politik der Synthese erwachsen, so hätte ich mich vermutlich auch heute nicht zum Austritt entschieden. Die neue

Politik der SED ließ jedoch diesen notwendigen Gedanken der Synthese völlig vermissen. Die Partei schlug eine Richtung ein, die sich mehr und mehr vom Sozialismus entfernte.
Wohl ist der Sozialismus ein Fernziel für Deutschland, allein die Erreichung eines Fernziels darf keinesfalls auf Kosten der lebenden Generation gehen, und alle politischtaktischen Maßnahmen zur Wegbereitung des Sozialismus müssen zurücktreten hinter dem Menschen als dem letzten Sinn und Zweck des Sozialismus.
Selbstverständlich kann die bürgerliche Demokratie vom marxistischen Aspekt her nur Mittel zur Erlangung des Sozialismus sein. Der mir grundsätzlich erscheinende Fehler, den die Partei hier macht, besteht allein darin, daß sie in richtiger Erkenntnis der ‚Nur-Mittel-Funktion' die Demokratie nach außen hin anerkennt, sie in der Realität aber negiert. Alle zur Legitimierung gebrauchten Attribute wie ‚reale, wahre oder Volksdemokratie' können über die alleinige Auffassung der Partei von der Demokratie nicht hinwegtäuschen.
Die Partei müßte, im Wissen um die eigentliche Funktion der Demokratie, nämlich der eines in Deutschland nicht zu überspringenden Interims, die Demokratie, auch wenn sie ihr gelegentlich im Wege steht, tatsächlich anerkennen. Die Zulassung der SPD in der Ostzone hätte unserer Partei weniger geschadet als ihre Nichtzulassung ihr heute und auch morgen noch schaden wird. Wenn von der Partei das Bedürfnis nach einer Zulassung der SPD in der Ostzone bestritten wird, so ist die Masse aller SED-Genossen davon überzeugt, daß ein solches Bedürfnis real existiert und daß es hochgradig unklug war, auf diese Weise der Partei ein niemals dauerhaftes Privileg zu schaffen.
Und in diesem Umstand, der Unterbindung nämlich einer politischen Einflußnahme des Massenwillens, sehe ich den Grund der Krise, die die Partei heute zweifellos durchmacht. Die feste innerparteiliche Demokratie, der die KPD ihren revolutionären und kämpferischen Aktionswillen verdankte, ist von der SED aufgegeben worden und hat die Mitgliedschaft de facto von ihrem ursprünglichen Recht, dem der Mitbestimmung, ausgeschlossen. Die Par-

Zurück von einem Moskau-Besuch 1947: (v.l.n.r.) der FDJ-Funktionär Robert Menzel, Erich Honeckers erste Frau Edith Baumann, Erich Honecker, Heinz Keßler, damals einer seiner engsten Mitarbeiter in der FDJ, heute einer der führenden Militärs der DDR.

tei duldet keine Form der Kritik, geschweige denn eine Opposition.

Ihr verweist auf die Parteidisziplin und auf die Notwendigkeit, nach außen stark sein zu müssen. Das muß im Grundsätzlichen unbestritten bleiben. Aber im konkreten Fall ist es eine Verfälschung des dialektischen Gedankens. Warum konnte sich die alte KPD einer so außergewöhnlich festen, fundierten Parteidisziplin rühmen? Nur, weil sie die Unerläßlichkeit einer unerschütterlichen innerparteilichen Demokratie respektierte. Die Gewißheit ihrer Mitglieder, nicht Objekt, sondern mitbestimmendes, mithandelndes Subjekt der Politik der Partei zu sein, ließ die Genossen in der KPD die Parteidisziplin so vorbehaltlos anerkennen.

Die SED hat den Boden der innerparteilichen Demokratie verlassen und kann darum auch keine Parteidisziplin verlangen. Die SED hat das gute Erbteil ihrer proletarisch-revolutionären Tradition zugunsten einer Politik der bürgerlichen Mittelmäßigkeit aufgegeben.

Ihre historische Stellung der Oppositionspartei seit den Tagen Bebels hat die SPD, die USPD und später die KPD immer davon abgehalten, zu verspießern und zu verbonzen. Den politisch-historischen Umständen verdankten wir das Glück, einen Teil der politischen Macht in die Hand zu bekommen. Die Partei ist von einem Extrem in das andere gefallen. Die Zeit, da wir vielleicht einmal Regierungspartei sind, ist noch nicht gekommen. Sie läßt sich nicht gewaltsam vordatieren.

Auch heißt es, den alten sozialistisch-proletarischen Geist aufgeben, wenn die führenden Funktionäre der Partei Gewohnheiten kapitalistischer Politiker annehmen, und es ist läppisch, die allgemeine Verbonzung unserer prominenten Genossen mit dem Argument ‚Jeder nach seiner Leistung' oder dem von der kapitalistischen Umwelt verteidigen zu wollen.

Mag sein, daß diese Erscheinungen, die nur sehr schwer abgestritten werden können, lediglich zeit- und situationsbedingte Erscheinungen sind. Zu entschuldigen sind sie durch die Umstände jedenfalls nicht. Ja, mir scheint sich hier eine verhängnisvolle Entwicklung anzubahnen, für

die bereits zahlreiche Symptome da sind. Die Parteileitung nimmt für sich das Recht absoluter Entscheidungssouveränität in Anspruch und läßt sich in ihren Entscheidungen durch die Mitgliedschaft in keiner Weise beeinflussen.
Welch ein realitätsfremdes Bild bot der 2. Parteitag! Ich habe mit vielen, sehr vielen Genossen, darunter auch höheren Funktionären, vor dem Beginn der Tagung gesprochen, die fast ausnahmslos eine Fülle schwerwiegender kritischer Argumente gegen die politische Linienführung des Zentralsekretariats vorbrachten. Wo blieben ihre Stimmen? Keiner von ihnen ist zu Wort gekommen. Warum? Die Grenzen, innerhalb derer ein SED-Genosse denken darf, sind von der Lothringerstraße allzu eng gezogen. Selbst die ‚Einsicht in die Notwendigkeit' ist für das ZK in diesem Stadium der Entwicklung kein stichhaltiges Alibi mehr.
Daß die Herbeiführung sozialistischer Zustände in Deutschland eine Angelegenheit höchster Dringlichkeitsstufe ist, wer wollte das bestreiten? Aber niemals kann diese Dringlichkeit eine Rechtfertigung für eine Regierungspraxis sein, wie sie in der Ostzone unter dem formalen Gesicht der Blockpolitik geübt wird. Sie kann niemals die Rechtfertigung einer unheilvollen Verbürgerlichung der Partei, ihrer falsch interpretierten Parteidisziplin und ihrer starken Intoleranz sein.
In ihren Briefen an Lenin hat Rosa Luxemburg einmal geschrieben: ‚In dreißig Jahren wird man hier keine Freiheit mehr kennen.' Eine Diktatur des Proletariats haben wir nicht zu errichten vermocht. Will man auf das Proletariat verzichten und aus einem notwendigen Stadium der Entwicklung zum Sozialismus eine Methodik machen? Ich kann die Politik der Partei aus den genannten und einer Anzahl anderer Gründe für mich nicht mehr gutheißen.
Darum habe ich mich zum Austritt entschlossen.
Mit sozialistischen Grüßen.
Klaus Bölling."

Gewiß, das las sich mehr als dreißig Jahre später reichlich pompös und altklug, und meine idealisierenden Bemerkungen über die alte KPD mußten Kenner der Weimarer

Republik lächeln lassen. Damals, im Herbst 1947, war mir die Sache sehr ernst.

Für Honecker war die Rückgabe meines Briefes vermutlich mehr als ein spontaner Einfall. Schwerlich konnte er glauben, daß seine Geste von mir als eine Erinnerung an die „gemeinsame Zeit" verstanden würde. Mir kam es eher so vor, als wolle der Generalsekretär der SED signalisieren, daß er sich zwar an die kurzen Begegnungen vor drei Jahrzehnten gut erinnere, daß hier aber an nichts anzuknüpfen sei. Außer in einem einzigen Punkt. Den berührte er schon bei meinem Antrittsbesuch am 9. Februar 1981.

Ein deutsch-deutscher Fahnengruß

KAPITEL II

Wir passierten den Grenzübergang Bornholmer Straße an einem Wintertag von lastender Grauheit. Es war der 7. Februar 1981. Mit meiner Frau Alexandra war ich auf dem Weg von Bad Godesberg nach Berlin-Niederschönhausen. Erstes Ziel: die Kuckhoffstraße, wo die Wohnung – in der Diplomatensprache „Residenz" genannt – des Ständigen Vertreters der Bundesrepublik Deutschland bei der DDR liegt. Ich betrat das Haus mit vielen und widerstreitenden Gefühlen. Die hatten nicht bloß mit den zwei Jahren meiner Mitgliedschaft in Honeckers Partei zu tun. Mal um Mal hatte ich mir in den Wochen vor der Übersiedlung nach Ostberlin die Frage gestellt, ob es mir gelingen würde, gerade die emotionale Abneigung gegen den SED-Staat unsichtbar zu machen oder doch so zu beherrschen, daß die Arbeit des politischen Dolmetschers zwischen den beiden Staaten dabei nicht Schaden nahm.

Als Berliner hatte ich auch in früheren Jahren beim Anblick der Mauer ein würgendes Gefühl gespürt. Das wurde an diesem düsteren Februartag noch heftiger. In diesem Augenblick konnte ich nicht daran denken, daß wir im Westen, jedenfalls politisch, an dieser Mauer mitgewirkt hatten.

Im Westen Deutschlands, ja auch in Westberlin, erscheint die Mauer als ein Bauwerk, in welchem sich die Schwäche des DDR-Regimes ausdrückt. Von den Deutschen drüben wird sie als ein nicht zu verdrängendes Symbol der Entmündigung empfunden. Mag sein, daß die Berliner in beiden Teilen der Stadt die Mauer nur ertragen, indem sie sie aus ihrem Bewußtsein wegschieben. Der Preis, den die Ostberliner für solche Verdrängung zu zahlen haben, ist auch psychischer Art. Vor der Mauer kann man sich nicht in einer Nische verstecken. Für die Ostberliner und für die Deutschen in der DDR, zumal jene in Grenznähe, ist sie wie ein monumentaler Grabstein auf die Hoffnung, daß man sich irgendwann wird frei bewegen, daß man irgendwann wird frei denken können.

Ich weiß von einem Schüler, der eine Zeitlang Abend für Abend mit der Straßenbahn vom Elternhaus bis zur Mauer fuhr, ein Junge, den die Glitzerwelt unseres Werbefernsehens unberührt ließ, der mit scharfer berlinischer Zunge die Sprechblasen Bonner Politiker kommentierte und so sehr an seiner Heimat hing, daß er, hätte sich die Mauer nur für ihn allein geöffnet, nach einem Ausflug in die andere Welt ganz sicher in die seine zurückgekehrt wäre. Schlimm nur, daß dieser Junge nach seinen seltsamen Ausflügen von Depressionen heimgesucht wurde, einfach weil er den Sinn dieser Mauer nicht verstehen konnte. Natürlich wußte er, warum diese steinerne Umzäunung entstanden war, wußte auch, daß der Westen womöglich – ob willentlich oder fahrlässig – dabei geholfen hatte, daß diese Mauer hochgezogen wurde. Was ihm aber nicht in den Kopf wollte, war der Widerspruch, daß er in der Schule vom künftigen Sieg des Sozialismus hörte, aber gleichzeitig der erste sozialistische Staat auf deutschem Boden mit der Mauer vieles von dem widerlegte, was er von den jungen Bürgern dieses Staates zu glauben verlangt.

Die Grenzbeamten am „antifaschistischen Schutzwall" waren natürlich davon unterrichtet worden, daß der neue Mann aus Bonn an diesem 7. Februar 1981 gegen Mittag am Übergang Bornholmer Straße in ihren Staat einreisen würde. Sie verhielten sich angestrengt gleichgültig. Die Beamten der DDR, so scheint es, haben nicht Interesse oder gar Neugier zu zeigen, sondern jenen maskenhaften Ernst, der Ausdruck der Souveränität ihres Staates sein soll.

Unsereins meint, gerade durch den Verzicht auf jedes – auch in Bonn kultivierte – hierarchische Gehabe, durch schlichte Normalität also, zeigen zu können, was eigentlich beider Staaten Ziel sein sollte. Das mißlingt fast jedesmal. Man tut so, als seien wir für die DDR nicht wichtiger als Tansania, obwohl die Fixierung auf die Welt der „BRD", auf Bonn, auf unser Fernsehen auch heute noch bei den Funktionären unverändert stark ist. Und gerade sie hat zu jener unsäglichen Verkrampfung geführt, für die ich mir einstweilen eine therapeutische Hilfe kaum vorstellen kann. Selbst wenn all jene westdeutschen Landsleute, die in die DDR mit dem Gefühl einreisen, sie hätten das Wirtschaftswunder ganz allein geleistet, auf ihre so viel Schaden anrichtende Überheblichkeit verzichten würden, wäre damit die nervöse Unsicherheit vieler Staatsdiener auf der anderen Seite noch nicht kuriert.

Natürlich war den meisten DDR-Grenzern mein Gesicht vom Fernsehen her bekannt. Aber sie hielten über vierzehn Monate daran fest, daß ich mich zu identifizieren hätte. Fast alle Mitglieder der Ständigen Vertretung sind durch einen roten Diplomatenausweis privilegiert, der die Kontrolle vereinfacht. Und doch betrachten sich die Beamten bei jeder Ein- und Ausreise das Foto und den Inhaber des Ausweises so mißtrauisch, als hätten sie es mit einem Besucher von einem anderen Stern zu tun. Es ist wohl weniger dem Zynismus zuzuschreiben, daß die DDR irgendwann die Grenzübergänge mit Blumenrabatten zu dekorieren begann. In ihrem Hang zu biedermeierlicher Idylle wünschten sich die Verantwortlichen selber zu beweisen, daß sie dort auf „Friedenswacht" stehen, und Blumen, die für den DDR-Bürger zeitweilig schwer erhältlich sind, sollen als Symbol der Friedfertigkeit verstanden werden. Doch die Stiefmütterchen auf den Betonquadern, von den Beamten sorgsam gepflegt, verstärken nur das Bizarre, das Unheimliche der Mauerszene.

Noch an dem Freitag unserer Ankunft wurde mir gesagt, daß mich der Vorsitzende des Staatsrats schon am kommenden Montag zu einem Antrittsbesuch empfangen würde. Die fürs Protokollarische verantwortlichen Mitarbeiter der Ständigen Vertretung hatten uns in der Kuckhoffstraße freundlich begrüßt, unsere Journalisten hatten den „Schmidt-Mann" vor der Haustür nach seinen Vorstellungen von der neuen Aufgabe gefragt, der Protokollchef hatte im Auftrag seines Ministers einen Blumenstrauß und artige Sprüche abgeliefert.

Wir machten einen ersten Spaziergang durch die engere Nachbarschaft, wußten schon, daß in unserer kleinen Straße außer einem der besten DDR-Physiker, der vorzüglichen Schauspielerin Inge Keller und dem geistreichen Städtebauer und Architekten Hermann Henselmann ganz normale Menschen wohnten; und wir fanden es gut und auch politisch sinnvoll, daß unsere neue Bleibe, zwei kleine Einfamilienhäuser, die durch einen Repräsentationstrakt miteinander verbunden waren, nicht nach einer großspurigen „Residenz" aussah.

Natürlich hatte man mir schon in Bonn gesagt, daß das Haus in der Kuckhoffstraße „mit an Sicherheit grenzender Wahrscheinlichkeit" viele Ohren habe. Gerhart Baum, der Innenminister, hatte mir wenige Wochen vor der Abreise nach einer Kabinettssitzung den wohlmeinenden Rat gegeben: „Wenn Sie mal über heikle Sachen reden, drehen Sie das Radio an, ziemlich laut. Oder Sie legen eine Platte von Mantovani auf den Teller." „Warum gerade Mantovani?" fragte ich. Der Dresdner Baum meinte, das entspräche dem musikalischen Geschmack der Leute, die sich in der DDR von Amts wegen mit dem Abhören beschäftigen. Auf die Anschaffung der Platte haben wir verzichtet. Wir hätten sie ja auch selber anhören müssen.

Mit einigen meiner Besucher bin ich anfänglich in der Nachbarschaft spazierengegangen. Bei strengen Wintertemperaturen war das nicht sehr gesprächsfördernd. So haben wir uns schon nach wenigen Tagen darauf verständigt, daß wir die irgendwo vielleicht verborgenen „Lauschmittel" ganz einfach ignorieren und uns, bei Aussparung von Namen, möglichst ungezwungen unterhalten wollten.

Mit der Abhörerei wird von einigen westlichen Diplomaten auch allerhand Wichtigtuerei betrieben. Da sich alle durch die Gastregierung ernst genommen sehen wollen, bestehen sie darauf – zwar ironisch, doch eigentlich ganz

Die „Residenz", der Wohnsitz des Ständigen Vertreters der Bundesrepublik Deutschland in der Kuckhoffstraße im Ostberliner Stadtteil Niederschönhausen, fürsorglich beschützt von der Volkspolizei.

ernst –, daß sie „selbstredend“ auf der Liste der Abgehörten stehen. Denn für wen die zuständigen „Organe“ nichts investieren, der hat auch nichts Wissenswertes zu sagen (und wer will sich das schon nachsagen lassen).

In der Ständigen Vertretung war gleich nach deren Eröffnung ein abhörsicherer Raum eingebaut worden, von den Mitarbeitern „die Laube“ genannt. Nicht alle Gespräche, die dort geführt worden sind, machten die akustische Isolierung von der Außenwelt nötig. Hier galt es, die Prestigeempfindlichkeit einiger Bonner Besucher zu berücksichtigen, die einer Unterhaltung in der Laube einen Wert an sich beizumessen schienen.

Es war ein überlegtes Zeichen, daß mich Honecker schon zwei Tage nach meiner Ankunft in Ostberlin zu sehen wünschte. Der Kanzler in Bonn, für den Generalsekretär nach zwei Begegnungen bis zu diesem Augenblick noch ein ziemlich unbekanntes Wesen, sollte wissen, daß der von ihm ausgesuchte Gaus-Nachfolger mit der Aufmerksamkeit der DDR-Führung rechnen konnte. Der so schnell anberaumte Termin für die Überreichung des Beglaubigungsschreibens war ein Beleg für das starke Interesse Honeckers an den deutsch-deutschen Beziehungen.

Er mag das im Gespräch mit seinen Generalsekretär-Kollegen im Warschauer Pakt nicht erkennen lassen, weil er besser als die meisten weiß, wie tief das Mißtrauen gegenüber jeder Bewegung zwischen Bonn und Ostberlin im Kreis seiner Verbündeten ist. Ihn bewegt das Schicksal des geteilten Deutschland ungleich mehr als die meisten seiner Freunde im Politbüro. Damit idealisiere ich den Mann nicht. Die beinahe unablässige Beschäftigung mit dem deutschen Thema hat nicht bloß mit der saarländischen Herkunft zu tun. Sie ist bestimmend für den Charakter des Mannes. Es gibt in der Führung der SED kaum einen Kommunisten, der deutscher wäre als er.

An jenem 9. Februar, dem Tag der Akkreditierung, fühlte ich mich sicher und unruhig zugleich. Für die Aufgabe des Leiters der Ständigen Vertretung hatte ich mich nicht auf die Zehen gestellt, dem Bundeskanzler nach der gewonnenen Wahl vom Oktober 1980 allerdings gesagt, daß ich mir nun, nach bald sieben Jahren einer mich zeitweilig erschöpfenden Arbeit als Regierungssprecher, eine andere Aufgabe wünschte. Als Berliner, der bald nach dem Krieg alle Phasen der Zerreißung dieser Stadt und Deutschlands miterlebt hatte, schien mir die Arbeit in Ostberlin von besonderer Wichtigkeit. Auch meinte ich, zur Korrektur eines ebenso verbreiteten wie falschen Bildes beitragen zu können, daß nämlich Helmut Schmidt die Deutschlandpolitik gleichsam nebenher und allenfalls mit dem Kopf, kaum aber mit dem Herzen betreibe. Das war kein geringes, aber nicht das entscheidende Motiv. Ungleich stärkeres Gewicht hatte die Überlegung, daß unsere Deutschlandpolitik zwar in der Richtung unstrittig war, daß aber die Führung in Ostberlin nicht immer sicher sein konnte, ob sich die – in ihren Augen – mehr progressiven oder die konservativ-pragmatischen Auffassungen in Bonn durchsetzen würden. In Wahrheit ging es nur um Nuancen, wenngleich erhebliche Nuancen, und nicht um fortschrittliche oder beharrende Positionen. Aber der Berechenbarkeit des einen durch den anderen schadete das dennoch. Hier sah ich eine Aufgabe.

Mit einer sowjetischen Limousine von gewaltigen Abmessungen, einem jener Wagen, mit denen sowjetische Automobilkonstrukteure irgendwann ihren Cadillac-Komplex bewältigt haben müssen, holte mich der Protokollchef des MfAA* ab. Chauffiert wurde das riesige Blechgehäuse von einem Offizier des Wachregiments „Feliks Dzierzynski". Neben ihm saß ein zweiter Offizier dieser dem Staatssicherheitsminister unterstellten, teilweise zu Repräsentationszwecken eingesetzten Einheit.

Man weiß, daß die DDR-Staatsführung Protokollarisches ungemein wichtig nimmt, ja daß sie das Protokoll aus Gründen der eigenen Selbstdarstellung mit geradezu kultischer Bedeutung versieht: Womit klar ist, daß es weniger darauf ankommt, den fremden Gast mit den Emblemen des eigenen Staates auszuzeichnen, als darauf, die starke und selbstbewußte DDR im Sonntagsstaat vorzuführen.

Vor dem Gebäude des Staatsrates war die Ehrenformation schon geraume Zeit vor unserer Ankunft angetreten.

* MfAA = Ministerium für Auswärtige Angelegenheiten

Auf der gegenüberliegenden Straßenseite hatten sich an diesem regnerischen Februartag an die zweihundert Ostberliner versammelt. Bei der Akkreditierung meines Vorgängers Günter Gaus im Juni 1974 hatte die Zeremonie im Hof des Staatsratsgebäudes gleichsam unter Ausschluß der Öffentlichkeit stattgefunden, weshalb sich die antikommunistischen Puristen in Bonn wegen der Verneigung eines Staatssekretärs vor der „Spalterflagge" nicht sonderlich aufregten. Sechseinhalb Jahre später war das für alle Missionschefs vorgeschriebene Protokoll, zu dem auch der Flaggengruß gehört, vor den Objektiven der Fernsehkameras zu bestehen. Das war nun jener Augenblick, vor dem ich, wie die Berliner sagen, Manschetten hatte. Vollzog ich nur eine formale protokollarische Pflicht, der nicht zu entgehen war, oder unterwarf ich mich auch als Person einer Dramaturgie, mit der die DDR als etwas Endgültiges vorgeführt werden sollte? Mußte hier nicht ein Geßlerhut gegrüßt werden? Die Berliner, die hundert Meter weiter fast reglos standen und zusahen, wußten, daß sich die Zeremonie jedesmal so vollzieht; sie spürten aber auch, daß an diesem Vormittag eine eigene Spannung über der Szene lag. Schon auf dem Weg in die Innenstadt fand ich es – trotz gedanklicher Vorbereitung auf die erste Begegnung mit Honecker – schwer, ein Gleichgewicht zwischen den vielen miteinander streitenden Gefühlen zu finden. Ich war nicht so vermessen, mich als eine Art Missionar zu empfinden, der, gestützt auf das Vertrauen von Helmut Schmidt, die DDR-Führung und ihren ersten Mann davon überzeugen konnte, daß wir endlich zu neuen Ufern aufbrechen und der Welt zeigen mußten, daß die Deutschen, bei allem, was sie trennt, gleichsam modellhaft Menschlichkeit über den Antagonismus der Systeme stellten. Die intellektuellen Bemühungen mancher meiner sozialdemokratischen Freunde und nicht zuletzt auch meines Vorgängers, über die mit größten Anstrengungen und hohem Kostenaufwand geflochtenen Kommunikationswege hinaus stärker auf die Positionen der DDR einzugehen, waren von mir und anderen in der Umgebung Schmidts mit Respekt, aber auch mit einiger Skepsis verfolgt worden. Das hatte uns wiederholt den Vorwurf der Phantasiearmut eingetragen. Vielleicht, das ist einzuräumen, hätte auf einigen Feldern der innerdeutschen Politik ein kalkuliertes Wagnis eingegangen werden sollen. Darüber ist im Kanzleramt nachgedacht worden. Einen höheren Einsatz gegenüber Ostberlin hätte Helmut Schmidt auch des FDP-Vorsitzenden wegen nicht riskieren können. Für Genscher war die Tuchfühlung mit der CDU, ja selbst mit der in allen deutschlandpolitischen Zusammenhängen noch ein Stück konservativeren und dogmatischeren CSU wichtiger.

Willy Brandt hatte kurz vor meinem Wechsel nach Ostberlin öffentlich die Frage gestellt, ob eine Pause des Nachdenkens über die Beziehungen der beiden Staaten neue Elemente zutage fördern könnte. Was durch so eine Pause zu erreichen wäre, hatte er Helmut Schmidt gegenüber nicht angedeutet. Immerhin, die Unruhe über eine unverkennbare Stagnation in den Beziehungen war unter den an der Deutschlandpolitik mehr als oberflächlich interessierten Sozialdemokraten schon vor und erst recht nach der für den August 1980 geplanten Kanzlerreise an die DDR-Ostseeküste zu spüren gewesen. Allerdings wußte niemand zu sagen, wie die andere Seite reagieren würde, wenn wir in Bonn die Kraft fänden, die mit einem Tabu belegten Themen anzugehen.

Als ich, vom DDR-Protokollchef Franz Jahsnowski begleitet, mit plötzlich schwerer werdenden Beinen auf den Punkt zuging, an dem ich die Meldung des Kommandeurs der Ehrenformation abzuwarten hatte, war mir sehr bewußt, daß auf mich, um ein Lieblingswort Herbert Wehners zu gebrauchen, nicht Pionier-, sondern Kärrnerarbeit wartete. Ein Musikzug der Nationalen Volksarmee intonierte das Deutschlandlied. Das klang an diesem Vormittag anders, als ich es viele Male auf dem Hof des Kanzleramts oder im Garten der Villa Hammerschmidt gehört hatte. Das Bonner Wachbataillon musizierte die Haydn-Melodie bisweilen so sanftmütig, als wollte man die ausländischen Gäste um Entschuldigung dafür bitten, daß im Zeichen der ersten Strophe anderen viel Unrecht angetan worden ist. Hier in Ostberlin spürte ich das Lied hart, ja martialisch, und mir kam für einen Augenblick die Idee, daß die Hymne von der DDR sehr viel „deutscher" darge-

Vor der Überreichung des Beglaubigungsschreibens im Februar 1981: Militärisches Zeremoniell vor dem Staatsratsgebäude am Marx-Engels-Platz in Ostberlin.

boten wurde. Sie schien zu den Wachsoldaten mit ihrer fast preußisch-großdeutschen Aufmachung besser zu passen als zu uns in Bonn, die wir doch eher eine Republik ohne militärisches Gepränge geworden sind.

Als Junge glaubte ich darin ein Symbol wirklicher Herrschaft zu sehen, wenn ein Politiker oder gar ein Uniformierter die Front einer Ehrenkompanie abschritt, während die Augen der angetretenen Soldaten ihm folgten. In dieser Stunde, da ein Major namens Krüger mit gezücktem Säbel auf mich zumarschiert kam, war mir flau zumute. Nein, mir war gar nicht mehr danach, diese in westlichen Demokratien bei Botschafter-Akkreditierungen eher unübliche Zeremonie zu verinnerlichen.

Die Fahne der DDR war zu grüßen, jene Fahne mit Hammer und Zirkel, ein Symbol, das Wehner mit mildem Spott das „Architektenzeichen" genannt hatte. Eine knappe Verneigung war zu absolvieren, deutlicher als ein Nikken, das als hochmütig hätte mißverstanden werden können. Einer Generation zugehörig, der noch eingebleut worden war, die Fahne sei mehr als der Tod, begriff ich diesen Teil der Zeremonie eher als eine politische Respektbezeigung vor der Souveränität der DDR, bestimmt nicht als eine kultische Handlung. Und liegt nicht doch ein ganz kleiner Trost darin, daß die Flaggen beider Staaten mit den Farben Schwarz-Rot-Gold bedruckt sind?

Am nächsten Tag – die SPD-Bundestagsfraktion beriet gerade im Berliner Reichstag – war ich auf dem Weg zu Herbert Wehner, um ihm über die erste Begegnung mit Honecker zu berichten. Vor der Tür des Beratungssaals standen Klaus von Dohnanyi, Andreas von Bülow und Hans-Jürgen Wischnewski. Es war Bülow – dessen russophiler Generalsvorfahr in Ostberlin von neuem zu Ehren gelangt ist –, der zu dem Ereignis des Vortages meinte: „Das war in Ordnung, Klaus, nicht zuviel und nicht zuwenig." Eine preußisch-sozialdemokratische Belobigung.

Wiederum einen Tag später fand ich hinter dem Gartentor in der Kuckhoffstraße einen durch eine Plastikhülle geschützten Brief. Vermutlich war er bei Dunkelheit über den Zaun geworfen worden. In einer sympathischen, etwas altmodischen Schrift war darin zu lesen: „Wir haben

Sie im Fernsehen beim Abschreiten der Ehrenkompanie vor dem Staatsratsgebäude beobachtet. Der Stauffenberg von der CSU hat Sie ja scharf angegriffen, weil Sie sich vor unserer Fahne verbeugt haben. Meint Herr Stauffenberg vielleicht, Sie hätten, so wie sein Vater, eine Bombe in der Aktentasche mitnehmen sollen? Auf Fahnen kommt es doch nicht an. Das müßten wir Deutschen doch begriffen haben. Aber verneigen Sie sich nicht vor denen, die im Zeichen des Sozialismus unsere Bürgerrechte mißachten. Versuchen Sie, wie Ihr Vorgänger, das Beste aus Ihrer schweren Aufgabe zu machen. Viel Glück auf den Weg!"

Mir ging durch den Kopf, daß diese Selbstinszenierung der DDR, bei der die neuen Missionschefs eigentlich nur als Statisten gebraucht wurden, weit mehr war als eine Zurschaustellung der vermeintlich geballten Kraft des Regimes: Sie sollte zuallererst Furcht erzeugen, Furcht vor einem System, das im Unterschied zur westdeutschen Republik mit ihrer von Kommunisten (und von den Rechten) verachteten Permissivität jederzeit Disziplin und eine Widerspruch und Diskussion ausschließende Ordnung zu mobilisieren versteht.

Natürlich macht die DDR-Führung damit nicht nur den Gästen, sondern auch sich selbst etwas vor. So frenetisch preußisch, wie sich das Wachregiment „Feliks Dzierzynski" darstellt, sieht sich die Nationale Volksarmee bei näherer Betrachtung nicht an. Die klirrenden Reden des Verteidigungsministers Heinz Hoffmann können nicht verschleiern, daß die Mehrzahl der Wehrpflichtigen ohne alle Begeisterung in die Armee einrückt und die Indoktrination gegen den angeblich aggressiven Klassenfeind unter dem NATO-Dach die meisten innerlich nicht erreicht. Auch die Privilegierung des Offizierskorps mit ihren vielen materiellen Annehmlichkeiten macht aus der NVA augenscheinlich nicht die Elitearmee, als die ihre Generäle sie im Westen und auch innerhalb der eigenen Allianz gern gesehen haben möchten.

Also blicke ich, wie mir ein Freund geraten hat, den Soldaten „gerade ins Auge" und ziehe meine mit Bleigewichten beschwerten Beine hinter mir her bis zu der Stelle, an der ich mich bei Major Krüger für die untadelige Vorstellung zu bedanken habe. Der „Yorcksche Marsch", eine nach musikkritischer Meinung nicht besonders anspruchsvolle, doch angenehm im Ohr klingende Auftragsarbeit Ludwig van Beethovens, welche die heile preußische Welt beschwört, bricht ab. Die Zeremonie im Freien ist beendet.

Nun betreten wir, meine engsten Mitarbeiter* und ich, das Gebäude des Staatsrates der DDR. Es ist keine Balthasar-Neumann-Treppe, die zu den Repräsentationsräumen in der ersten Etage hinaufführt. Sie ist nur pompös, und das muß sie nach der Vorstellung jener Architekten auch sein, die solche Staatsbahnhöfe zu entwerfen haben. Vor der Stein und Stahl gewordenen Staatsideologie soll – wie alt ist doch das Rezept – der Besucher sich klein und belanglos vorkommen. Hier muß ein weiter Weg zurückgelegt werden. Mir ist, als hätte ich ein Kühlhaus zu durchqueren. Die Innenarchitektur solcher Paläste spottet der ästhetischen Maßstäbe jener Architekten, die einst mit der alten KPD verbunden waren oder sogar in ihren Reihen marschierten. Wenn die Baumeister wenigstens Mut zum Beton zeigten. Den wollen sie aber verkleiden, so daß es schön und feierlich aussieht. Die Sesselgruppen verlieren sich in diesem Staatsbahnhof. Die modernen Gobelins, mehr Kunstgewerbe als Kunst, können die Kühle nicht aufsaugen. Mein Gartennachbar Henselmann, der als junger Mann Le Corbusier bewunderte und sich von ihm inspirieren ließ – und dennoch die stalinistischen Wohnpaläste in der alten Frankfurter Allee weisungsgemäß in Beton setzte, was ihn heute ehrlich reut –, hätte bestimmt bessere Ideen gehabt. Man hat ihn aber nicht um Rat gefragt. Nicht nur Kälte verströmt dieses Haus; stärker noch ist der Eindruck des Unverbindlichen und Unpersönlichen. Die verschiedenen Foyers und Empfangsräume sind viel zu groß, auch jener, in dem wir haltmachen und auf den Vorsitzenden des Staatsrates warten.

Nach der Überreichung des von Bundespräsident Karl Carstens unterzeichneten Beglaubigungsschreibens führt mich Erich Honecker in sein Arbeitszimmer. Die mich be-

* Dr. Hannspeter Hellbeck, Jan Hoesch, Dr. Max Dehmel, Dr. Robert Leinius und Christian Schmittlein

Armeegeneral Heinz Hoffmann, Minister für Nationale Verteidigung der DDR, vor dem X. Parteitag der SED 1981. Im Politbüro gehört er zu den „Falken". Seine Devise: „Der Frieden muß bewaffnet sein." Für die jungen DDR-Bürger, die den Wehrdienst verweigern und wirkungsvolle Abrüstung in beiden deutschen Staaten fordern, hat Hoffmann kein Verständnis.

gleitenden Beamten müssen derweil draußen warten. Der Vorsitzende des Staatsrates hat Heinz Eichler, den Sekretär dieses Gremiums, bei sich, den stellvertretenden Außenminister Kurt Nier und Karl Seidel, den mit allen Einzelheiten der deutsch-deutschen Beziehungen vertrauten Abteilungsleiter für die „BRD" im Außenministerium. Das ist nun die erste echte Begegnung nach den eher flüchtigen Treffen in Belgrad bei den Trauerfeierlichkeiten für Marschall Tito und vorher, im Juni 1975, unter dem Dach der Konferenz für Sicherheit und Zusammenarbeit in Helsinki. Aus einem Telefonat zwischen Honecker und Schmidt wußte ich, daß mir der Staatsratsvorsitzende ohne Vorbehalte begegnen würde. Was immer er über meine Ernennung durch die Bundesregierung denken mochte, es zählte für ihn die Tatsache, daß der Bundeskanzler einen seiner Vertrauten in die DDR schickte.

Wenige Tage vor meiner Abreise aus Bonn nach Ostberlin hatte Dettmar Cramer, Bürochef des RIAS und später Chefredakteur des Senders, mit mir ein Gespräch aufgenommen, in dem ich auch über die Verfolgung meiner Eltern unter dem Nationalsozialismus erzählte. Honecker hatte sich dieses Rundfunkgespräch aufzeichnen lassen. Bei unserem ersten Treffen meinte er, daß sich Erlebnisse vieler Deutscher in der Hitler-Zeit, wie sie auch in meiner Biographie verzeichnet seien, als prägend für ein ganzes Leben erwiesen hätten. Wollte er mit diesem Satz ein kleines Stück Solidarität anbieten? Ich nehme an, daß er damit weniger unsere kurze und eher periphere Bekanntschaft gleich nach dem Krieg in Erinnerung bringen wollte, als vielmehr jenes Antifaschismus-Gefühl, mit dem sich Honecker und manche andere in seiner Umgebung seit mehr als drei Jahrzehnten beruhigen, wenn sie mit polizeistaatlichen Mitteln gegen oppositionelle Regungen in der DDR vorgehen. Ich sehe seine Leidenszeit im Zuchthaus Brandenburg-Görden als eines der wichtigsten Ereignisse, die sein Leben bestimmten. Die Gerüchte über opportunistisches Verhalten in der letzten Phase der Hitler-Diktatur sind nicht zu verifizieren. Es mußte einem Hitler-Gegner nahezu jedes Mittel erlaubt sein, um sich kurz vor Torschluß durchzubringen.

**Ostberlin, Februar 1981:
Antrittsbesuch bei dem
Vorsitzenden des Staatsrates
und Generalsekretär
der SED.**

Von mir aus mochte ich bei dieser ersten Begegnung keine anderen Gedanken zu seiner „Antifa"-Ideologie beitragen, wenngleich ich ihm viele Fragen nach dem Schicksal politischer Widersacher hätte stellen mögen, von denen einige unter Ulbricht in die Gefängnisse geschickt worden waren. Wenige Tage später fuhr ich nach Buchenwald und legte dort am Mahnmal für den sozialdemokratischen Reichstagsabgeordneten Rudolf Breitscheid einen Kranz nieder. Der ehemalige Lagerinsasse, der mich durch das Gelände des KZ führte, zeigte mir den Gedenkstein für Ernst Thälmann. Wir hatten noch in Ostberlin darüber gesprochen, ob es angemessen war, auch hier ein paar Blumen niederzulegen. Dem Rat meiner Mitarbeiter, daß eine solche Geste mißverständlich wirken und in der Bundesrepublik sogleich als Anpasserei ausgelegt werden konnte, bin ich gefolgt. Heute denke ich, daß das falsch war. Ich wollte ja als Amtsperson, aber auch wegen der bitteren Erfahrungen meiner Eltern, durch die Fahrt nach Buchenwald, ähnlich wie vor mir Willy Brandt und Volker Hauff, gleichsam wortlos demonstrieren, daß der Widerstand gegen Adolf Hitler nicht das Privileg der Kommunisten gewesen sei. Irgendwie unfrei sind eben auch wir Westdeutschen, wenn wir mit unserer gemeinsamen Geschichte umgehen.

Honecker schien an diesem 9. Februar zu verstehen, daß ich gekommen war, um das Zwiegespräch zwischen ihm und Schmidt ohne Hintergedanken fördern zu helfen, aber auch ohne die illusionäre Vorstellung, es könne durch eine Vertiefung dieses Dialogs eine ganz neue Qualität der Beziehungen erreicht werden. Ich hatte andererseits nicht die Absicht, die nach Meinung der DDR-Führung bei uns und im Westen böswillig verzeichnete DDR als einen ganz normalen sozialistischen Staat darstellen zu helfen. Gewiß hatte ich die Aufgabe in Ostberlin nicht zuletzt mit dem festen Willen übernommen, wenigstens einige der Klischees wegräumen zu helfen, die den Umgang zwischen den beiden deutschen Staaten so mühsam und schmerzvoll machen. Doch ich lernte bald: Der DDR-Führung liegt zwar viel daran, daß das Bild ihres Staates nach draußen versachlicht wird; wichtiger ist ihr aber, daß wir West-

Die Gedenkstätte für den sozialdemokratischen Politiker Rudolf Breitscheid im Konzentrationslager Buchenwald vor den Toren der Goethe- und Schillerstadt Weimar. Auch Ernst Thälmann ist dort ums Leben gekommen.

deutschen auf jeden Vorbehalt im Umgang mit der DDR verzichten. Das Grundgesetz und seine Präambel stehen gegen einen solchen Verzicht. Dennoch muß von uns immer wieder überlegt werden, ob wir den Landsleuten drüben damit helfen, daß wir sie gerade durch die Verweigerung der Anerkennung indirekt zur Identifikation drängen, die sie aus freien Stücken bisher nur sehr begrenzt zu vollziehen bereit sind.

Über das erste Gespräch mit Erich Honecker hätte ich nicht unter „geheim" nach Bonn zu berichten brauchen. Seine Argumentationskette hatte über die letzten Jahre allerhand Rost angesetzt. Wie wir nicht anders erwartet hatten, knüpfte er, wenngleich in der Wahl seiner Worte behutsam, einen ursächlichen Zusammenhang zwischen jedem nennenswerten Fortschritt in den deutsch-deutschen Beziehungen und der „Großwetterlage", ein Ausdruck, den er bei jedem unserer Gespräche und auch bei der späteren Begegnung mit Schmidt am Werbellinsee oft gebrauchte. Die „Großwetterlage" war sein Schlüsselwort. Sie beschrieb seinen durch die polnischen Entwicklungen aufs äußerste begrenzten Handlungsspielraum. Sie war auch gut zur Rechtfertigung aller Verweigerungen, die er uns zumutete, weil in Wahrheit entweder der Sowjetunion eine engere Zusammenarbeit zwischen uns und der DDR nicht genehm war, oder weil Honecker eine von ihm selber vielleicht für richtig gehaltene positive Bewegung im Politbüro nicht meinte durchsetzen zu können. Die „Großwetterlage" ist einerseits Beschreibung der objektiven Möglichkeiten der DDR, die wesentlich von äußeren Faktoren bestimmt wird; andererseits reflektiert sie den einfachen Tatbestand, daß die vorsichtig nach vorn tendierenden Gruppen im höchsten Parteigremium und die auch kleineren Risiken abgeneigten Kräfte sich zeitweilig gegenseitig blockieren.

Nach polemischen Bemerkungen über den NATO-Doppelbeschluß und den amerikanischen Präsidenten, die dennoch eine echte Besorgnis erkennen ließen, versuchte Honecker, die Verantwortung für neue Initiativen auf uns zu schieben. Mir als Berliner waren die Konsequenzen der Erhöhung des Mindestumtauschs durch die DDR im Oktober 1980 – zumal für die alten Menschen in der Stadt – sehr bewußt. Deshalb war es nicht die Erledigung einer politischen Pflicht, daß ich Honecker schon bei dieser Unterhaltung darauf aufmerksam machte, wir müßten eine „substantielle Korrektur" verlangen. Wann immer wir dieses Thema später besprachen, bekam ich wie jeder Besucher aus Bonn zu hören, wir sollten die Westberliner Wechselstuben schließen und die Manipulationen gegen die Währung der DDR unterbinden – danach werde man weitersehen. Diese Erklärung werden er und seine Freunde kaum selber geglaubt haben. Zwar haben die illegalen Tauschgeschäfte tatsächlich zeitweilig eine negative Wirkung auf die DDR-Wirtschaft gehabt, was auch von Herbert Wehner so gesehen worden ist; doch war das eigentliche Motiv für die Maßnahme der Wunsch der DDR-Führung, die Zahl der Reisen in ihren Staat wegen der polnischen Ungewißheiten drastisch zu verringern.

Honeckers wichtigstes Thema war an diesem Tag, „daß wir beide von der Tatsache zweier unabhängiger souveräner Staaten ausgehen, die natürlich ihre eigenen Bürger haben". Damit war das zu vielen Unklarheiten und Ressentiments einladende Thema der Anerkennung einer DDR-Staatsbürgerschaft angeschlagen, zu dem schnelle Antworten wohlfeil, aber nicht hilfreich sind. Denn wäre es möglich, daß wir den Nachbarn heute schon durch die förmliche Anerkennung ihrer Staatsbürgerschaft zu mehr Freiheit der Bewegung verhelfen könnten, ohne ihnen zugleich die Entscheidungsfreiheit zu nehmen, für ein Leben in der Bundesrepublik zu votieren, dann müßten wir sogar bereit sein, das Grundgesetz zu ändern. Dann könnten wir durch einen solchen Schritt glaubhaft beweisen, daß uns die Freiheit eines jeden einzelnen Deutschen wichtiger ist als der Wortlaut unserer Verfassung und Urteile des Bundesverfassungsgerichts.

Am 9. Februar war nicht der Zeitpunkt und nicht der Ort, um mit Honecker ein offenes Gespräch über dieses ihn stark bewegende Thema zu führen. Es wäre jedenfalls ein Verstoß gegen unseren demokratischen Rechtsstaat, wenn wir den Grundsatz der Freizügigkeit gerade für die Deutschen jenseits der Mauer suspendierten in der vagen

Hoffnung, daß ein paar mehr von ihnen die Reise zu uns erlaubt würde. Vermeidbar wäre allerdings gewesen, daß unsere Behörden über die Jahre, gewollt oder einfach gedankenlos, die von uns als Faktum ohnehin respektierte DDR-Staatsangehörigkeit durch kleinliche bürokratische Verwaltungsakte in Zweifel zogen und der anderen Seite dadurch das Gefühl vermittelten, die DDR sei eben doch ein Staat zweiter Klasse. Wenngleich solche Fälle, auf die mich auch Honecker ansprach, von der DDR meist mit übertriebener Aufregung behandelt wurden, habe ich nach einer Weile verstehen gelernt, daß diese Nachwehen unseres von der Hallstein-Doktrin inspirierten Alleinvertretungsanspruchs die DDR-Führer nicht nur oberflächlich schmerzen. Sicher wäre es für beide Seiten gut, wenn die Behörden der Bundesrepublik konsequent den Grundsatz beachteten, daß wir niemanden gegen seinen Willen für unsere Staatsbürgerschaft in Anspruch nehmen; womit keiner Aufweichung unserer grundgesetzlich geregelten Praxis das Wort geredet sei, wonach jeder DDR-Bürger auch Bürger der Bundesrepublik Deutschland sein kann. Nur eine zeitweilig zu beobachtende Neigung westdeutscher Ämter, DDR-Deutsche zu patronisieren oder gar unter Druck zu setzen, ist zu beanstanden und müßte endlich korrigiert werden.

Von Helmut Schmidt hatte ich eine persönliche Botschaft an den Generalsekretär mitbekommen, in welcher der Bundeskanzler seine Bereitschaft bekundete, die Beziehungen auf der Basis des Grundlagenvertrags auszubauen. Natürlich verlangte er darin auch die Korrektur des Mindestumtauschs. Honecker überlas den Text des Bonner Regierungschefs. Leider erlaubt es die besondere Dramaturgie solcher Gespräche einem kommunistischen Staatschef nicht, dem Überbringer einer Botschaft auch nur allgemein darauf zu antworten. Über sensitive Fragen – und für Honecker gilt die Gesamtheit der deutsch-deutschen Beziehungen als eines der empfindlichsten Themen seiner Politik – pflegt er außerhalb des sehr kleinen Kreises der vertrauten Mitarbeiter schon gar nicht zu sprechen.

Schon vor unserem Treffen hatte ich gewußt, daß der Generalsekretär der SED mit kaum einem anderen Thema seit Jahren so intensiv beschäftigt war wie mit dem Verhältnis zum Bonner Staat und daß er, im Gegensatz zu den westdeutschen Bundeskanzlern, mit den meisten Gegenständen, die zwischen den beiden Staaten behandelt werden, im Detail vertraut ist, wenn sie im Politbüro zur Entscheidung anstehen. Politbürositzungen zum deutschdeutschen Verhältnis, so kann als sicher gelten, werden von Honecker durch Vorlagen „strukturiert", die mit äußerster Gründlichkeit vorbereitet werden. In Kenntnis des Standorts und des politischen Temperaments eines jeden Politbüromitglieds sucht Honecker schon in den Texten solcher Vorlagen einen Konsensus vorwegzunehmen. Jedenfalls hält er sich peinlich genau an die „Kleiderordnung". Wenn Widerstände gegen eigene Initiativen in der Deutschlandpolitik zu erwarten sind, scheint der Generalsekretär nur selten eine frontale Auseinandersetzung mit den Widersachern zu riskieren. Alleingänge mögen ihn dann und wann gelockt haben, weil es ganz sicher sein Ehrgeiz ist, in den Geschichtsbüchern bedeutende Spuren zu hinterlassen. In Werbellin, im Dezember 1981, war zu erleben, wie Erich Honecker über die Rolle eines geschickten Moderators divergierender Meinungen im Politbüro hinauszuwachsen begann. Das ist nicht die Regel – die heißt Vorsicht und behutsame Abwägung.

Einmal noch kam Honecker bei unserem ersten Gespräch auf meine Rundfunkunterhaltung mit Dettmar Cramer zurück. Man müsse sich immer wieder vergegenwärtigen, so hatte ich im RIAS gesagt, daß die nachweisbaren Fortschritte in den Beziehungen zwischen uns und der DDR nicht gegen die DDR, sondern nur mit ihr erreicht worden seien. Damit hatte ich die einfältige Meinung zurückweisen wollen, daß wir der stets devisenhungrigen DDR-Führung deutschlandpolitische Zugeständnisse einfach abkaufen könnten. Diese Einsicht, die unter Fachleuten der deutsch-deutschen Beziehungen in allen Parteien seit langem akzeptiert wird und dennoch nicht selbstverständlich ist, wurde von dem Generalsekretär zitiert und freundlich beurteilt. Nun muß für unsereinen nicht falsch sein, was ein Mann wie Honecker für richtig hält. Walter Scheel hat einmal in einer kaum verdeckten Kritik an sei-

Das Dienstgebäude der Ständigen Vertretung der Bundesrepublik Deutschland in der Hannoverschen Straße im Zentrum des alten Berlin, wenige hundert Meter von der Mauer entfernt. DDR-Besucher werden fast ausnahmslos kontrolliert.

nem Nachfolger als Außenminister und FDP-Chef davor gewarnt, die Erklärungen und Reden kommunistischer Führer als bloße Propaganda abzutun, statt sie, unter Weglassung der Polemik, gewissenhaft zu analysieren und zu einem Teil unseres eigenen Kalküls zu machen. Was Erich Honecker im Herbst 1979 in Gera vor Funktionären der SED über die Grundlinien seiner Deutschlandpolitik gesagt hatte – sicherlich nach langer Beratung mit seinen Politbürokollegen –, ist von den Fachleuten im Bundeskanzleramt zutreffend als eine Art Katechismus verstanden worden. Dies war in der Tat ein Programm, von dem man der DDR in der Substanz nichts weghandeln kann. Bei unserem Gespräch sagte Honecker: „Diese Fragen bleiben auf dem Tisch."

Obenan steht für Honecker die Staatsbürgerschaft. Das mindeste, was er von uns meinte verlangen zu können, war der Verzicht auf unsere Vorstellung von der „übergreifenden" Staatsbürgerschaft, die eben für alle Deutschen verfügbar bleiben muß. Dann folgte die von ihm auch an diesem Februartag als dringlich dargestellte Markierung der noch offenen rund hundert Kilometer Elbgrenze zwischen Lauenburg und Schnackenburg, über die sich die gemeinsame Grenzkommission in der Sache schon 1975 geeinigt hatte. Damals waren wir der positiven Klärung dieses scheinbar zweitrangigen Problems in Bonn schon nahe. Innenminister Werner Maihofer hatte ein Gutachten anfertigen lassen, aus dem schlüssig hervorging, daß wir rechtlich nichts, aber auch gar nichts in der Hand haben, um einen Anspruch auf das Ostufer des „Schicksalsstroms" irgendwann durchzusetzen. Eine zerfledderte Karte aus englischem Besitz zeigt an, daß die Siegermächte, Briten und Sowjets, damals einen dicken Strich in der Mitte des Flusses malten. Bei einer dem Thema Elbgrenze gewidmeten Kabinettsklausur im Wasserschloß Gymnich bei Bonn war zudem unterstrichen worden, daß die Bundesregierung die Markierung der innerdeutschen Grenze nicht als „konstitutiv" verstehe. Konstitutiv hätte endgültig geheißen. Das war immer schon das Herzensbedürfnis der DDR-Führung. Daß das Papier der Kommission für eine Einigung zwischen uns und der DDR Entwurf geblieben ist, ging auf eine Intervention des niedersächsischen Ministerpräsidenten Albrecht zurück. Der war offenkundig von Franz Josef Strauß gewarnt worden, daß die CSU eine Zustimmung des Landes Niedersachsen nicht gutheißen würde. Der Bayer schien eine Bonner Zustimmung zu einer Markierung der Grenze bei „Talmitte" als einen unpatriotischen Akt zu sehen und wollte überdies der Bundesregierung den Weg zu einer – für uns in der allgemeinen Wirkung positiven – Vereinbarung mit Ostberlin versperren. Natürlich hatten wir uns die Regulierung der Elbgrenze nicht als ein einseitiges Zugeständnis an die DDR vorgestellt. Wir erwarteten von der DDR, daß sie auf anderen Feldern dann auch der Bundesregierung ein Stück entgegenkommen würde. Über den Ministerpräsidenten in Hannover kam das Münchner Veto bei Genscher in Bonn an. Der beeilte sich, getreu seiner Maxime, daß ein Schulterschluß mit der CDU/CSU in allen halbwegs wichtigen Fragen geboten sei, dem Bundeskanzler klarzumachen, daß eine Unterschrift gegen den Widerstand der Opposition zu riskant sei. Helmut Schmidt mußte ihm recht geben. Damit war eine Chance vertan, denn zu dieser Zeit wäre die DDR mit einiger Wahrscheinlichkeit noch zu einer ordentlichen Gegenleistung bereit gewesen. Was alles wünschten sich die Niedersachsen von der DDR! Sie erstrebten die Einbeziehung der Landeshauptstadt in den grenznahen Verkehr, einen weiteren Grenzübergang im Harz, eine Stichstraße von der neuen Autobahn zwischen Berlin und Hamburg in den Landkreis Lüchow-Dannenberg und einen „Einstieg" in das ungemein komplizierte und obendrein kostspielige Thema Elbverschmutzung. Das wären für Niedersachsen hilfreiche Regelungen gewesen (mit Ausnahme der Stichstraße, gegen die es prinzipielle Bedenken sowjetischer Militärs gibt), die Albrecht im Interesse seines Landes eigentlich energisch hätte anstreben müssen.

Bei meinem Antrittsbesuch in der Staatskanzlei in Hannover bemühte ich mich, ihm die Vorteile einer Elbregelung darzustellen. Die kannte er natürlich selber. Aber er war nicht einmal in Nuancen zum Einlenken bereit, obwohl er zu diesem Zeitpunkt wußte, daß ein von ihm bei dem Göttinger Völkerrechtler Rauschning bestelltes Gutachten, in welchem ein Rechtstitel auf das Ostufer begründet werden sollte, für unsere Verhandlungen wertlos war. Das Rauschning-Gutachten wurde von den Fachleuten im Bundesinnenministerium unter anderem deshalb als nicht seriös eingestuft, weil es einige relevante Dokumente nicht berücksichtigte und schon bei flüchtiger Lektüre den Charakter einer Gefälligkeitsexpertise offenbarte.

Die Behandlung der ganzen Frage zeigt beispielhaft, wie wir uns in der Deutschlandpolitik aus innenpolitischen Opportunitätsgründen selber Fesseln anlegen. Weder deutsches Land noch deutscher Strom sollte hier den Kommunisten in den Rachen geworfen werden. Außer einigen ehrenwerten Bürgern im Landkreis Lüchow-Dannenberg wäre eine vernünftige Regelung niemandem in der Bundesrepublik als ein „Ausverkauf deutscher Interessen" erschienen. Verdrängt war die Erinnerung an die zahlreichen und bisweilen blutigen Zwischenfälle auf der Elbe, bei denen Kollisionen zwischen westdeutschen Wassersportlern und DDR-Grenzorganen nicht einmal das Schlimmste waren; die andere Seite hatte wiederholt von der Schußwaffe Gebrauch gemacht. Es galt also auch in unserem Interesse, zwischen Lauenburg und Schnackenburg ein Stück Sicherheit für die Bürger und etwas mehr Berechenbarkeit für beide Regierungen herzustellen.

Einsichtige Unionspolitiker haben mir in Gesprächen in der abhörsicheren „Laube" der Ständigen Vertretung in Ostberlin eingeräumt, daß wir „diese Sache bereinigen" sollten. Keiner von ihnen hatte den Mut, gegen Strauß und Albrecht aufzutreten. Für Erich Honecker hatte die „offene" Elbgrenze eine Bedeutung, die mich anfangs etwas erstaunte; freilich nur so lange, als ich nicht wußte, daß er hier auch als Sachwalter sowjetischer Interessen auftrat. Nach einer ernst zu nehmenden Information hatten einige pedantische Generalstäbler des Warschauer Paktes in den kaum hundert Kilometern nicht markierter Grenze eine sie störende Grauzone erkannt und den Waffenbrüdern in Ostberlin zu verstehen gegeben, daß die deutsch-deutschen Kontakte irgendwann einmal etwas Profit auch für die eigene Allianz bringen müßten. Hätte sich dieses Interesse der Sowjetunion als authentisch erwiesen, wäre eine vertragliche Übereinkunft für unsere Seite womöglich noch lohnender gewesen.

Die dritte Forderung Honeckers im Katalog von Gera bezog sich auf die Umwandlung der Ständigen Vertretungen beider Staaten in diplomatische Missionen, klassische Botschaften also. In der Logik einer solchen Statusveränderung lag auch die Bezeichnung der Leiter dieser Vertretungen als Botschafter. Wir haben uns beidem widersetzt. Die DDR suggeriert sich, trotz ihrer unablässigen Fixierung auf die Bundesrepublik, daß der westdeutsche Staat für sie in Wahrheit keine andere Qualität habe als andere westeuropäische Staaten. Sie kann den Grundsatz von der souveränen Gleichheit gar nicht anders ausdrücken als durch diese Fiktion. Für uns gilt die Rechtsprechung des Bundesverfassungsgerichts und, mindestens ebenso wichtig, unsere Überzeugung, daß der andere deutsche Staat nicht als Ausland betrachtet werden kann. Mag sein, daß die seit langem gegen uns wirkende „normative Kraft des Faktischen", das Gewohnheitsrecht sozusagen, eines Tages den DDR-Wünschen entgegenkommt; mag sein, daß andererseits eine innere Wandlung dieses Staates neue Betrachtungsweisen in Bonn fördern hilft. Doch wer heute bereits die Qualität der Beziehungen durch eine Erfüllung dieser Forderung meint anheben zu können, würde sich damit über die Gefühle der Deutschen drüben hinwegsetzen.

Denen ist zwar jede Form der Bevormundung durch die Bundesrepublik ärgerlich und die karitative Haltung, hinter der sich häufig Herablassung verbirgt, ein Grund zum Zorn; was freilich nichts an dem von mir und anderen viele Male als unverändert stark erlebten Instinkt der Nachbarn ändert, daß eine Konzession wie der Austausch von Botschaftern die Menschen noch mehr vom Westen wegdrängen und die kommunistische Obrigkeit nicht zu mehr Freizügigkeit, sondern im Gegenteil zu einer noch härteren Abgrenzung von der Bundesrepublik inspirieren könnte. Unsere Phantasie im Ausdenken neuer Elemente der Deutschlandpolitik muß die seelische Befindlichkeit der Deutschen in der DDR berücksichtigen. Sonst versäumen wir vielleicht das Wichtigste.

Wenn es der Generalsekretär wichtig genug fand, Helmut Schmidt im Dezember 1981 in der Schorfheide zu bedrängen, warum es denn nicht möglich sei, die Herren Moldt und Bölling zu „außerordentlichen und bevollmächtigten Botschaftern“ zu machen, da unsere Seite nun schon so hartnäckig am Charakter der Vertretungen meine festhalten zu müssen, dann äußerte sich hier wiederum jener in die Tiefen des Unterbewußtseins reichende Unterlegenheitskomplex zahlreicher DDR-Funktionäre, jenes Tag um Tag von ihnen zu verdrängende Schwächegefühl, aus dem sich leider immer wieder ein gereiztes Verhalten uns gegenüber entwickelt. Die Besessenheit, mit der die DDR das staatliche und diplomatische Protokoll zelebriert, verrät die allenthalben spürbare Unsicherheit im Umgang mit uns. Sicherlich sind das auch Nachwehen aus jener Zeit, da die Bundesregierung die Länder der Dritten Welt mit Lockungen und Drohungen davon abzuhalten suchte, der DDR die diplomatische Anerkennung zu geben. Die Hallstein-Doktrin (Wer mit den Schmuddelkindern in Ostberlin spielt, darf nicht mit uns bei Tische sitzen, genauer: Wer sich erkühnt, die DDR als zweiten deutschen Staat förmlich anzuerkennen, den strafen wir durch den Abbruch der diplomatischen Beziehungen) hat uns viel kostbare Zeit gestohlen. Über lange Jahre ist sie allerdings im Sinne ihrer Urheber wirksam gewesen. In Ostberlin ist aus dieser Zeit eine Menge Groll und Verbitterung zurückgeblieben.

Das Selbstwertgefühl der DDR ist nach wie vor nicht im Gleichgewicht. Und es wird noch so lange gestört bleiben, als die Sowjetunion dem Verbündeten in Ostberlin vorführt, daß in ihrer Außenpolitik die Bonner Republik zeitweilig Priorität genießt. Ostberlins glaubt man sich ohnehin sicher zu sein. (Die untadelig bündnisloyale Haltung der DDR ist von der Moskauer Führung in der Vergangenheit nur selten ausdrücklich honoriert worden.)

Das Drängen auf diplomatische Rangabzeichen im Verkehr mit uns hat mit dem fast unstillbaren Legitimationsbedürfnis des kommunistischen Staates zu tun. Denn in Wahrheit sind sich manche nachdenkliche Kommunisten auch nach bald vier Jahrzehnten nicht so sicher, daß der

„erste Arbeiter- und Bauernstaat auf deutschem Boden" in seiner gegenwärtigen Form das Ende dieses Jahrhunderts erleben wird. Ihnen ist bewußt, daß die DDR, mehr noch als die westdeutsche Republik, den Großmächten für ihre sich wandelnden Interessen zur Disposition steht. Einen solchen außenpolitischen Objektcharakter der DDR bestreiten ihre Funktionäre indes mit besonderer Heftigkeit. Und gerade weil der Zweifel sie heimsucht, ob die Leninsche Machtfrage so endgültig, wie sie glauben machen wollen, zu ihren Gunsten entschieden ist, verkrallen sie sich in einen geradezu de Gaulleschen Souveränitätskomplex.

Es liegt auch an uns in der Bundesrepublik, ob diese Barrieren immer höher gezogen werden. Nicht wenige hier täuschen sich über die Wirkung von Reden, in denen bewußt vage vom „Offenhalten der deutschen Frage" gesprochen wird. Das schafft neue Aggressionen bei den Herrschenden und erzeugt Zweifel auch bei den vielen Nichtkommunisten in der DDR. Gerade sie erhoffen sich, allen Enttäuschungen zum Trotz, bessere Formen der Zusammenarbeit zwischen den beiden Staaten, für die die Rücksichtnahme auf die Empfindlichkeiten des anderen eine Vorbedingung ist.

Erich Honeckers Neigung zur Pedanterie ist nicht zu übersehen: Einige Wochen später, als wir uns im Gebäude des Zentralkomitees trafen, entnahm er seiner Brusttasche ein Notizbuch, in dem die wichtigsten Gesprächspunkte in schrägen Zeilen eingetragen waren. Bei unserer ersten Begegnung im Staatsrat benötigte er solche Stichworte nicht, da die Punkte von Gera feste Linie der Führung sind.

Den vierten Punkt mochte er nicht weiter kommentieren: die von der DDR seit langen Jahren als Ärgernis, ja als schmerzhafter Stachel empfundene Erfassungsstelle für Gewaltverbrechen* in Salzgitter. Diese Behörde war als Einrichtung der Bundesländer auf Anregung Willy Brandts zu einem Zeitpunkt geschaffen worden, als in den Beziehungen der beiden Staaten die Konfrontation überwog und der Grundlagenvertrag noch nicht unterzeichnet war. In die Zuständigkeit der Salzgitter-Stelle gehören auch

* „Zentrale Erfassungsstelle der Landesjustizverwaltungen"

und nicht zuletzt solche Delikte, die von Staatsbürgern der DDR an ihren Landsleuten im engeren Sinne begangen werden. Ob die Tätigkeit unserer Staatsanwälte, wie von den Verteidigern dieses Amts immer wieder behauptet worden ist, eine abschreckende Wirkung ausübt, möchte ich nach Gesprächen mit Bürgern der DDR bezweifeln. Angehörige der Grenztruppen, die auf fliehende Kameraden oder andere „Republikflüchtige" gezielt schießen, fühlen sich in einem Befehlsnotstand. Ihnen später, falls sie sich auf unser Staatsgebiet begeben, den Prozeß zu machen, dürfte auch nach Meinung der mit dieser Materie vertrauten Juristen ungemein schwierig sein. Unsere Gerichte haben sich schon mit jenen Fällen schwergetan, bei denen DDR-Soldaten, angeblich oder tatsächlich in Notwehr, auf Kameraden feuerten, die sich ihnen bei der Flucht in den Weg stellten und tödlich verletzt wurden.

Wenn uns, was selten geschieht, klare Beweise für vermeidbare, also nicht durch einen Notstand zu entschuldigende Unrechtshandlungen zur Kenntnis kommen, sind sie durch jede Staatsanwaltschaft zu verfolgen. Die Salzgitter-Stelle, die nach beinahe einhelliger Meinung juristischer Kommentatoren des Grundlagenvertrages anfechtbar ist, weil sie unsere Rechtsordnung auf das Staatsgebiet der DDR überträgt und damit den Artikel 6 dieses Vertrages verletzt, hat in den vergangenen Jahren wenig leisten können, um der anderen Seite unsere Vorstellungen von Rechtsstaatlichkeit zu vermitteln. Vor schwerwiegenden Verletzungen der Menschenrechte können und dürfen wir auch künftig nicht die Augen verschließen. Über Salzgitter müßte allerdings spätestens dann geredet werden, wenn die Praxis des Schießbefehls, dessen Existenz die DDR ja stets geleugnet hat, grundsätzlich geändert und damit eine Kurskorrektur auf der anderen Seite angezeigt würde.

Es war nur selbstverständlich, daß ich Honecker bei diesem Antrittsbesuch den Wunsch der Bundesregierung nach mehr menschlichen Begegnungen zwischen den beiden Staaten vortrug, wobei es uns, wie ich ausführte, vor allem um verbesserte Möglichkeiten für die DDR-Bürger ging, wenigstens in größeren Abständen in die Bundesrepublik zu reisen. Nahezu alle Funktionäre verweigern sich einer Erörterung dieses Themas mit dem Argument, hier handele es sich um eine innere Angelegenheit der DDR, die uns nichts angehe. Wie oft haben wir in diskreten Unterhaltungen der anderen Seite klarzumachen versucht, daß auch nur ein wenig mehr an Liberalität bei der Genehmigungspraxis der DDR als Staat zugute komme, da es ihrem Ansehen in der Welt förderlich sei. Wie oft haben wir, nicht auf „Regierungsebene", behutsam angeregt, daß die Führung eine Herabsetzung des „Reisealters" erwägen möge, und daß wir durchaus bereit seien, die DDR für die Kosten in irgendeiner Form zu entschädigen. Da hat es wohl einige gegeben, die über eine Festsetzung des Rentenalters bei Männern auf sechzig und bei Frauen auf fünfzig Jahre nachzudenken bereit schienen; stets aber gab es andere, denen ein solches Entgegenkommen zu riskant vorkam und die es für ehrenrührig hielten, sich von uns dafür bezahlen zu lassen. Oder sie wollten sich in Größenordnungen schadlos halten, die unsere finanziellen Möglichkeiten bei weitem überschritten. Es ist das Verdienst zumal von Hans-Jürgen Wischnewski gewesen, daß mit Personen, die das Vertrauen Honeckers hatten, auch über Tabu-Themen geredet worden ist. Eines war jener im Sommer 1983 von der neuen Bundesregierung abgesicherte Milliardenkredit. Auf seine sanfte und zugleich beharrliche Weise hatte der Staatsminister ausgelotet, ob die andere Seite eine großzügige finanzwirtschaftliche Entlastung durch uns politisch zu honorieren bereit wäre. Die Zeichen standen im Frühsommer 1982 nicht schlecht. Den Bundeskanzler hatte der umsichtige Wischnewski für solche Erkundungstouren nicht in Anspruch genommen. Helmut Schmidt konnte darauf vertrauen, daß sich „Ben Wisch" nicht auf Abenteuer einlassen würde. Eine Entscheidung über den Kredit brauchte der Kanzler dann nicht mehr zu treffen, hätte sie auch gar nicht mehr durchsetzen können. Die Risse im Koalitionsgebälk waren nach Wischnewskis letzter DDR-Reise im Frühsommer nicht mehr zu übersehen. Wir hätten uns mit einem Kredit in Milliardenhöhe überhoben. Das hat man in Ostberlin verstanden und schrieb seine Wünsche auf „Wiedervorlage".

Ich habe den Eindruck, daß Erich Honecker über die

Meinung seiner Bürger ziemlich gut Bescheid weiß, obwohl auch er manches wegzuschieben und zu verdrängen sucht, was die innere Stabilität seines Regimes zu gefährden scheint. Dann und wann, so habe ich aus glaubwürdiger Quelle erfahren, hat er sich als eine Art Ombudsmann betätigt, hat selber für DDR-Bürger ohne deren Wissen Schicksal gespielt, hat sich um Details gekümmert, hat gegen seine Beamten in den sonst beinahe allmächtigen Innenbehörden entschieden. Gerade im Zusammenhang mit Familienzusammenführungen war zu erleben, daß DDR-Bürger, die einen Ausreiseantrag gestellt hatten, dafür nicht bloß mit dem Verlust des Arbeitsplatzes bezahlten, sondern auch allerhand Schikanen auszuhalten hatten, weil die Funktionäre der Innenbehörden diese Menschen für ihre „Treulosigkeit" bestrafen wollten. Da hat Honekker, dann und wann, als „deus ex machina" eingegriffen. Die Bürokraten hatten zu parieren, doch sie knirschten mit den Zähnen. Man wird ihm, denke ich, nicht umständlich darzulegen brauchen, warum selbst eine eingeschränkte Reiseerlaubnis für die DDR-Bürger seinen innenpolitischen Spielraum erweitern, sein persönliches Ansehen steigern und eine Solidarisierung der Menschen mit ihrem Staat bewirken würden. Doch fürchtet er augenscheinlich, daß trotz der täglich im „Neuen Deutschland" veröffentlichten Berichte über die Massenarbeitslosigkeit in der Bundesrepublik immer noch zu viele seiner Bürger von dem Angebot unserer Staatsangehörigkeit Gebrauch machen könnten. Dabei haben inzwischen einige mutige DDR-Bürger vor den Kameras des westdeutschen Fernsehens von ihrem Wunsch gesprochen, wenigstens einmal ihren Staat in Richtung Westen verlassen zu können. Dieses von fast allen als Entmündigung empfundene Reiseverbot ist und bleibt eines jener Probleme, für die es einstweilen keine Lösung gibt, weil auch eine Respektierung der DDR-Staatsbürgerschaft durch uns für die bänglichen Gemüter in der DDR-Führung noch keine Gewähr dafür bietet, daß alle, die zu uns kommen, auch in die DDR zurückkehren.

Der Staatsratsvorsitzende entgegnete mir an diesem 9. Februar, daß es menschliche Begegnungen, die ich gerade als so wichtig charakterisierte, auch vor dem Zweiten Weltkrieg gegeben hätte. Trotzdem sei die Katastrophe nicht abzuwenden gewesen. Ein sonderbarer Satz, so empfand ich in meiner ersten Reaktion. Es hatte ja niemand behauptet, daß das Hin- und Herreisen zwischen zwei Staaten ein Instrument der Kriegsverhinderung sei; so wenig freilich wird man bestreiten können, daß in den Kontakten zwischen Angehörigen eines Volkes, das durch einstweilen unüberwindbare Grenzen getrennt ist, eine der Entspannung, also auch dem Frieden förderliche Wirkung liegt. Ich habe Honecker wohl ziemlich erstaunt angesehen, als er diese eigentümliche Antwort gab. Es gab in diesem Augenblick für ihn nichts zu diskutieren, weshalb er hinter das ihm so beschwerliche Thema einen Punkt zu setzen wünschte.

In allen Teilen der DDR bin ich Menschen begegnet, die sich eher mit den chronischen Versorgungsschwierigkeiten abfinden können als mit dem Eingesperrtsein. Und bis heute läßt sich nicht einmal eine Perspektive möglicher Veränderungen erkennen. Die einen werden irgendwann mutlos, die anderen treibt es in eine tiefe Verbitterung. Wenn Männer, die gerade über dreißig sind, ausrechnen, wann sie das Rentenalter erreicht haben, meinen sie das selten nur sarkastisch. Dabei könnte eine DDR-Führung, die das begrenzte Risiko einer den Ungarn nachgebildeten Reisepraxis auf sich nähme, mit einer besseren Motivation der Arbeiter und Angestellten rechnen; ja, sie könnte viele ihrer Bürger aus dem Abseits der kleinbürgerlichen Nischengesellschaft (die schon Karl Marx verhöhnte) herausbringen und für Aktivitäten gewinnen, denen sie sich heute fast immer entziehen.

Schon die zweite Begegnung mit Honecker am 18. März bestätigte mir, wie wenig durch eine deutschlandpolitische Initiative bewegt werden kann, die in prinzipiellen Fragen wie der Staatsangehörigkeit Entgegenkommen zeigt, solange sich die DDR-Führung nicht stark genug fühlt, unsere Zugeständnisse mit einer nennenswerten Erweiterung des Freiheitsraums für die eigenen Bürger zu honorieren. Einige Tage vorher hatte ich den Generalsekretär auf der Leipziger Frühjahrsmesse am Stand der

Salzgitter AG getroffen. Honecker nutzte die Anwesenheit westlicher Journalisten, um sich als den „primus inter pares" – den Ersten unter Gleichen – darzustellen und seinen guten Willen gegenüber der Bundesrepublik vorzuführen. Es war schon unter Gaus Übung geworden, daß sich Honecker, gründlich vorbereitet, kurz zu den Beziehungen äußerte, und daß der Leiter der Ständigen Vertretung darauf ebenso knapp antwortete. Immer wieder warteten wir auf neue Nuancen, fast immer wieder sind wir enttäuscht worden. Der Generalsekretär variierte die unwiderlegbar richtigen Gedanken, daß der Handel zwischen den zwei Staaten Nutzen für beide Seiten bringe und daß wir unsere ganzen Anstrengungen auf die Sicherung des Friedens zu konzentrieren hätten. Da uns an einem öffentlichen Schlagabtausch nicht gelegen sein konnte, ersparte ich Honecker die Forderung nach einer Korrektur des Mindestumtausches, machte aber klar, daß wir allerhand Hürden wegzuräumen hätten, die immer noch zwischen den Menschen stünden, und daß dafür eine Politik der Abgrenzung nicht tauge.

Es war ein für DDR-Verhältnisse bemerkenswertes Zeichen des guten Willens, daß Honecker meine Erklärung am nächsten Tag im Parteiorgan „Neues Deutschland" nachdrucken ließ – bis auf jenen Satz über die Hürden. Den hatten mich zwar viele DDR-Bürger im westlichen Fernsehen sagen hören, hatten auch verstanden, was die Bonner Regierung damit auszudrücken wünschte, nur durften sie das in ihrer wichtigsten Zeitung nicht nachlesen. Die Wiedergabe dieses einfachen, die Lage unpolemisch beschreibenden Gedankens wäre ja nach der Logik der Obrigkeit einer Anerkennung unserer Vorstellung gleichgekommen, daß auch die Politik der DDR darauf gerichtet sein müsse, einige der von ihr selber errichteten Hindernisse wegzuräumen.

Der Souverän mit dem Strohhut

KAPITEL III

Seit mehr als einem halben Jahr bedrückte die Entwicklung beim polnischen Nachbarn die SED-Führung. Sie hatte gehofft, ja dringlich gewünscht, daß sich die Danziger Ereignisse gleichsam über Nacht wie ein böser Spuk verflüchtigen würden. Statt dessen erlebten sie, wie ihre Gesinnungsfreunde in Warschau mitsamt den Verbündeten in einen Zustand der Hilflosigkeit gerieten. Fortan fürchtete das Politbüro, daß die „polnische Krankheit" in die DDR eingeschleppt werden könnte. Vielleicht hatte Erich Honecker vor dem Danziger August eine gewisse Bewegung in die Deutschlandpolitik bringen wollen; doch spätestens, als ihm und dem ganzen Politbüro aufging, daß den aufsässigen Polen nicht mit den Methoden beizukommen war, die den „Prager Frühling" beendet hatten, mochte er denen nicht länger widersprechen, die immer schon vom Maginot-Denken der befestigten Abgrenzung besessen waren.

Im Sommer 1980 hatte Helmut Schmidt in die DDR reisen wollen. Im Programm war damals ein Besuch in der Ostsee-Stadt Rostock vorgesehen. Unter dem Eindruck der Entwicklung in Danzig, die auch von Ostberlin nicht mehr abzuschätzen war, erschien der Ausflug des Kanzlers – obwohl er nur auf wenige Stunden hätte begrenzt sein sollen – den DDR-Sicherheitsbehörden als ein nicht vertretbares Risiko. Unter vielerlei Vorwänden wollte man die Visite in

Rostock streichen. Die Angst vor einer Sympathiekundgebung für den Gast, die sich die Ereignisse in den Danziger Werften zum Vorbild nehmen konnte, inspirierte die Gastgeber zu der Ausflucht, daß die Stadt gerade in diesen Augusttagen Schauplatz eines Freundschaftstreffens zwischen der FDJ und einer kubanischen Jugenddelegation sei.

Im Frühjahr 1981 dominierten die polnischen Ereignisse die Sitzungen des Politbüros. Eine starke Mehrheit plädierte, wie uns aus anderen Hauptstädten des Warschauer Paktes zugetragen wurde, für eine schnelle Liquidierung der Gewerkschaftsopposition. Man war auch bereit, der Sowjetunion dabei zu helfen, wenngleich ohne Enthusiasmus. Die zögernde Haltung Moskaus wurde von einzelnen Politbüromitgliedern hinter vorgehaltener Hand kritisiert. Nach dem Eindruck von Helmut Schmidt hatte Honecker selbst ein Gespür dafür, daß sich die DDR so lange wie möglich gegenüber dem Nachbarn zurückhalten sollte. Andere scheinen weniger zimperlich gewesen zu sein. Da sich auch Leonid Breschnew nicht zu einer gewaltsamen Einmischung entschließen mochte, setzte Honecker sich gegen die Kräfte durch, die für „kurzen Prozeß" plädierten.

Auf der Leipziger Frühjahrsmesse spürte man einen Reflex solcher sonst nur verdeckt geführten Auseinandersetzungen. Nachdem Generaldirektor Ernst Pieper, Vorstandsvorsitzender der Salzgitter AG, seine Mitarbeiter vorgestellt hatte, kam dem Generalsekretär die ungewöhnliche Idee, die ihn auf den Salzgitter-Stand begleitenden Mitglieder des Führungskreises kurz zu charakterisieren. Er wählte mich als Adressaten dieser zwar humorigen, aber, wie uns Zuhörern sogleich aufging, durchaus ernstgemeinten Charakterisierung. Günter Mittag erhielt nur freundliche Noten, während Paul Verner, der nach Honecker mächtigste Mann im Politbüro, von ihm als „Falke" tituliert wurde. Obwohl der Generalsekretär seine Stegreifporträts belachte und auf die – westlichem Sprachgebrauch entliehene – Pointe sichtlich stolz war, wirkte das Lächeln Verners verkrampft. Augenscheinlich fand er es unangemessen, in Gegenwart westlicher Kapitalisten als Dogmatiker und „hardliner" etikettiert zu werden. Die

Paul Verner ist Altkommunist und Mitglied des Politbüros, in dem er als Stellvertreter Honeckers fungiert. Im ZK der SED zeichnet er für Sicherheitsfragen verantwortlich. Er gilt als Vertreter einer harten Linie gegenüber dem „Klassenfeind".

Art, mit der Honecker seine ranghohen Genossen behandelte, war kaum nach deren Geschmack. Der Generalsekretär wiederum fand offenbar Vergnügen daran, gerade vor westlichen Wirtschaftlern seinen Witz an den eigenen Leuten zu erproben.

Seit einigen Jahren schon läßt sich beobachten, wie Honecker um ein neues Rollenverständnis bemüht ist. Es genügt ihm nicht, daß er unstrittig der mächtigste Repräsentant dieses Staates ist. Als Kronprinz unter Walter Ulbricht hatte er miterlebt, wie der Stil dieses Mannes eine Identifikation der DDR-Deutschen mit ihrem Staat nahezu unmöglich machte. Der Sachse war ganz und gar Funktionär, wußte auch, daß ihn die Menschen nicht mochten, und gab sich nicht sonderlich Mühe, deren Sympathie zu gewinnen. Der Nachfolger strebt auf seine unverwechselbare Weise nach „Bürgernähe" – und nicht nur, weil er beliebt sein möchte oder weil er es angenehm findet, daß man ihn gelegentlich „unseren Erich" nennt. Gäbe es in der DDR so etwas wie einen Popularitätsindex, könnte er seinen Namen an der Spitze der Politbüromitglieder finden, was nicht einmal so sehr mit seiner herausgehobenen Stellung zu tun hat. Tatsächlich verweist die Machtstruktur die anderen eher auf die Rolle von Gehilfen des Generalsekretärs, mögen sie an der inneren Meinungsbildung und Entscheidungsfindung auch einen hohen Anteil haben. Der Generalsekretär ist so etwas wie ein Souverän, der von niemandem überschattet werden darf. Folgerichtig hat auch das Protokoll im DDR-Staat geradezu höfische Formen entwickelt. Es soll, zumal den westlichen Missionschefs, suggerieren, daß die Mitglieder des Politbüros turmhoch über den Mitgliedern eines Kabinetts in parlamentarischen Demokratien einzustufen sind. Mir ist noch deutlich in Erinnerung, wie ein ranghoher Beamter des DDR-Außenministeriums mich entgeistert ansah, als ich von meiner Absicht sprach, ein Mitglied dieses Kreises zu einem Essen mit einem wichtigen Mann der Bonner Politik einzuladen. Das erschien ihm offenbar als ein Ansinnen von äußerster Vermessenheit. Dieser Kult, der in allen Hauptstädten des Ostblocks mit den Angehörigen des höchsten Führungskreises betrieben wird, ändert nichts

Leipziger Frühjahrsmesse 1981: Der innerdeutsche Handel entwickelt sich gut, auch wenn von gutnachbarlichen Beziehungen noch nicht die Rede sein kann. (V.l.n.r.) Willi Stoph, Vorsitzender des Ministerrats der DDR, Erich Honecker, Ernst Pieper, Chef der Salzgitter AG, Staatssekretär Karl Haehser, Klaus Bölling.

daran, daß sie nach außen hinter dem Generalsekretär zurückzutreten haben.

Obwohl sich in Erich Honeckers Persönlichkeit nichts Charismatisches entdecken läßt, erleben ihn die Bürger nicht nur als den Machthaber. Er hat das Privileg, daß auch über seine menschlichen Eigenschaften, seine vermuteten oder tatsächlichen Stärken und Schwächen von den Leuten geredet wird. Hätte er die Chance – und die Zustimmung der Sowjetunion –, in der DDR eine deutsche Variante des vergleichsweise liberalen Kadar-Kurses einzuführen, könnte er wahrscheinlich das auch in der DDR vorhandene Bedürfnis nach Identifikation mit einem politischen Führer auf seine Person lenken. Mir scheint es ziemlich sicher, daß Honecker am Ende seiner Amtszeit als ein Mann gesehen werden möchte, der sich nicht bloß um die Festigung kommunistischer Herrschaft verdient gemacht, sondern der zugleich den sich selber erteilten Auftrag erfüllt hat, etwas für die Arbeiterklasse zu leisten. Auch wenn die Bilanz seiner Regierungszeit, gemessen an solchem Anspruch, eher karg ausfallen dürfte, wird das Urteil über ihn sein ehrliches Streben nach einer gewissen Vermenschlichung der kommunistischen Herrschaft zu berücksichtigen haben.

Ich erinnere mich eines Gesprächs mit jungen Leuten im Thüringischen, die zur Evangelischen Kirche gehören und für den Sozialen Friedensdienst als Alternative zum Wehrdienst in der Nationalen Volksarmee eintreten. Einer von ihnen meinte, stellvertretend für alle, daß sie über ihre Vorstellungen gern mit Honecker diskutieren würden, auch wenn sie ihn schwerlich zu ihren Auffassungen bekehren könnten. Sie trauten dem Generalsekretär immerhin zu, daß er Verständnis für ihre Motive aufbringen würde. Leider seien in ihrem Staat Begegnungen zwischen politischen Führern und jungen Menschen, wie es sie neulich zwischen Helmut Schmidt und jungen Protestanten auf dem Hamburger Kirchentag gegeben habe, nicht vorstellbar. Ich hatte nicht den Eindruck, daß diese jungen DDR-Bürger einer Propaganda-Legende aufsaßen, als sie dem Generalsekretär unterstellten, daß er auf ihre Wünsche nicht so kaltschnäuzig reagieren würde wie jene seiner Genossen, die in der Friedensbewegung das Werk des Klassenfeindes erkennen und gegen deren Anhänger sie noch viel härter Front machen möchten. Sicher scheint mir indes, daß Honecker den beinahe täglichen Konflikt zwischen dem, was er und andere für die Staats- und Parteiräson halten und den Wünschen der Bürger bewußt erlebt, wenn er diesen Konflikt auch meist zugunsten der Macht entscheidet. Der westliche Beobachter hatte deshalb mißtrauisch zu sein, wenn ihm ein Vertrauter des Generalsekretärs in jenen Tagen, als eine sowjetische Intervention in Polen drohte, in beschwörendem Ton anvertraute: „Ohne den GS (Generalsekretär) sähe alles viel schlimmer aus."

Und doch läßt sich, wenn man bestimmte Ereignisse und Gespräche zwischen Bonn und Ostberlin aus den letzten Jahren rekapituliert, vermuten, daß Honecker bei aller Härte, die er fraglos immer verfügbar hat, Polarisierungen und Konfrontationen zu vermeiden trachtet. Als einen Zyniker, der sich um die Gefühle der Menschen nicht schert, würde man ihn jedenfalls falsch porträtieren. Natürlich kann er – sowenig wie andere in der Führungsschicht – nicht ohne Fiktionen und Autosuggestionen auskommen. „Verlangen Sie von diesem Mann nicht mehr, als er seiner ganzen Biographie nach leisten kann", sagte mir Helmut Schmidt kurz nach dem Treffen in Werbellin, als ich das – was die menschlichen Erleichterungen betraf – magere Ergebnis beklagte. Honecker sei in der eisernen Hierarchie der KPD groß geworden, erläuterte der Kanzler, wirkliche Demokratie habe der Saarländer zu keinem Zeitpunkt erlebt, habe sich niemals mit Andersdenkenden demokratisch auseinandersetzen müssen. Wie solle er da unsere Gedankenwelt richtig erfassen.

Nein, solche Grenzen kann und will Honecker nicht überspringen. Nur mag er bisweilen davon träumen, daß ihn die Kumpel der „Schwarzen Pumpe" oder die Arbeiter der Warnow-Werft als Arbeiterführer erleben und respektieren, gleichsam als den obersten Betriebsrat der DDR, der sich nicht in den kühlen Büros des Zentralkomitees einmauert, sondern der ihre Sorgen kennt und sich abmüht, ihnen zu einem besseren Leben zu verhelfen, der gegen das Administrieren, also gegen das seelenlose bürokratische Durchsetzen von Beschlüssen ist, die nur der schematischen Sollerfüllung, nicht aber dem Wohlbefinden der Arbeiter dienen.

Wer Honecker solche Überlegungen und Empfindungen zutraut, wird ihn deshalb nicht verklären. Seine Stellung als Erster unter keineswegs Gleichen im Politbüro ist gewiß nicht nur mit seiner Fähigkeit erklärt, zwischen unterschiedlichen oder gegensätzlichen Positionen zu vermitteln oder mit seinem Instinkt für politische Strömungen und der ausgeprägten Begabung, Frontlinien im engsten Kreis auszumachen, noch ehe sie sich klar abgezeichnet haben.

Sein Talent zu strategischem Denken läßt sich auch in seinen deutschlandpolitischen Operationen nachverfolgen. In einem Psychogramm Honeckers wird man eine Eigenschaft nicht auslassen dürfen, die keiner entbehren kann, der sich über mehr als ein Jahrzehnt an der Spitze einer Partei behauptet, deren Innenleben bestimmt nicht so spannungslos ist, wie sie es nach außen darstellt: Honekker geht Widerstände ungern frontal an. Es mag ihn, der sich gern in die Aura des liberalen Landesvaters hüllt, vielleicht erstaunen, daß ihn viele im eigenen Land unmittelbar für die Brutalität des staatlichen Apparates im Umgang mit solchen Bürgern haftbar machen, die sich den Regeln des „real existierenden Sozialismus" nicht unterwerfen wollen oder die, ohne sich als Widerstandskämpfer zu verstehen, am Ende ihrer Hoffnungen sind und aus den Gleisen auszubrechen suchen, die ihnen bis zum Rentenalter vorgezeichnet sind. Der Wiebelskircher ist kein Zauderer, wenn es um die Bewahrung der Macht geht.

Einer meiner Mitarbeiter meinte bei der Überreichung des Beglaubigungsschreibens beobachtet zu haben, daß Erich Honecker auf die Grüße, die ich vom Bundespräsidenten ausrichtete, mit einer gewissen Bewegung reagierte. Die beiden waren das erste Mal in Belgrad bei der Beisetzung von Josip Broz Tito zusammengetroffen. Seltsam genug, zwischen dem Saarländer und dem Bremer hatte sich in dem politische Themen ausklammernden Gespräch so etwas wie eine Affinität mit Vorbehalten entwickelt.

Schon bei meinem Abschiedsbesuch in der Villa Hammerschmidt hatte ich beim Bundespräsidenten ein mehr als flüchtiges Interesse an dem Staatsoberhaupt in Ostberlin beobachtet. Mir schien, daß Carstens bei dem ersten Gespräch am Grab des jugoslawischen Präsidenten jene intelligente Nüchternheit, ja Rechtschaffenheit seines Nachbarn wahrgenommen hatte, die aus Honecker unter anderen Umständen womöglich einen saarländischen Arbeitsdirektor und einen zuverlässigen Funktionär der IG Metall hätte werden lassen. Gewiß, in die Einschätzung des Mannes mischte sich bei Carstens auch allerhand Skepsis. Doch überwog die positive Neugier, mehr über den Vorsteher des anderen Staates zu erfahren, zum Beispiel wie sehr und wie tief der andere nicht Kommunist nur, sondern auch deutscher Patriot und fähig sei, aus seinem Deutsch-Sein heraus zum Nutzen beider Staaten zu handeln.

Nicht am wenigsten mag Karl Carstens durch eine Eigenschaft Honeckers beeinflußt worden sein, die mit eigenen Überzeugungen und Wertvorstellungen irgendwo korrespondiert. Obgleich von Hause eigentlich verpflichtet, den Gedanken der Revolution zum persönlichen Kredo zu machen, ist Honecker seit den Tagen, da er zu Walter Ulbrichts Flügeladjutant aufrückte, ein höchst konservativer Kommunist – wie freilich die meisten Machthaber in seinem Bündnis. Seine Moralität wird durch das oft gebrauchte Klischee von der Kleinbürgerlichkeit nur unzulänglich beschrieben. Gewiß nicht ein Freigeist, läßt er, anders als Ulbricht, manchen seiner Intellektuellen einige Freiheit, so dem Schriftsteller Stephan Hermlin, der solche Generosität des Generalsekretärs durch wirkungsvolle, weil subtile Agitation gegenüber dem Publikum in der Bundesrepublik lohnt und rechtfertigt. Die Moralbegriffe des Saarländers sind nicht unähnlich denen mancher unter den älteren westdeutschen Gewerkschaftsführern. Der schwarze Anzug und die Silberkrawatte, eine gesunde Lebensführung, zu der auch die aktive Hinwendung zu „Mutter Natur" gehört, das geringe Interesse an verfeinerten Lebensgenüssen, dafür die Freude an unverfälscht deutschen Vergnügen, die geistiger Art sein können, aber durchaus nicht sein müssen. Wenn man den zur ironischen Münze gewordenen Begriff von der „Heilen Welt" als ein für die Deutschen auf beiden Seiten nach wie vor erstrebenswertes Ziel erkennt, dann ist Honecker überzeugter Parteigänger einer Gesellschaft, in der sich alles und jedes oder doch das meiste in seiner gehörigen Ordnung zu vollziehen hat. Was man bei uns gelegentlich die Sekundärtugenden genannt hat, Pflicht und Fleiß, Strebsamkeit und Sauberkeit, haben in seiner Lebensphilosophie einen wichtigen Platz. Ein freierer Lebensstil wie der seiner gigantischen kommunistischen Vorfahren Karl Marx und Friedrich Engels würde dem Generalsekretär kaum zusagen.

Vor solchem Hintergrund, den ich bei verschiedenen Gelegenheiten ziemlich genau beobachten konnte, ist das Interesse, das beide Staatsoberhäupter füreinander zeigen, gar nicht so verwunderlich. Jedenfalls empfindet Honecker so etwas wie ein Faible für den Völkerrechtsprofessor. Mit dieser behutsamen Sympathie, die er auch mir gegenüber äußerte, hatte es zu tun, daß in den Tagen vor der Wahl des Bundespräsidenten, als dessen Mitgliedschaft in der NSDAP bei uns kritisch besprochen wurde, die SED-Presse mit dem „Neuen Deutschland" an der Spitze auf negative Kommentare zur Person von Karl Carstens bald verzichtete.

Karl Carstens, berührt von den Reiseberichten seiner Frau, die im Sommer 1981 als Mitglied der westdeutschen „Händel-Gesellschaft" – fürsorglich eskortiert vom Staatssicherheitsdienst – durch die DDR gereist war und mit Landsleuten gesprochen hatte, dachte schon damals über seine Beteiligung an den staatlichen Luther-Feierlichkeiten in Ostberlin nach, zu der die DDR alle Staatsoberhäupter der protestantischen oder mehrheitlich von evangelischen Christen bewohnten Länder eingeladen hatte. Augenscheinlich war der Bundespräsident geneigt, sich über die zahlreichen Bedenken Bonner Bürokraten und übervorsichtiger Parteifreunde, zumal in der Nähe von Strauß, hinwegzusetzen. Er spürte wohl, daß sein Besuch dem Zusammengehörigkeitsgefühl der Deutschen mehr nützen würde, als ein Wegbleiben mit Rücksicht auf den durch

Ein Gespräch, das weiterwirkt, weil es gegenseitige Klischeevorstellungen überwinden hilft: erste Begegnung zwischen Bundespräsident Karl Carstens und dem DDR-Staatsratsvorsitzenden Erich Honecker bei der Beisetzung von Marschall Josip Broz Tito in Belgrad im Mai 1980. Dahinter DDR-Außenminister Oskar Fischer und Bundeskanzler Helmut Schmidt.

sein Erscheinen in Ostberlin tangierten Vier-Mächte-Status Berlins ihm schaden könnte.

Den Nutzen einer Carstens-Reise hätten die Deutschen in der DDR, die ohnehin nicht verstehen können, daß die Repräsentanten des Bonner Staates zwar bei jeder passend erscheinenden Gelegenheit äußern, sie wollten den Grundlagenvertrag „mit Leben ausfüllen", daß sie sich aber, wenn ihnen die Chance der Tuchfühlung geboten wird, hinter Formeln verstecken, die längst ausgebrannt sind.

Die wenigen Gespräche, die ich mit Karl Carstens über die DDR und Erich Honecker geführt habe, gaben mir das Gefühl, daß dieser konservative Mann mit den Jahren realistischer über das Verhältnis zwischen den beiden Staaten dachte als viele seiner Parteifreunde.

Nach der Belgrader Begegnung zwischen Carstens und Honecker, bei der sie über Beethoven und Bach geplaudert hatten, mag Carstens spekuliert haben, daß der Nachbar vielleicht, wenn man es nur richtig anfaßte, eines Tages für ein kleines Stück vernünftiger deutscher Gemeinsamkeit zu gewinnen wäre. Honecker wiederum hatte in der jugoslawischen Hauptstadt bewußt wahrgenommen, daß der Bundespräsident ohne Hochmut auf ihn zukam. Er konnte sich gleichberechtigt fühlen.

Zu einem zweiten Gespräch hatte mich Honecker am 18. März in das Gebäude des Zentralkomitees bestellt. In den Augen des Gastgebers ist das eine Auszeichnung für den westlichen Gast. Die ausländischen Missionschefs, zumal die westlichen, werden von Kontakten mit der Partei in aller Regel ferngehalten. Die Einladung in sein Arbeitszimmer im ZK sollte ein demonstratives Interesse des Generalsekretärs an Helmut Schmidt anzeigen. Dieses Mal fehlten sogar die Vertreter seines Außenministeriums. Als Protokollant setzte sich nur Frank-Joachim Herrmann an den Konferenztisch. Herrmann ist ein Mann von Bildung und schlagfertiger Intelligenz, an dem mir bei einer späteren Begegnung angenehm auffiel, daß er in seiner Sprache auf jene Klischees und Phrasen verzichtet, die den Umgang mit vielen SED-Funktionären so mühsam machen und kaum je den Menschen hinter der Fassade vorgestanzter Wörter erkennen lassen. Irgendwann hatte Honecker den ehemaligen Journalisten, vielleicht auch durch Bonner Beispiele beflügelt, zum Staatssekretär und Leiter seines persönlichen Büros bestellt. Das Verhältnis von Herrmann zum Generalsekretär sei eher soldatisch, sagte mir jemand, der es wissen muß. Herrmann scheint seine Funktion als dienend zu verstehen und wirkt doch wie ein umsichtiger Ratgeber, der seinem Dienstherrn nicht zum Munde redet.

Seltsam, daß auch dieses Arbeitszimmer Honeckers von der Persönlichkeit des Mannes, von seinem Geschmack oder von künstlerischen Neigungen nichts, aber auch gar nichts ahnen läßt. Die preußisch-kommunistische Kargheit ist ja kaum der allgemeine Stil der Führungsschicht in der DDR. Wenn Honecker diesen Raum eines Tages verläßt, wird ein Nachfolger nichts umzustellen brauchen. Kein einziger Gegenstand, kein einziges Bild – nur das des sowjetischen Generalsekretärs hängt an der Wand – schafft so etwas wie ein Ambiente. Es muß sich um eine gewollte innenarchitektonische Monotonie handeln, denn nahezu alle Büros sind nach dem gleichen Muster eingerichtet: ein Schreibtisch, dessen Format von der Stellung des Funktionärs bestimmt ist, dazu ein Konferenztisch in T-Form, der es dem wichtigsten Mann im Zimmer erlaubt, zu Häupten der anderen zu sitzen.

Honecker und ich saßen einander gegenüber. Man sitzt in der DDR mit fremden Besuchern nur selten um einen runden Tisch herum. Es muß klar sein, wer wohin gehört. Alles, was bei uns helfen soll, Gespräche über den Austausch von Standpunkten hinaus zu einer Begegnung zu machen, in die auch der persönliche Stil, der spontane Einfall einfließen, ist nicht erwünscht. Das Treffen mit dem politischen Widersacher vollzieht sich wie das zwischen Tarifparteien. Natürlich wird es Ausnahmen von der Regel geben, doch die Regel ist, daß solche Gespräche nach einem System vorbereitet werden, aus dem auch die höchsten Funktionäre nur selten ausbrechen. Außer bei Honecker selber habe ich das nur bei Willi Stoph und bei Günter Mittag erlebt.

Ich kann es mir nicht anders vorstellen, als daß die Gesprächslinie der DDR-Funktionäre vorab genau festgelegt wird, bisweilen, bei einflußreichen Besuchern aus dem Westen, im Politbüro selber oder doch von den inzwischen überwiegend mit Akademikern besetzten Stäben eines jeden Politbüromitglieds. Für Flexibilität bleibt dann wenig Raum, kaum je findet eine persönliche Bemerkung des westlichen Gastes eine spontane, ungezwungene Antwort. Die kommunistische Seite folgt den vorfabrizierten Sprechzetteln. Manches Gespräch mit Funktionären in der Provinz ist mir als quälend steril in Erinnerung.

Der Generalsekretär war von unangestrengter Freundlichkeit. Auch wirkte er weniger gravitätisch, was er seiner Natur nach auch nicht ist, wozu er sich aber von Beratern zeitweilig drängen läßt. Seltsam, diese Vorstellung von der „Würde" eines Amtes, die eine Verdrängung der persönlichen Eigenarten des Amtsinhabers vorzuschreiben scheint! Niemals vorher bin ich so vielen Maskenträgern begegnet.

In der Sache war auch bei dieser Begegnung kein bißchen Hoffnungsgrün zu erkennen. Seine Antwort auf die Botschaft des Bundeskanzlers, die ich ihm vor gut vier Wochen übergeben hatte, habe er mit seinen Freunden besprochen. Damit waren die Mitglieder des Politbüros gemeint, die sowjetischen Verbündeten aber gewiß einbezogen. Satz für Satz, so habe ich mir später von einem mit den Bräuchen dieses Gremiums vertrauten Mann berichten lassen, waren die Herren, gemeinsam mit ihrem Vorsitzenden, den Text aus Bonn durchgegangen. Da hatten sich weder Tauben noch Falken zu Wort gemeldet – da starrten sie wohl allesamt auf das Menetekel Polen und wußten schon vor Beginn ihrer Unterhaltung über unser wiederholtes Angebot, über die Anhebung der Qualität der Beziehungen miteinander zu reden, daß sie nichts würden anbieten können. Sie waren bei der Analyse des von Helmut Schmidt selber gründlich redigierten Papiers zu dem durchaus zutreffenden Ergebnis gekommen, daß der Bundeskanzler nicht geneigt war, vom NATO-Doppelbeschluß abzurücken, solange die Sowjetunion keinerlei Anstalten machte, ihre uns bedrohenden Mittelstreckenraketen vom Typ SS-20 merklich zu verringern. Es war Honecker und den anderen klar, daß sich der Sozialdemokrat Schmidt auch unter dem Druck einer zunehmend stärker werdenden Gruppe in der eigenen Partei nicht zu einer Kurskorrektur erweichen oder durch Offerten der DDR auf dem Feld der innerdeutschen Politik zu weiterem Entgegenkommen verleiten lassen würde.

So war denn bereits nach wenigen Minuten spürbar, daß unser Gespräch wiederum von der „Großwetterlage" diktiert sein würde, der Ungewißheit über die Ereignisse in Polen und der Gewißheit, daß die DDR in dieser Lage mit Rücksicht auf die Sowjetunion und auf den Aggregatzustand ihrer Allianz nicht den geringsten Handlungsspielraum für eine merkbare Verbesserung der Beziehungen verfügbar hat. Dabei meinte ich zu spüren, daß der Generalsekretär diese Ohnmacht als bedrückend empfand. Dieser Kommunist, den auch manche seiner Genossen in den höheren Rängen der „Bruderparteien" gegenüber westlichen Politikern als farblos beschreiben, hat den Ehrgeiz, dann und wann eine eigene Handschrift zu zeigen. Es fehlt ihm dazu auch nicht die Phantasie. Die in den eigenen Reihen erhebliche Verwirrung stiftende Bemerkung über eine Vereinigung der beiden Teile Deutschlands in einer sozialistischen Nation war dafür ein ernst zu nehmender Hinweis.

Die Unterhaltung ließ mich ahnen, wie stark Honecker sich mit der Figur des „Herrn Helmut Schmidt" seit langem beschäftigte, und wie sehr ihm daran gelegen war, mit dem Hamburger für mehr als nur eine verlängerte Stunde zusammenzutreffen. Als ihm der Bundeskanzler aus dem Gästehaus des Hamburger Senats im August 1980 telefonisch seine Entscheidung begründete, daß die Reise in die DDR wegen der unklaren Lage in Polen besser unterbliebe, hatte der Generalsekretär keine triftigen Gegenargumente. Er muß einen solchen Anruf damals eigentlich erwartet haben. Und doch fühlte er sich gekränkt und hat sich später zu anderen auch so geäußert.

Auf eine eigenartige Weise ist Honecker von dem Regierungschef in Bonn fasziniert gewesen. Es muß da so etwas wie Zuneigung gegeben haben, obwohl der SED-Mann immer gewußt hat, daß der sozialdemokratische Kanzler

Erstes Treffen Schmidt – Honecker in Helsinki im Sommer 1975. Für die beiden deutschen Staaten unterzeichnen sie die Schlußakte der Konferenz für Sicherheit und Zusammenarbeit in Europa (KSZE). Obwohl nur eine Absichtserklärung und kein Vertrag,

beeinflußt dieses Dokument die politische Wirklichkeit auch in der DDR. Doch was die Schlußakte den Europäern an Freizügigkeit zusagt, bleibt in dem anderen deutschen Staat bis heute eher eine Verheißung.

nicht im Traum daran dachte, einer vagen deutsch-deutschen Gemeinsamkeit zuliebe die Bundesrepublik in Distanz zum eigenen Bündnis zu bringen. Es wird, zu einem Teil, die pragmatische Auffassung von Politik gewesen sein, die Honecker an Schmidt anzog. Es hatte diese nur vorsichtig angedeutete Sympathie auch mit subjektiven Eindrücken des Generalsekretärs zu tun. In Helsinki, im Sommer 1975, als sich die beiden das erste Mal trafen, wirkte Honecker unfrei, ja eingeschüchtert. Der Hamburger konnte oder wollte dem Saarländer nicht verbergen, daß er dessen Kompetenz, die Beziehungen zwischen den beiden Staaten von sich aus zu beeinflussen, nicht eben hoch einschätzte. In Belgrad, bei den Beisetzungsfeierlichkeiten für Tito, erlebte Honecker den Bonner Regierungschef ohne Anflug von Hochmut. Helmut Schmidt redete mit ihm beinahe so offen wie mit einem westlichen Staatsmann und wußte aufmerksam zuzuhören.

Der Generalsekretär warnte damals vor einem Boykott der Olympischen Spiele durch die Bundesrepublik und beschrieb die nach seiner Meinung schweren psychologischen Konsequenzen, die ein Fernbleiben gerade einer deutschen Mannschaft auf das russische Volk haben würde. Der Kanzler begnügte sich nicht damit, die Entscheidung der Bundesregierung mit dem Hinweis auf die sowjetische Intervention in Afghanistan zu rechtfertigen. Er gab Honecker zu erkennen, daß wir in Bonn keineswegs immer von der Weisheit der Politik Jimmy Carters überzeugt seien, und daß es ihm darauf ankomme, die Entspannungspolitik trotz aller Rückschläge weiterzuführen. Der Kanzler ließ es nicht an harten Urteilen über die sowjetische Hochrüstungspolitik fehlen. Honecker konnte später aber auch nach Moskau berichten, daß Schmidt an seinem Bild von Breschnew als eines grundsätzlich zum Frieden entschlossenen Politikers festhalte und geringe Neigung habe, sich der neuen amerikanischen Philosophie von der „Bestrafung“ der Sowjetunion anzuschließen.

Für Honeckers Einstellung zu Helmut Schmidt mag bestimmend gewesen sein, daß der Kanzler ihm bei dieser Gelegenheit zum ersten Mal zu verstehen gab – und damit zuzutrauen schien –, es müsse die Führung der DDR ihren ganzen Einfluß und das Gewicht ihres Staates nutzen, um auf Moskau im Sinne der dringend gebotenen Mäßigung einzuwirken. Und damit war es dem Kanzler ernst. Einerseits sah er die Grenzen von Honeckers Einwirkungsmöglichkeiten durchaus realistisch, mochte aber andererseits sein Gegenüber nicht als bloßen Vollstrecker sowjetischer Großmachtpolitik im östlichen Teil des Vaterlands unterschätzen. Inzwischen hatte es in größeren Abständen telefonische Unterhaltungen zwischen beiden gegeben. Die führten zwar nicht zu entscheidenden operativen Verabredungen, sie begünstigten aber ein besseres Kennenlernen der gegenseitigen Denkweisen. Honecker begann zu verstehen, daß Helmut Schmidt ihn von seiner Devise, daß Gespräche mit verantwortlichen politischen Führern in kritischen Zeiten ein Wert an sich seien, nicht ausnehmen wollte.

Unser Gespräch im ZK-Hauptquartier konnte nur den Sinn haben, das Dialogverhältnis zu festigen und durch kleine Schritte etwas mehr Vertrauen zu entwickeln. Dabei war von Honecker so gut wie von Schmidt sorgsam zu beachten, daß die Tuchfühlung zwischen den beiden Regierungen nicht in das für Bonn und Ostberlin gleichermaßen abträgliche Zwielicht konspirativer Verabredungen geriet. Wir wollten nicht zulassen, daß sich die DDR-Führung fortan auf die Lage in Polen herausredete, wenn wir sie zu Zugeständnissen zu bewegen suchten, mit denen sie die eigene Stabilität wirklich nicht gefährdet hätte.

Zu diesem Thema gehörte Mal um Mal der erhöhte Mindestumtausch, das „Eintrittsgeld" in die DDR. Daß ich den Generalsekretär wiederum und mit Dringlichkeit darauf ansprach, geschah nicht wegen der Öffentlichkeit und auch nicht wegen der Opposition im Bundestag, die uns immer wieder vorhielt, wir übten gegenüber Ostberlin Leisetreterei. Bei manchen Gesprächen mit DDR-Bürgern außerhalb Berlins hatte ich beobachtet, daß sie unser Drängen auf eine Korrektur nicht ganz verstehen konnten. Häufig war das Argument zu hören, daß die „BRD-Bürger" doch auch bei Fahrten in westliche Nachbarstaaten Geld zu tauschen hätten. Man neigte dazu, die westlichen Landsleute für etwas knauserig zu halten: Warum meinten sie, durch die DDR gleichsam im Armenrecht reisen zu können, da sie doch sonst Gelder in Milliardenhöhe ins Ausland trügen. Solche kritischen Eindrücke sind nicht so leicht zu widerlegen. Tatsächlich gibt es nicht wenige Westdeutsche, die zwar alle Lästigkeiten der Grenzkontrollen hinnehmen, um Freunde und Verwandte zu sehen, für die aber der Spaß aufhört, wenn es ans Geldausgeben geht – es sind dieselben, die bei Urlaubsreisen sehr spendabel sind. Manche Gesprächspartner in der DDR verkennen allerdings, daß die Erhöhung des Mindestumtausches gerade für Rentner und für sozial schwache Schichten in Westberlin eine harte Bürde ist. Immerhin, das Regime kann bei seinen Bürgern auf ein gewisses Verständnis für diese Maßnahmen rechnen, denn über viele Jahre sind die Möglichkeiten eines nach Meinung der DDR illegalen Wechselkurses auch von Westberlinern genutzt worden, und es gab bei den Berlinern im östlichen Teil der Stadt viel Verbitterung darüber, daß die für „reich" gehaltenen Nachbarn das Währungsgefälle gerade im Dienstleistungsgewerbe zu Lasten der DDR ausbeuteten.

Wir hatten der Führung in Ostberlin mehrere Male zu verstehen gegeben, sie möge wenigstens eine „soziale Komponente" erwägen. Deshalb hatten wir von einer „substantiellen Korrektur" gesprochen. Gerade ein „Arbeiter- und Bauernstaat" hätte sich hier vorteilhaft in Szene setzen können, wenn er den Mindestumtausch für alte Menschen und für Jugendliche herabgesetzt oder bei dieser Personengruppe ganz auf das Eintrittsgeld verzichtet hätte. Doch solche Stichworte mochte man nicht aufgreifen. Man fühlte sich im Recht und verdrängte darüber das eigentlich politische Motiv der Maßnahme: die bewußte Verdünnung des Besuchsverkehrs, den die Führung ja nicht als eine der Zusammenarbeit zwischen den beiden Staaten dienliche Kommunikation zwischen den Bürgern, sondern vielmehr als eine Quelle der Beunruhigung erlebte. Unverändert hat das mehr mit ihrem Mangel an Selbstwertgefühl als mit der Wirklichkeit solcher deutsch-deutschen Begegnungen zu tun. Die geraten immer seltener zu einer vordergründigen Indoktrination der DDR-Deutschen durch die Besucher aus Westdeutschland. Wer da glaubt, die Verwandten und Freunde mit Zeichen westlichen Wohlstands beeindrucken zu können, wer großspurige Reden über die Vorzüge unseres politischen Systems führt, trifft auf verhaltene oder offene Ablehnung. Nicht, weil die Menschen, wie manche bei uns argwöhnen, nach und nach der Propaganda der Partei erliegen; die ist zwar nicht mehr so grobschlächtig wie einst, erreicht die Menschen aber genausowenig wie früher. Man reagiert mit Ungeduld, wenn der Besucher über leere Schaufenster, über schikanöse Zollkontrollen oder auch nur über Schlaglöcher auf den Autobahnen und Fernstraßen klagt. Man weiß das alles, erduldet es ja täglich, mußte sich lange schon darauf einrichten und eben zur Kenntnis nehmen, daß sich an dem Zustand der wirtschaftlichen und politischen Unterprivilegierung gegenüber dem westlichen Deutschland in absehbarer Zeit nichts ändern wird. Es ist gut, daß die Zahl jener Westdeutschen abgenommen hat, die nur deshalb in die DDR kommen, um sich als Mitglieder einer Erfolgsgesellschaft darstellen zu können; denn sie fügen dem Selbstwertgefühl jener schweren Schaden zu, denen sie moralisch aufzuhelfen meinen. Die Gespräche zwischen den Deutschen sind in den letzten Jahren intensiver geworden, ja, es läßt sich sagen, daß die Begegnungen nach dem Empfinden beider Seiten sogar innerlicher geworden sind. Das „Prinzip Hoffnung" hat sich nicht verflüchtigt. Jener Wettbewerb, der häufig genug verdeckte oder offene Aggression verursachte und bei dem sich beide Seiten mit Argumenten bewaffneten, die eigentlich gar nicht ihre eigenen waren, ist nur noch selten zu erleben. Die Gespräche lassen die materiellen Nöte gewiß nicht aus, konzentrieren sich jedoch auf Fragen, auf die die Menschen unabhängig von den politischen Systemen aufmerksam geworden sind; Fragen, auf die unsere Nachbarn häufig eher eine Antwort haben als wir.

In seiner Entgegnung auf meine Bemerkungen zum Mindestumtausch ließ der Generalsekretär erkennen, daß das Thema ihn und seine Genossen im Politbüro intensiv beschäftigt hatte. Es mußte der Führung längst klar sein, daß die Bundesregierung, wenn Ostberlin ein auch nur geringfügiges Einlenken beim Mindestumtausch verweigerte, nicht so tun konnte, als würde sich das Thema durch Zeitablauf erledigen und als könnte man unbefangen über andere, für die DDR lohnendere Themen reden. So war Honecker auch eine gewisse Unsicherheit anzumerken, als er mir zu erklären suchte, warum sich die DDR nicht bewegen könne und wolle. Die Erhöhung habe „schon lange im Raum geschwebt". Die DDR könne weder zulassen, daß ihre Mark weit unter Wert gehandelt wird, noch wolle sie sich mit der Tätigkeit der illegalen Wechselstuben in Westberlin abfinden. Von diesen Geldinstituten, die sich in den fünfziger Jahren auf den Tausch von „Ostmark" in „Westmark" und umgekehrt spezialisierten, gibt es unter dem Namen Wechselstuben heute nur noch ganz wenige. Allerdings tauscht in Westberlin jede normale Bank Deutsche Mark in einem Verhältnis von 1:4 in Mark der DDR ein. Der Tauschvorgang selber ist statthaft, nicht aber die Einfuhr der DDR-Währung. Solche Tauschgeschäfte würden sich von selber erledigen, wenn die DDR oder die Sowjetunion ihre Währungen zum Dollar konvertibel machten. Dann freilich würde die Schwäche ihres Geldes auf den Geldmärkten auch optisch erkennbar, weshalb der fiktive Kurs als ein realer ausgegeben wird. Übrigens ist mir häufig berichtet worden, daß die Staatsbank der DDR, wenn die Führung zusätzliche Deutsche Mark benötigte, ihre Leute nach Westberlin geschickt habe, um dort zum „illegalen" Kurs die stärkere der beiden deutschen Währungen zu erwerben.

Die Erhöhung des Mindestumtausches, meinte Honekker, sei nicht nur gerechtfertigt gewesen, sie sei, wenn man die steigenden Inflationsraten betrachte, noch moderat ausgefallen. Seine Finanzfachleute hätten zu einer höheren Aufstockung geraten, meinte er mit schon drohendem Unterton. Er selbst, sagte der Generalsekretär, wünsche das nicht. Und er vergewisserte sich mit einem Seitenblick, daß ich mir gerade diesen Satz wörtlich notierte. Er wollte verständlich machen, daß ihm in dieser Sache die eigenen „hardliner" im Nacken säßen und daß er es gar nicht so leichthabe, gegen diese Gruppe eine Linie der Mäßigung durchzuhalten. Das war, wie so oft, eine Mischung aus Taktik und Wahrheit.

Eine Politbürositzung, bei der, veranlaßt durch einen Brief von Helmut Schmidt an den Generalsekretär, auch der Mindestumtausch auf der Tagesordnung steht, wird man sich nicht als eine offene Feldschlacht der Argumente vorzustellen haben. Kampfabstimmungen hat es dort kaum je gegeben. Honecker sucht zumal bei Themen, die er für kontrovers ansieht, beizeiten ausfindig zu machen, ob er für seine Position die Mehrheit gewinnen kann. Auf Günter Mittag, der ihm vielleicht weniger durch gleiche Denkstrukturen als durch seine fachliche Tüchtigkeit und seine geradlinige Art der liebste Mann in diesem Kreise ist, kann er sich in aller Regel verlassen. Das gleiche gilt für Joachim Herrmann – nicht zu verwechseln mit Frank-Joachim Herrmann –, von dem auch im Apparat niemand zu erzählen weiß, daß er durch besondere Beiträge zur politischen Strategie auffällt.

Das Bild von den Tauben und den Falken, das Honecker auf der Leipziger Frühjahrsmesse gebrauchte, wird der Wirklichkeit der Beratungen im Politbüro kaum gerecht. Vermutlich findet es der Generalsekretär aber hilfreich, wenn sich der Westen die Sache so vorstellt und ihn selber als den ehrlichen Makler sieht. Auf diese Rolle ist Honecker allerdings nicht fixiert. Zu Beginn der Ereignisse in Polen marschierte er Prager Quellen zufolge an der Spitze jener Funktionäre, die – trotz der für die Sowjetunion gerade in der Dritten Welt verheerenden Folgen des Einmarsches nach Afghanistan – für eine „administrative", also den Polen aufgezwungene „Lösung" eintraten. Das hat sich später geändert, einmal, weil er sah, daß sich die eigenen Bürger eher von den chauvinistischen Losungen gegen die Polen anstecken ließen (die durch die Partei hinter vorgehaltener Hand verbreitet wurden), als daß sie sich das Beispiel der neuen polnischen Gewerkschaft zum Vorbild für ähnliche Aktionen genommen hätten – die wären denn auch ein tödliches Risiko gewesen; zum anderen mag der Generalsekretär nach Gesprächen mit seinem Freund Leonid Breschnew begriffen haben, daß eine Liquidierung der Solidarnosc unter Zuhilfenahme militärischer Mittel unwiderruflich und für lange Jahre das Ende jeder vernünftigen, auch für die DDR gewinnbringenden

Entspannungspolitik sein würde. Honecker scheint überdies verstanden zu haben, daß eine gewaltsame Einmischung auch wirtschaftlich für die DDR kaum auszuhalten sei. Schließlich gibt es Anzeichen dafür, daß er eine Warnung, die der Kanzler über einen Dritten an ihn gelangen ließ, ernstgenommen hat, derzufolge eine Beteiligung von Kontingenten der NVA an einer physischen Unterwerfung der freien Gewerkschaftsbewegung der Deutschen Demokratischen Republik noch viel mehr schaden würde als der Sowjetunion. Wir in Bonn, daran war überhaupt nicht zu zweifeln, hätten für lange Zeit die innerdeutschen Kontore schließen müssen.

Herbert Wehner, der wie die meisten von uns das Eingreifen der Sowjets in Polen zeitweilig für beinahe zwangsläufig ansah, warnte vorsorglich vor übereilten westlichen Konsequenzen. Doch hätten wir uns ihnen kaum entgegenstellen können. Es ist Honeckers Verdienst, daß er sich schließlich auf die Seite derer stellte, die von einer Warschauer oder Danziger Bartholomäus-Nacht immer dringender abrieten. Die antipolnischen Parolen – zuweilen wirkten sie geradezu rassistisch – sind der SED allerdings bis heute von den Polen nicht vergessen worden. Während in den höheren Etagen der Partei noch zwischen der unfähigen polnischen Parteiführung und den unschuldigen Polen differenziert wurde, hörte man die mittleren und unteren Funktionäre ungeniert von „Polacken" reden, ja, einige verstiegen sich zu solch wahnwitzigen Gedanken wie einer neuen Teilung Polens, bei der die DDR eine Art Protektorat hätte übernehmen sollen . . .

Die Stimmung der DDR-Deutschen gegenüber den polnischen Nachbarn war seit einigen Jahren schon belastet. Als Konsequenz der anhaltend miserablen Versorgungslage kauften nicht nur einzelne Polen in den DDR-Geschäften die auch dort raren Produkte, sondern es kamen ganze Schwarzhändler-Gangs herüber, die durch Großeinkäufe in Ostberlin ernste Versorgungsprobleme verursachten. Herabsetzende Urteile über die Polen hörte man zu dieser Zeit selbst von Geistlichen beider Konfessionen – ein bedrückendes Erlebnis, zu dem mir ein hoher kirchlicher Würdenträger in jenen Tagen sagte, es illustriere, daß es den Führungen zweier kommunistischer Staaten über drei Jahrzehnte nicht gelungen sei, die beiden Völker auch nur einigermaßen miteinander auszusöhnen, was wir im Westen zwischen Franzosen und Deutschen mit gutem Erfolg geschafft hätten. Jene vielen zwischen Warschau und Ostberlin offiziell verabredeten Patenschaften haben das Klima kaum beeinflussen können. Eher schon entwickelten sich persönliche Freundschaften zwischen einzelnen DDR-Deutschen und Polen in Opposition gegen das hohle Freundschaftspathos der herrschenden Parteien.

Die DDR-Führung galt sogar jenen polnischen Kommunisten als „penetrant deutsch", die zum konservativen Flügel der Vereinigten Polnischen Arbeiterpartei zählen und die ihren Verbündeten das traurige Geschäft der Fesselung der neuen Gewerkschaftsbewegung abnahmen. Natürlich sind es vor allem die in Polen an die jüngste Vergangenheit erinnernden äußeren Ähnlichkeiten zwischen Wehrmacht und Nationaler Volksarmee, die vielfältigen Abwandlungen des preußischen Drills und der Stechschritt, die über die Jahre die Ressentiments gegen die DDR gefördert haben.

Tiefere Ursache für die sich immer wieder entladende Abneigung der Polen gegen den westlichen Nachbarn ist der Hochmut, mit dem offenkundig zahlreiche SED-Funktionäre ihre deutsche Tüchtigkeit gegen die entweder als faul oder doch als ineffizient verachteten Nachbarn demonstrieren. Wo aber polnische „Gastarbeiter" wie in Frankfurt an der Oder, in Schwedt oder Görlitz „unter unserer Regie" arbeiteten, sei ihre Arbeitsproduktivität, so vertraute mir ein staatlicher Funktionär an, „häufig höher als die unserer Kollegen".

Damals hörten wir auch, daß in den kritischen Tagen, als eine militärische Strafexpedition unter Beteiligung der NVA überall diskutiert wurde, junge DDR-Katholiken bei ihren örtlichen Pfarrern Rat suchten, wie sie sich zu verhalten hätten. Sie konnten sich nicht vorstellen, im Ernstfall auf gleichaltrige Polen zu schießen.

Bei uns hat man sich oft mit einer gewissen Schadenfreude erzählt, wie unbeliebt die DDR-Deutschen in Polen sind. Es war nicht zu übersehen, daß manche polnischen

Kommunisten in der Gierek-Zeit lieber nach Bonn reisten, als daß sie ihren Genossen in Ostberlin begegneten. Es war immer schon klar, daß die Polen das von der DDR unterzeichnete Abkommen von Görlitz, in welchem der andere deutsche Staat die Oder-Neiße-Linie definitiv als „Friedensgrenze" anerkannt hatte, als wichtig, aber nicht entscheidend ansahen. Unsicherheiten über diese Grenze dauerten an und sind bis heute allenthalben in Polen spürbar. Das hat verschiedentlich in Ostberlin Zorn geweckt, denn man fühlte sich durch die polnischen Bemühungen um gute Beziehungen zur Bundesregierung unterschätzt und gekränkt. Auch blieb der SED nicht unbekannt, daß ein Mann wie der ehemalige Chefredakteur der „Polityka", Mieczyslaw Rakowski, ziemlich häufig nicht nur die Redaktionen liberaler deutscher Zeitungen besuchte, sondern Gespräche mit wichtigen Bonner Politikern führte.

Eine erste Begegnung mit Helmut Schmidt hatte ich diesem ungemein sensiblen Intellektuellen vermittelt, der dem Kanzler schon ein ganzes Jahr vor den Danziger Ereignissen ein Bild der Entwicklung entwarf, wie es im August 1980 Wirklichkeit geworden ist. Während Rakowski über die Rolle der DDR gegenüber Polen zu mir stets sachlich, gewiß auch kritisch, niemals jedoch polemisch oder gar verächtlich redete, galten er und seine Freunde in der DDR als die eigentlichen Verantwortlichen für das Desaster und für den fatalen Langmut der polnischen Partei gegenüber den Streikführern.

Bei einem Gespräch mit Egon Krenz, dem von Honecker gestützten und geförderten Ersten Sekretär der FDJ, das in der Ständigen Vertretung stattfand, wollte ich von ihm wissen, wie sich ein DDR-Kommunist die weitere Entwicklung im Nachbarstaat vorstellte. Natürlich repetierte Krenz zunächst die parteiamtliche Losung, die Polen müßten mit ihren Problemen selber fertig werden, und es werde alles schlimmer, wenn sich die NATO unausgesetzt einmische und die restaurativen Tendenzen unterstütze. Ob das denn alle seine Ängste seien, habe ich Krenz dann gefragt. Nein, antwortete er ganz ehrlich, da müßten auch die polnischen Genossen noch allerhand leisten. Er lobte die Exponenten des zu keinem Kompromiß mit der Solidarität geneigten orthodoxen Flügels und zögerte einen Augenblick, weil ihm nicht gleich ein Name einfiel, der für die nach seiner Meinung gefährlich schlappen Genossen in Warschau prototypisch war. „Sie meinen vielleicht den Vizepremier Rakowski", fragte ich ihn und wußte ja schon, daß dieser in Ostberlin seit langem auf der Schwarzen Liste stand. Der FDJ-Mann wollte seine tiefe Abneigung gegen den Polen nicht verstecken. Ja, sagte Krenz, an Leute wie den, an die denke er. Der Ton, wie er das sagte, ließ ahnen, daß ein deutscher Rakowski in einer vergleichbaren Krisensituation in der DDR einen anderen Platz zugewiesen bekommen hätte als den eines stellvertretenden Ministerpräsidenten.

Auf dem Konferenztisch seines Arbeitszimmers im Zentralkomitee hatte der Generalsekretär viele Seiten eines Papiers ausgebreitet. Das war diesmal kein Sprechzettel, sondern der Text seiner Antwort auf die Botschaft von Schmidt, die ich am Tag meiner Akkreditierung übergeben hatte. Es war seine und des ganzen Politbüros Antwort. Von einer Verbesserung der deutsch-deutschen Beziehungen war darin nicht die Rede. Statt dessen wurde der Bundeskanzler mit einer gewissen Melodramatik vor einem Festhalten am „Raketenbeschluß" gewarnt. Nicht ausdrücklich, doch unüberhörbar stellte der oberste Führungszirkel ein Junktim zwischen einem Verzicht auf die Nachrüstung und jedem nennenswerten Fortschritt zwischen Bonn und Ostberlin her. Honecker las mir nun Zeile für Zeile des vom Politbüro kurz vorher verabschiedeten Papiers vor. Er benutzte die uns hinlänglich bekannten Argumente und hämmerte die ihm als besonders wichtig erscheinenden Gedanken auch sprachlich nach, wie das die Eigenart jener Kommunisten ist, die ihre rhetorische Ausbildung noch in der alten KPD bekommen haben. Er machte sich wie schon beim Treffen mit Helmut Schmidt in Belgrad zum Anwalt der Sorgen Leonid Breschnews vor der Stationierung der Pershing II und der Marschflugkörper und beklagte die Verteufelung der Sowjetunion durch die Amerikaner. Wie manch anderer unter den profilierteren SED-Funktionären verspürt auch Erich Honecker zuweilen das Bedürfnis, dem westlichen Gesprächspartner nachzuweisen, daß er ihn nicht zu „agitieren" wünscht. Unter Verbiegung der deutschen Grammatik soll damit ausgedrückt werden, daß man es jetzt ganz ernst meint und auf propagandistische Klischees verzichten will. Über die innere Einstellung des SED-Generalsekretärs zur Sowjetunion sind kaum authentische Nachrichten zu erhalten. Da konnte auch Helmut Schmidt keine Einblicke gewinnen. Honeckers unbedingte Zuverlässigkeit steht jedenfalls außer Zweifel. Seine verehrungsvolle Loyalität für Breschnew war nicht gespielt. Auf ihn ließ er nichts kommen. Ihm war er für manchen Freundschafts- und Gunstbeweis über zwanzig Jahre dankbar. Es scheint, daß der Russe auch nicht versucht hat, die inneren Spannungen und Rivalitäten im Politbüro der deutschen „Bruderpartei" irgendwann gegen Honecker auszunutzen. Breschnew stand zu seinem Mann in Ostberlin.

Von den vielfältigen Intrigen, wie sie Walter Ulbricht in der sowjetischen Emigration gegen vermeintliche oder tatsächliche Rivalen anzettelte, ist der Saarländer nicht belastet. Durchaus glaubhaft scheinen mir Berichte eines seiner Vertrauten, daß er die Vorstellung ernst nahm, es müsse nach dem Sieg über Hitler eine geeinte Arbeiterklasse in Deutschland geben. Für Ulbricht, das lehren die Protokolle der Verhandlungen zwischen KPD und SPD gleich nach dem Krieg, war die „Einheit der Arbeiterklasse" lediglich ein machtpolitisches Kalkül. Natürlich kann ich mich täuschen, doch ich habe Honecker aus jener Zeit als einen Mann in Erinnerung, den nach langen Jahren in Hitlers Gefängnissen eine idealistische Sehnsucht nach einem friedfertigen, sozialistischen Deutschland bewegte, in welchem, das ist klar, die KPD die führende Rolle zu übernehmen hatte. Westliche Demokratievorstellungen waren und sind ihm gewiß fremd. Ob er damals von der Vision eines kommunistischen Kaderstaates beflügelt war, der sich nach dem Vorbild der Sowjetunion zu entwikkeln habe, kann niemand sagen. Jedenfalls hat er sich wenig später dem strategischen Konzept seines Förderers Ulbricht gefügt.

An diesem 18. März erzählte Honecker mir von einer

Reise, die ihn als jungen Funktionär der KPD 1930 nach Moskau führte. Er ist damals von dem starken Friedenswillen, ja der Friedenssehnsucht der Menschen in der Sowjetunion tief beeindruckt, zugleich überrascht gewesen. Er und seine Genossen hätten als junge Menschen „eigentlich lieber das revolutionäre Element in den Vordergrund" stellen wollen. Wieviel von der schwärmerischen Verehrung für das Land der Großen Oktoberrevolution, die er sich über die Zeit seiner Haft bewahrt hatte, heute übriggeblieben ist, läßt sich nicht ausmachen.

Ob Erich Honecker ein in allen Situationen kämpferischer, unbeugsamer Charakter ist, wie es seine Autobiographie darstellt, wird man bezweifeln dürfen. Eine heldische Natur ist der Saarländer kaum, auch nicht der geborene Räsoneur. Draufgängertum hat ihn kaum an die Spitze gebracht. Geistig und habituell wurzelt er auch heute noch, mit über siebzig Lebensjahren, in dem Milieu, aus dem er aufgebrochen ist. Da ist immer wieder eine gewisse Betulichkeit zu erleben, eine heimliche Sehnsucht nach einer Welt der Idylle, die man als kleinbürgerlich verspotten kann, die allerdings authentisch wirkt. Ein saarländischer Landsmann hat vor einigen Jahren „Erich mit dem Strohhut" als einen unverwechselbaren Mann dieser Landschaft gezeichnet. Als ich Honecker auf diesen Aufsatz ansprach, ergab sich, daß er ihn schon gelesen hatte und sich offenbar durch den Autor richtig verstanden fühlte. Es lohnt, aus diesem subtilen Porträt von Ludwig Harig zu zitieren: „Und dann sein Hut, ein richtiger saarländischer Strohhut, einfach und gediegen, keine monströse Kopfbedeckung und keine spektakuläre Mütze wie bei anderen politischen Größen, nein, ein einfacher saarländischer Strohhut, und wenn's kein saarländischer Strohhut ist, dann hat er sich einen gekauft, der so aussieht, als sei er einer. Es ist ein Strohhut, wie die Männer ihn tragen auf den Gemälden von Albert Weißgerber, dem Maler aus St. Ingbert, auf diesen schönen Bildern mit den saarländischen Biergärten und den lothringischen Ausflugslokalen. ‚Wenn isch das siehn', sagte kürzlich ein Wiebelskircher zu mir, ‚dem Honecker Erich sein Strohhutt, denne könnt er so gutt aach hie uffm Kopp hann, odder nit!'"

An anderer Stelle zitiert Harig die Frau eines Jugendfreundes von Honecker: „Erich hat nie aufgegeben. Er war bestimmend, entschieden, aber nie unangenehm." Die vielen Geschichten, die man in Wiebelskirchen über den Generalsekretär erzählt, verraten den Stolz darüber, daß es einer aus ihrer Mitte zum Machthaber über den anderen deutschen Staat gebracht hat. Sie mögen bei einigen durch die Erinnerung etwas verklärt sein, doch hat eine vorsätzlich betriebene Legendenbildung kaum stattgefunden. Die saarländische Komponente in der Biographie des Mannes hat Gewicht, behält sie auch.

Honecker hat sich, soweit man weiß, an gedanklichen oder gar operativen Überlegungen, die auf einen deutschen Weg zum Kommunismus zielten, niemals beteiligt. Zu Genossen, die solcher Abweichungen wegen von Ulbricht verstoßen wurden, wie Anton Ackermann, Franz Dahlem oder Karl Schirdewan, hat er stets Distanz gehalten. Daß er auf seine besondere, eben saarländische Art ein deutscher Kommunist geblieben ist, nicht bloß im sentimentalen Sinn, auch politisch, haben manche westdeutschen Besucher gespürt. Zu denen gehört auch Berthold Beitz, den Honecker über die Jahre wiederholt zur Jagd und zu langen Gesprächen in die Schorfheide oder nach Ostberlin eingeladen hat. Es ist nicht erheblich, ob den Generalsekretär bisweilen das Heimweh überkommt; erheblich scheint mir zu sein, daß er kein sowjetisierter Kommunist geworden ist, der die Geschichte der eigenen Nation einfach verdrängt hat.

Von Erich Honecker, der von Walter Ulbricht die organisatorischen Vorbereitungen für den Bau der Mauer übertragen bekam, sind kühne Gedanken zur Deutschlandpolitik nicht zu erwarten. Solange er im Amt ist, wird man in Bonn immerhin damit rechnen können, daß er die Politik der Abgrenzung durch eine Politik der Tuchfühlung ergänzt und ausbalanciert.

Honecker führte bei unserer Begegnung am 18. März zum ersten Mal einen Gedanken zur Staatsangehörigkeitsfrage ein, den wir bis dahin von ihm noch nicht gehört hatten. Gegen den Buchstaben und den Geist des Grundlagenvertrages argumentierte er, daß wir uns bei diesem

Der Souverän mit dem Strohhut: Erich Honecker beim „Nationalen Jugendfestival“ in Ostberlin. Die Vorliebe für diese aus der Mode gekommene Kopfbedeckung illustriert, daß der Generalsekretär in einem Staat, der seinen Bürgern gern Uniformen aller Art verpaßt, Zivilist zu bleiben wünscht.

Thema nicht auf unterschiedliche Rechtsauffassungen zurückziehen könnten. Man müsse doch erkennen, daß das Reichs- und Staatsangehörigkeitsgesetz von 1913 erhebliche Wandlungen durchgemacht hat. Erst unter Hitler sei es geändert worden. Bis dahin, fuhr er fort, habe sich die Staatsangehörigkeit nach der Herkunft aus den einzelnen Ländern geregelt. Zur Bekräftigung seiner Argumentation erinnerte Honecker an die Versammlung in der Paulskirche. Da habe es doch bekanntlich Bayern und Sachsen und Preußen, wohl auch Braunschweiger gegeben. („Die Auflösung Preußens durch die Alliierten", scherzte er, „hat uns Saarländer eigentlich staatenlos gemacht.")

Damals, im Frühjahr 1981, reagierte ich nur abwehrend. Sicher ging es Honecker aktuell und vordringlich nicht um ein „bißchen mehr Respektierung". Um die hatten sich seine Leute ja schon beim Aushandeln des Vertrages über die Grundlagen unserer Beziehungen bemüht. Es kam und kommt ihm entscheidend darauf an, daß wir die DDR als etwas Endgültiges anerkennen, und daß wir das Angebot an die DDR-Bürger, von unserer Staatsangehörigkeit Gebrauch zu machen, wenn sie das wünschen, ein für allemal zurücknehmen. Die Führung in Ostberlin könnte sich – schätzt man ihre Lage realistisch ein – nur mit einer Praxis zufrieden geben, in deren Konsequenz ihre Bürger, die mit einem Visum in die Bundesrepublik einreisen und um Asyl bitten, notfalls auch „überstellt" werden, wenn sie die gesetzlich vorgeschriebene Voraussetzung für eine Asylgewährung nicht erfüllen.

Eines muß für uns klar sein: Was immer wir tun können, um die DDR-Führung für Erleichterungen im Reiseverkehr von Ost nach West zu gewinnen, sollten wir tun und Prestigegesichtspunkte dabei hintansetzen. Die Diskussion über die Staatsbürgerschaftsfrage – darin ist Herbert Wehner nicht zu widersprechen – darf von uns nicht verweigert werden. Es muß allerdings eine Diskussion sein, und sie kann nicht auf eine Kapitulation vor den Maximalvorstellungen der DDR hinauslaufen. Der Grundgesetzartikel 116, der von uns verlangt, daß wir die Nachbarn als Deutsche mit allen Rechten und Pflichten behandeln, ist nicht von der Güte der Gesetzestafeln des Moses. Eine

Änderung müßte von allen Fraktionen des Deutschen Bundestages erwogen werden, wenn dadurch tatsächlicher, erlebbarer Freiheitsraum für die Deutschen in der DDR zu gewinnen wäre. Ja, wir müßten über unseren Schatten springen, obwohl klar ist, daß das politische Geschehen in der DDR nicht von einer durch demokratische Wahlen legitimierten Partei bestimmt wird. Die Gegenleistung für eine Revision unserer verfassungsrechtlichen Vorschriften zugunsten der DDR kann sich nicht allein an den Wünschen der Regierenden dort orientieren. Das eigentliche Kriterium sind die Bedürfnisse der Regierten. Weder das Politbüro noch das Bundesverfassungsgericht sind, vereinfacht ausgedrückt, die letztlich kompetenten Entscheidungsgremien. Das kann nur der allgemeine Wille des Volkes sein, der sich in überzeugender Weise dokumentieren muß. Wir dürfen nicht aus Rechthaberei oder weil wir tatsächlich im Recht sind die Rechtstitel gegen die Interessen der Menschen durchsetzen wollen. Deshalb gibt das Prinzip von der Ausgewogenheit von Leistung und Gegenleistung für die praktische Deutschlandpolitik in Wahrheit nicht viel her. Wir werden, wenn wir es mit der nationalen Zusammengehörigkeit ernst meinen, immer etwas mehr zu leisten haben, als die andere Seite zu geben bereit ist. Man kann das unsere Erpreßbarkeit nennen. Sie ist nicht unehrenhaft.

In dem Bericht „Aus meinem Leben" hat sich der Autor Honecker darüber beklagt, daß westliche Massenmedien, ja selbst verantwortliche Politiker in kapitalistischen Staaten nicht müde würden, der DDR und den sozialistischen Ländern insgesamt einen „angeblichen Nachholbedarf im humanitären Bereich zu unterschieben". Schon die sprachliche Ungenauigkeit zeigt, daß sich der Autobiograph auf schwierigem Gelände weiß. Denn die Politiker in den kapitalistischen Staaten, mit denen auch der Kanzler in Bonn gemeint war, hatten sich sehr klar ausgedrückt, so daß das Wort „angeblich" an der falschen Stelle steht und das mit dem Verb „unterschieben" Ausgedrückte aufhebt. Honeckers Antwort in eigener Sache fiel denn auch eher nichtssagend aus: „Damit reden sie an der Wirklichkeit und der Wahrheit vorbei. Wir hatten und haben nie irgendwelchen

Nachholbedarf, weder im ‚Humanitären' im allgemeinen noch in den von gewissen Kreisen des Westens strapazierten Menschenrechten im besonderen."

Der Generalsekretär weiß nur zu gut, daß es in seinem Staat in Sachen Menschen- und Freiheitsrechte selbst im Vergleich zu anderen kommunistischen Staaten erhebliche Defizite gibt. Gewiß, er hat diese gegenüber der Ulbricht-Zeit verringert. Den Übereifer und den Rigorismus des von ihm angeblich nicht besonders geschätzten, für die Staatssicherheit verantwortlichen Ministers Mielke hat er nach glaubhaften Informationen manches Mal gedämpft.

Nur wird er sich nicht einreden können, daß er mit seiner Unterschrift unter die Schlußakte von Helsinki im Juni 1975 all jene Grundsätze in „Korb Drei" in die Staatspraxis übernommen hat, die den Bürgern der Signatarstaaten das Recht auf freie Kommunikation verbürgen. Es ist ja gut, daß er durch sein tatsächliches Handeln die existierenden Probleme bestätigt. Es läßt sich unschwer vorstellen, daß sich die Führung der DDR eines Tages der Genehmigung von Ausreiseanträgen prinzipiell widersetzt hätte. Ich vermute, daß es Mitglieder im Politbüro gibt, die hier zur Härte raten, nicht nur, weil sie durch solche Ausreisen unentbehrliche Fachkräfte verlieren, sondern weil sie ungünstige Wirkungen auf deren Nachbarn und Bekanntenkreis fürchten, wenn jene nach unterschiedlich langen Wartezeiten eines Morgens die Nachricht bekommen, sie sollen innerhalb weniger Stunden ihren Staat in Richtung Bundesrepublik verlassen. Das gehört nämlich zur Wirklichkeit des anderen Staates: Wer gehen darf, ob Facharbeiter, Akademiker oder Schriftsteller, der erzeugt bei Freunden und Bekannten nicht nur Gefühle des Neides; manche Nachbarn und Arbeitskollegen fühlen sich geradezu verlassen und finden sich selbst plötzlich – mögen sie mittlerweile auch über angenehme materielle Werte verfügen – ohne Perspektive.

Der Generalsekretär hat trotz solcher Bedenken in den Reihen der SED an der Praxis begrenzter Ausreisegenehmigungen festgehalten, er hat sie sogar verteidigt. Dabei kann das Argument, die DDR verdiene an solchen Ausreisen harte Devisen, nicht das entscheidende gewesen sein.

Erich Mielke (mit Brille), Minister für Staatssicherheit, gehört nicht unbedingt zu den engsten Freunden Honeckers. Heinz Keßler, stellvertretender Verteidigungsminister, gilt dagegen auch heute noch als einer der verläßlichsten Weggefährten des Generalsekretärs.

Eher ist für Honecker die Überlegung bestimmend, daß jene Bürger, die alle paar Monate von neuem zu den Behörden für Inneres gehen, die sich harten und härtesten Pressionen ausgesetzt sehen, die in aller Regel auch ihren Arbeitsplatz verlieren, auf die Gemeinschaft destabilisierend wirken, weshalb es also klüger ist, sie aus der Staatsbürgerschaft zu entlassen.

In seiner Autobiographie hat Erich Honecker zur Vorgeschichte des Mauerbaus geschrieben, daß der Westen reguläre Abwerbungskampagnen organisiert habe. Daran ist manches richtig. Es war die bittere und zugleich folgerichtige Reaktion auf die Tatsache, daß die DDR auch vor dem August 1961 ihren Bürgern nicht das Recht der Freizügigkeit einzuräumen bereit war und, wenn sie überleben wollte, wohl auch gar nicht einräumen konnte. Für die in der Intensität schwankende, aber unvermindert anhaltende Ausreisebewegung wird die Staats- und Parteiführung mehr als zwanzig Jahre später nicht länger den Westen verantwortlich machen können. Das wird auch gar nicht mehr versucht. Die Zahl jener DDR-Bürger, die durch kommerzielle Fluchthilfeorganisationen in die Bundesrepublik kommen, ist von Jahr zu Jahr kleiner geworden. Die Zahl derer, die Ausreiseanträge stellen, hat dagegen schon in meiner Zeit zugenommen. Auch in den ersten Monaten des Jahres 1983 sind es nach verläßlich scheinenden Schätzungen nicht weniger, eher mehr geworden, die alle aus sehr ähnlichen Motiven, unbeeindruckt von den wenig erbaulichen Aussichten bei uns, Freunde und Heimat endgültig zu verlassen wünschen. Ihre Ausreisechancen hängen von Überlegungen der Führung ab, die von uns nicht immer nachvollziehbar sind. Eines nur scheint zweifelsfrei: Die Tätigkeit der kommerziellen Fluchthilfeorganisationen hilft nur noch wenigen, aus der DDR herauszukommen, trägt aber erheblich dazu bei, daß die DDR-Behörden gegenüber dem legal um eine Ausreise bemühten Bürger noch härter reagieren. In der Regierungszeit von Helmut Schmidt haben wir viele Male darüber gesprochen, daß wir im Interesse jener DDR-Deutschen, die triftige Gründe für einen Ausreiseantrag haben, entschiedener gegen die Fluchthilfeorganisationen Front machen müßten. Doch bereits unter der Kanzlerschaft von Willy Brandt war die Bundesregierung von den Gerichten darüber belehrt worden, daß es an rechtlichen Instrumenten dafür fehle. Jenen DDR-Nachbarn, die sich kaum oder gar nicht Hoffnung machen konnten, ihren Staat nach einer gewissen Wartezeit legal zu verlassen, war es nicht zu verdenken, daß sie es mit illegalen Mitteln zu schaffen suchten.

Über die Risiken, die von Jahr zu Jahr immer weniger kalkulierbar wurden, wußten weder die westdeutschen Verwandten oder Freunde noch die DDR-Bürger wirklich Bescheid. Und ahnungslos waren meist auch jene überwiegend jugendlichen Westberliner und Westdeutschen, die den ohne Skrupel operierenden Fluchthilfeorganisationen ihre Mitarbeit anboten. Sie wurden über die Gefahr der Festnahme, die ihnen drohte, nicht aufgeklärt. Meist sagte man ihnen, daß es für den Fall, es laufe anders als geplant, nur ein paar Tage oder Wochen dauern werde, bis man sie durch „besondere Kontakte" herausgeholt habe. Das Gegenteil hat sich oft genug erwiesen. Die Urteile der DDR-Gerichte waren von exemplarischer Härte. Schon zum Ende der siebziger Jahre sind die meisten Fluchthilfeorganisationen mit bitteren Folgen für die betroffenen Deutschen in beiden Staaten gescheitert.

Unser Rechtspositivismus zeigt hier, am Beispiel der deutschen Trennung, eine grundsätzliche Schwäche. Die pure juristische Argumentation lautete, daß die DDR, anders als ein Rechtsstaat unserer Façon, seinen Bürgern das elementare Recht der Freizügigkeit verweigere. Folglich seien jene nicht strafrechtlich zu belangen, die anderen, die sich gleichsam im übergesetzlichen Notstand zur Flucht entschlossen, dabei zu helfen suchten. Der Umstand, daß die Bosse der Fluchthilfeorganisationen nicht aus Nächstenliebe handelten, sondern allein aus Profitstreben, mußte vernachlässigt werden. In Wahrheit hätten wir diese Organisationen energisch abschrecken müssen – gewiß nicht als Büttel der DDR, sondern, wie angedeutet, weil diese in Wahrheit kriminellen Firmen viele Menschen sehenden Auges ins Unglück manövrierten.

Nur zu gern hätte ich mit Honecker ein offenes Gespräch darüber führen mögen, wie die Führungen in Bonn und Ostberlin, fußend auf dem Grundlagenvertrag und der Schlußakte der KSZE, zusammenarbeiten könnten, damit Menschen gar nicht erst vor die in ihren Konsequenzen nicht absehbare Frage gestellt werden, ob sie ihre Heimat ein für allemal verlassen sollen oder nicht – ein einfältiger Gedanke. Klar, daß solche Gespräche nicht denkbar sind, denn die Beschäftigung mit dem Schicksal der DDR-Bürger ist „Einmischung in die inneren Angelegenheiten eines souveränen Staates". Daß dennoch geredet werden kann, daß die Zusammenführung von Familien oder Verlobten immer wieder gelungen (wenn auch viele Male gescheitert) ist, wird zuerst auf die Einsicht und die Klugheit des SED-Generalsekretärs zurückzuführen sein. Er hat sich die Federführung in allen Fragen von humanitärem Charakter vorbehalten, liest die Akten sehr genau und scheut sich nicht, solche Entscheidungen aufzuheben, bei denen der Staatssicherheitsdienst und hohe Funktionäre negativ votiert haben. Sind das, fragten mich früher schon Bonner Besucher, nicht nette Propagandageschichten, vom Regime selber und zum höheren Ruhm des Generalsekretärs ausgedacht und verbreitet. Warum denn läßt es dieser – angeblich teilnehmender Menschlichkeit fähige – Kommunist zu, daß die Mauer in abstoßender Weise technisch perfektioniert wird, warum verhindert er nicht die Erziehung junger Menschen zum Haß auf den „westlichen Imperialismus", der ja nicht etwas Abstraktes ist, sondern vor allem die Bundesrepublik in ihrer Realität meint, warum zieht er nicht den Schießbefehl zurück? (Zu welchen Fragen noch all jene kommen, die Gerhard Löwenthal hochgemut als moralische Donnerkeile gegen die Kommunisten schleudert und damit, nachweisbar, den ohnehin bedrängten Menschen in der DDR schadet.)

Keiner hat auf diese Kernfragen ehrlicher und politischer geantwortet als Herbert Wehner. Weder wollte er etwas entschuldigen noch etwas verharmlosen. Schon als Gesamtdeutscher Minister im Kabinett von Kurt Georg Kiesinger hat er klarzumachen versucht, daß wir den Staat DDR nicht wegschimpfen, nicht wegpolitisieren und schon gar nicht unterminieren können. Der andere Staat ist eines der unabänderlichen Ergebnisse von Hitlers Krieg. Mit Aversionen und moralischen Kampagnen ist er nicht aus der Welt zu bringen. So betrachtet, sind alle Deutschen, geschichtlich und politisch jedenfalls, schicksalhaft mit der DDR verbunden. Wehner hat sehr früh darauf hingewiesen, daß es eine Bringschuld auch auf unserer Seite gibt: Damit meinte er gewiß etwas anderes als Honecker, der mir und anderen gegenüber häufig deklamierte, im Verhältnis zwischen den beiden Staaten müsse das Prinzip des Gebens und Nehmens gelten.

Was Wehner anderen so hartnäckig begreiflich zu machen suchte, war das Aufeinanderangewiesensein des kommunistischen und des demokratisch organisierten Staates. Daß dies der Gedanke gewesen ist, der den sozialdemokratischen Politiker aus Dresden über dreißig Jahre bestimmte, haben viele in der Bundesrepublik nicht wahrhaben wollen. Ich bin mir darin sicher, daß Honecker den Sozialdemokraten richtig verstanden hat, auch wenn er sonst mit ihm in kaum einem anderen Punkt übereinstimmen mochte. Jedenfalls ist es von tieferer Bedeutung, daß weder Willy Brandt noch Helmut Schmidt das Denken des Saarländers so stark beschäftigt haben wie Herbert Wehner. Dem mag es dann und wann sogar gelungen sein, den Generalsekretär zu Korrekturen eigener Positionen zu veranlassen. Wehners Gegner haben niemals aufgehört, über heimliche und geheimnisvolle Kontakte zu Honecker zu spekulieren und dabei anzudeuten, daß der ehemalige Kommunist hinter dem Rücken der Bundesregierung Verabredungen mit der anderen Seite angestrebt habe. Es trifft zu, daß Herbert Wehner manches Mal Besucher aus Ostberlin empfangen und es für richtig gehalten hat, seine Gespräche nicht öffentlich zu plakatieren. Durch Publizität wäre mit Sicherheit alles entzweigegangen, was er mit solchen Begegnungen anstrebte: ein Mindestmaß an Kommunikation zwischen Bonn und Ostberlin zu sichern, um, wie er das viele Male ausgedrückt hat, die Härten der Teilung für die Menschen mildern zu helfen.

Der Mann, der die Gedanken Honeckers zum Verhältnis zwischen den beiden deutschen Staaten und Regierungen dem SPD-Fraktionsvorsitzenden buchstäblich aus erster

Hand darstellen konnte, war der Rechtsanwalt Wolfgang Vogel. Ihm konnte Wehner vertrauen und hat ihm wohl über viele Jahre auch manche Perspektiven zur Deutschlandpolitik auf den Weg nach Ostberlin mitgegeben, an denen er wenige sonst teilhaben ließ. Wehners Sprache, wenn er sich zur DDR, zu ihrer Führung und zu den vielen uns entmutigenden Aktionen der Abgrenzung äußerte, hat manchen in Bonn irritiert, weil sie gelegentlich sehr viel, ja, übertrieben viel Verständnis für Ostberlin vermuten ließ. Das hat auch manchen seiner sozialdemokratischen Freunde verwirrt. Dabei hätte jeder in Bonn unschwer wissen können, daß Herbert Wehner, seit er den Deutschlandplan der SPD Ende der fünfziger Jahre vorgelegt und dafür viel Prügel bezogen hatte, auf rednerische Polemik gegen die DDR verzichten wollte, weil die Dinge nach seiner Meinung durch den sprachlichen Schlagabtausch nur noch schlimmer wurden.

Jener „Deutschlandplan", für den Wehner 1958/59 seine Partei vergeblich zu gewinnen suchte, war in der Sache eine Antwort auf die Herausforderung durch Walter Ulbricht gewesen. „Im Interesse der Wiedervereinigung der Arbeiterklasse ganz Deutschlands" hatte der SED-Chef Anfang 1957 angeregt, in beiden Staaten nach den dort geltenden Rechtsordnungen Vertreter für einen „paritätisch besetzten Ausschuß" – einen „Gesamtdeutschen Rat" – zu wählen. Ein wenige Monate später (Juli 1957) vom Ministerrat der DDR vorgelegter Konföderationsplan sah vor, daß die Bundesrepublik und die DDR in einem völkerrechtlichen Vertrag einen Staatenbund formieren wollten. Das war von Ostberlin als ein erster Schritt zur Wiedervereinigung gedacht.

Wehners Antwort, mit der sich weder der damalige Parteivorsitzende Erich Ollenhauer noch andere führende Sozialdemokraten – außer Carlo Schmid – ausdrücklich identifizieren mochten, war der Entwurf eines Vier-Phasen-Plans. In den ersten drei Phasen, die Wehner sich über etwa anderthalb Jahrzehnte erstrecken sah, sollte eine gesamtdeutsche Wirtschaftsgemeinschaft entstehen. In der vierten Phase sollte die staatlich-politische Einheit erreicht werden. Das wiedervereinigte Deutschland sollte – unge-

Walter Ulbricht, unter dem Erich Honecker lange Zeit „Kronprinz" ist, gilt als der politische Baumeister der DDR. Nach seiner Entmachtung beinahe zur Unperson erklärt, wird er neuerdings von der SED wieder in die Geschichte der DDR aufgenommen – ein anderer Beleg dafür, daß Erich Honeckers Stellung in der Partei unangefochten ist.

fähr nach dem Denkmodell des damaligen polnischen Außenministers Adam Rapacki – in einer atomwaffenfreien Zone liegen, aus der die dort stationierten ausländischen Truppen schrittweise hätten abziehen sollen und in der man die Stärke der nationalen Streitkräfte begrenzt hätte.

Wehners Motiv für seinen Deutschlandplan, mit dem er Ulbrichts Konföderationsidee testen wollte: „Wir müssen mit den Leuten von drüben ins Gemenge kommen" – es könne sich dann nämlich erweisen, „daß dieser scheinbar monolithische Block in Wirklichkeit nur – um bei dem geologischen Bild zu bleiben –, ein festgebackenes Geschiebe ist, das in Bewegung kommt." Das seit Jahren unverändert starke Interesse Erich Honeckers an der Person Wehners und an seiner Gedankenwelt hatte mit dem unablässigen Bemühen des Sozialdemokraten um Integrationsmodelle zu tun, die der SED jedenfalls nicht die bedingungslose Kapitulation abverlangten.

Wehner hatte Walter Ulbricht in der Moskauer Emigration sehr genau kennengelernt, und er hatte ihn, obwohl selber nicht beteiligt, während der Gespräche über die Vereinigung von KPD und SPD in Berlin beobachtet. Er wußte also, daß dieser Mann nicht nur fest entschlossen war, die Sozialdemokraten in der Sowjetischen Besatzungszone rücksichtslos den Kommunisten zu unterwerfen: Er hatte auch keine Illusionen darüber, daß es nach der Gründung der DDR mit Ulbricht nicht gelingen konnte, ein echtes Stück Gemeinsamkeit im Umgang zwischen den beiden Staaten zu schaffen. Und doch hat Wehner nicht darauf verzichtet, auch während der kältesten Tage des Kalten Krieges, die SED-Führer mit Anregungen und Initiativen herauszufordern. Die Grenzlinie zwischen Sozialdemokratie und Kommunismus hat er dabei niemals verwischt.

Ich glaube, daß ich während meiner kurzen Zeit in Ostberlin noch besser verstehen gelernt habe, worum es Wehner wirklich zu tun war: Früh schon erkennend, daß sich die beiden Staaten im Zeichen der von Jahr zu Jahr härter werdenden Konfrontation zwischen den beiden Führungsmächten eines Tages auch innerlich auseinanderentwikkeln mußten, wollte er eine Art Notstandsregelung zustande bringen, damit im Streit der Ideologien und des machtpolitischen Ringens nicht jede Hoffnung auf die einvernehmliche Lösung von praktischen Fragen zerstört würde. Dabei ist Wehner gewiß als einem der ersten bewußt gewesen, daß die Vorstellungen von einem „Wandel durch Annäherung“ kaum eine Chance hatten. Gedanken über eine Zusammenführung der beiden Staaten nach dem Konvergenzmodell hat er nicht mitgedacht. Für den Schuhmachersohn aus Dresden war die Vorstellung allerdings unerträglich, daß wir uns von der Abgrenzungspolitik der Mächtigen drüben in die Resignation treiben lassen könnten. Wahrscheinlich hat ihn auch der Gedanke bewegt, daß es in jenem Land, das ihm so vertraut geblieben ist, noch viele Sozialdemokraten gab, die man nicht einfach abhängen, die man nicht allein lassen durfte. Tatsächlich ist von dieser Grundstimmung zugunsten der SPD auch nach bald vier Jahrzehnten in Sachsen und Thüringen, bei den Arbeitern in Rostock und zumal bei denen in Ostberlin bis zum heutigen Tag etwas zu spüren. Stärker noch als bei manchen Sozialdemokraten in der Bundesrepublik war deshalb die Enttäuschung über das Ende der Regierung Schmidt in der DDR zu erleben.

Herbert Wehner gehörte zu der immer kleiner werdenden Gruppe von westdeutschen Politikern, die wußten, wie das Leben der einfachen Menschen in Leipzig und Magdeburg, in Jena oder Bitterfeld ist. Er hat dieses Leben in Bonn gedanklich mitgelebt. Er hat sich nicht, wie andere, nur aus aktuellem Anlaß mit der DDR beschäftigt. Jede einzelne Phase Ostberliner Politik und ihrer sowjetischen Bedingtheiten ist von ihm beobachtet, analysiert und unter dem Gesichtspunkt durchdacht worden, ob durch sie nicht vielleicht ein kleines Stück Tuchfühlung zu ermöglichen sei.

Ein Gespräch zwischen Ulbricht und Wehner wäre kaum vorstellbar gewesen, wenngleich der Sozialdemokrat, der von seinen Auseinandersetzungen mit dem späteren Ersten Sekretär der SED in Moskau nur sehr spärlich berichtet hat, wohl auch diese Prüfung auf sich genommen hätte. Begegnet ist er dann Erich Honecker 1973 am Wandlitzsee, begleitet von Wolfgang Mischnick. Es gab ein lan-

Weichenstellung am Wandlitzsee: Im Mai 1973 besucht Herbert Wehner, Vorsitzender der SPD-Bundestagsfraktion, begleitet vom FDP-Fraktionschef Wolfgang Mischnick den ersten Mann der DDR in dessen „Datsche“ in der Mark Brandenburg. Wehner gelingt es bei dieser ersten Begegnung mit Honecker, Widerstände zu überwinden, die beim Häftlingsaustausch entstanden sind.

ges Zwiegespräch mit dem Gastgeber, von dem nur so viel sicher ist, daß der SED-Generalsekretär und der Sozialdemokrat weitab von jeder Kameraderie zwischen alten Kommunisten darüber gesprochen haben, wie für beide Seiten schädliche Konfrontationen gemildert und für die Zukunft womöglich verhindert werden konnten. Und natürlich hat Wehner damals über Menschen geredet, von denen sich viele unmittelbar an ihn wendeten als der sozusagen letzten Instanz auf unserer Seite.

Es war in jenen Tagen zu einem in den Konsequenzen für die Betroffenen sehr bitteren Stillstand bei den „humanitären Bemühungen" gekommen. Auf unserer Seite hatte man überlegt, den Freikauf von Häftlingen nicht mehr über die „stillen Wege", sondern über die Ständige Vertretung zu regeln. Mit dieser Idee wollten sich die Verantwortlichen in Ostberlin nicht anfreunden. Viele Menschen, die in den Strafvollzugsanstalten der DDR auf eine vorzeitige Entlassung warteten, begannen die Hoffnung zu verlieren. Herbert Wehner konnte die Dinge ins Lot bringen. Einige Zeit nach seinem Treffen mit Honecker kehrte man zur alten Praxis zurück.

Die von Wehner beachtete Diskretion mußte in Bonn manchmal wie gewollte Geheimnistuerei erscheinen. Tatsächlich hat es Augenblicke gegeben, in denen die sozialdemokratischen Kanzler Brandt und Schmidt nicht ganz sicher waren, was für Signale „Onkel Herbert" in seinem Bungalow auf dem Heiderhof in Bad Godesberg an Honecker ausgeschickt und welche er von Ostberlin empfangen hatte. Nur meine ich mir sicher zu sein, daß Wehner allen freundlichen Anstiftungen der DDR-Führung zu noch so begrenzten, aber kompromittierenden Gemeinsamkeiten widerstanden, ja, daß er durch seine Mitteilungen an Honecker den Generalsekretär zu keiner Zeit ermutigt hat, Hoffnungen an eine Kooperation außerhalb der Regierung zu knüpfen. Honecker wußte allerdings, daß Wehner auch gegenüber der eigenen Regierung ein Mahner und Dränger war und einer, der seinen eigenen politischen Freunden, zumal Brandt und Schmidt, die Zwänge zu veranschaulichen suchte, in welche die DDR nicht immer aus eigenem Verschulden geraten war.

Auch mir hat Herbert Wehner, gerade wenn mich während der Ostberliner Zeit der Zorn über die Engstirnigkeit der DDR-Führung erregte, deutlich gemacht, daß Zorn, auch wenn er berechtigt scheint, in der Deutschlandpolitik ein miserabler Ratgeber ist. (Was nicht heißt, daß man in der Deutschlandpolitik nicht ab und an wütend werden müßte.) Weil er sich an der Politik der Deklamationen niemals beteiligt und sie als Gerede der Ohnmacht verhöhnt hat, mußte Wehner manchen als allzu milder Richter über die DDR erscheinen. In Wahrheit ging es ihm um Wundarztdienste.

Es waren bestimmt nicht jene von Honecker, Verner, Axen und Hager gefürchteten gesamtdeutschen Kaminträumereien, die den Sozialdemokraten in Erinnerung an seine Zeit als KPD-Abgeordneter im sächsischen Landtag inspirierten. Keiner, der mit Wehner häufiger reden konnte, wird ausschließen wollen, daß ihn die Vision von einem demokratisch-sozialistischen Deutschland bewegt hat, nicht irgendeine künstlich fabrizierte Konvergenzidee, eher eine von den europäischen Mächten nicht länger als bedrohlich angesehene Konstruktion, unter der sich die Deutschen in den beiden Staaten allmählich zu einem engeren und friedfertigen Umgang finden würden, ohne sich gegenseitig den Fuß in den Nacken stellen zu wollen. Auch ich habe Herbert Wehner oft genug als einen „altmodischen" deutschen Patrioten erlebt, den eine zunehmende Amerikanisierung unseres gesellschaftlichen Lebens ergrimmte, während drüben, in der anderen Republik, die Landsleute einer von der Obrigkeit zeitweilig forcierten Sowjetisierung widerstanden und an ihrer sehr deutschen Lebensweise festzuhalten entschlossen waren.

Wehner ist im Sommer 1973 nicht als Tagträumer in die DDR gereist. Er mag aber bei der Begegnung mit dem Generalsekretär der SED bestätigt gefunden haben, daß der Mann aus Wiebelskirchen kein phantasiearmer Funktionär ist. So mag es damals durchaus Augenblicke gegeben haben, in denen der eine wie der andere so etwas wie ein Gefühl gemeinsamer Verantwortung empfunden haben, Verantwortung, die für Herbert Wehner in jenem Wort Kurt Schumachers ihren Ausdruck fand, daß die Deutschen verpflichtet seien, alles in ihrer Kraft Liegende zu tun, damit sich die Schrecken der Vergangenheit nicht wiederholten.

So kann ich mir auch vorstellen, daß der Gastgeber dem Besucher, den sein Vorgänger Ulbricht zur Unperson erklärt hatte, mit großem menschlichen Respekt begegnet ist. Es mag sogar sein, daß der Generalsekretär für den Mann, der sich vom kämpferischen Hitler-Gegner und Kommunisten zum leidenschaftlichen Sozialdemokraten wandelte, mit nicht geringer Sympathie betrachtete, womöglich auch bewunderte. Als Verbündeten oder gar als Komplizen hat er Wehner dennoch nicht gesehen. Mit Recht hat der Generalsekretär bei dem Sozialdemokraten Verständnis für die Lage der DDR und für manche seiner Notwendigkeiten vermutet. Er konnte bei Wehner sicher sein, daß ihm dieser Mann dabei helfen wollte, wenigstens ein Stück von der bösen Erbschaft abzutragen, die Ulbricht auf dem innerdeutschen Feld hinterlassen hatte. Daß dies Honeckers Absicht war, ist unter urteilsfähigen Kennern der DDR-Politik nicht strittig.

Nur habe ich Honecker nach unseren Gesprächen kein einziges Mal mit dem Gefühl verlassen, er würde, gesetzt den Fall, daß sich die Sowjetunion ihm nicht in den Weg stellt, einen wirklich großen Schritt in jene Richtung tun, die der Grundlagenvertrag als gute Nachbarschaft zwischen den beiden Staaten bezeichnet; jedenfalls nicht, solange am Wegesrand ein Risiko für die innere Sicherheit der DDR zu erkennen war. Vielleicht beschäftigte ihn zeitweilig die Vorstellung von einem starken – den Sicherheitsbedürfnissen auch der Sowjetunion genügenden – Gesamtstaat, bevölkert von fleißigen und disziplinierten Deutschen, denen ein „alternativer" preußisch-sozialistischer Lebensstil eines Tages anziehender erscheint als die permissive und auf Konsum orientierte Gesellschaft im Westen.

Als er 1980 solche Gedanken in vorsichtiger Manier vor den Delegierten eines Bezirksparteitages andeutete, gab es bei einigen im Politbüro tiefes Erschrecken. Kurz darauf ließen Hermann Axen und Paul Verner verbreiten, daß der Generalsekretär, anders als im Westen kolportiert wurde,

Kurt Hager, Mitglied des Politbüros, von Honecker als „unser Chefideologe" herausgehoben, im Gespräch mit Studenten. Der aus dem Badischen stammende Intellektuelle zählt in der Führungsgruppe der DDR zu jenen Kommunisten, die jedem Aneinanderrücken der beiden Staaten mit Skepsis begegnen.

nur die alte Linie vertreten habe, und daß von neuen Horizonten im deutschlandpolitischen Denken der DDR-Führung nicht die Rede sein könne. Ganz so wird es nicht gewesen sein. Erich Honecker hatte gewiß nicht die Umrisse eines kühnen Projekts skizzieren wollen; eher war es ihm um eine psychologische Wirkung auf die DDR-Deutschen zu tun, die er durch die bloße Erwähnung des Gedankens der Nation in einem Augenblick sich freundlich zu stimmen suchte, da sich die Versorgungslage abermals verschlechterte und immer mehr Menschen mutlos zu dem Schluß gelangten, daß auch er nicht stark genug sei, ihnen eine bessere Perspektive für die Zukunft zu geben.

Im Bundeskanzleramt ist jene Rede des Generalsekretärs der SED damals gründlich analysiert worden. Der Bundeskanzler konnte keine Ansätze einer neuen Linie darin erkennen. Da er sich zu dieser Zeit nach einigen telefonischen Unterhaltungen ein besseres Bild von Honecker gemacht hatte, neigte er zu der Einschätzung, daß der andere einen Beweis für sein gewachsenes Selbstbewußtsein hatte vorzeigen wollen. Es gab sichere Anhaltspunkte dafür, daß Honeckers Rede von Abrassimow mit erheblichem Mißvergnügen aufgenommen worden war. Solche Irritationen waren vom sowjetischen Botschafter mit Sicherheit nach Moskau weitergereicht worden.

Als Honecker im April 1981 auf dem X. Parteitag der SED seinen Rechenschaftsbericht ablieferte, fand sich darin nicht die geringste Andeutung des Gedankens von der sozialistischen Nation. Die Idee eines unter dem Kommunismus geeinten Deutschland paßte nicht ins Konzept des großen Verbündeten, der die Bonner Regierung wegen der für Ende 1983 vorgesehenen Nachrüstung einzuschüchtern und gleichzeitig mit allerhand Aufmerksamkeiten für sich zu gewinnen suchte. Für Honecker ist es sicher bedrükkend, daß die Sowjetunion – in der Gestalt des von Gromyko gesteuerten Außenministeriums – die Politik zwischen den beiden deutschen Staaten stets als Funktion ihrer Westpolitik gesehen und die „deutschen" Bedürfnisse der DDR kaum je anerkannt hat. In der kurzen Zeit, in der ich Gelegenheit hatte, den Umgang zwischen dem Generalsekretär und dem Sowjetbotschafter zu beobachten, ist

Hermann Axen ist Mitglied des Politbüros und wichtigster außenpolitischer Berater des Generalsekretärs. Auch der Arbeitersohn aus Leipzig ist eher ein Freund der Abgrenzung von der Bundesrepublik. Links neben ihm der langjährige sowjetische Botschafter Pjotr Abrassimow.

mir aufgefallen, daß Honecker in Abständen zu demonstrieren wünschte, daß die Regierung der DDR nicht eine nachgeordnete Behörde der Sowjetbotschaft sei. Nach einem längeren Gespräch mit Abrassimow beschrieb ich Honecker einige Tage später meinen Eindruck, daß der Botschafter das geplante deutsch-deutsche Treffen eher als eine Nebensache kommentiert habe, was ich der Bundesregierung berichten wolle. Der Generalsekretär antwortete ohne Zögern: „Die Politik der Deutschen Demokratischen Republik wird nicht Unter den Linden gemacht."

Offenkundig fühlte sich Erich Honecker durch die Protektion Leonid Breschnews stark genug, dem Botschafter gelegentlich die Stirn zu bieten. Das war bei der Reise Helmut Schmidts in die DDR zu verfolgen. Honecker wollte den kleinmütigen Genossen und auch Abrassimow seine Gelassenheit und Selbstsicherheit gerade im Zeichen der unklaren polnischen Situation beweisen. Überdies erhoffte er sich, mit guten Gründen übrigens, Zustimmung bei den eigenen Bürgern. Denen konnte er zwar nicht Reiseerleichterungen bieten, aber ein leibhaftiger Bundeskanzler in kritischen Zeiten auf dem Territorium der DDR mußte als Ausweis von Stärke erscheinen.

Da Honecker genau weiß, daß das Verhältnis der DDR-Deutschen zu den Sowjets auch nach bald vierzig Jahren von Herzlichkeit weit entfernt ist, und weil er schon früh verstanden hat, daß er durch die Zurschaustellung eines gewissen Selbstbewußtseins eher Sympathien gewinnen kann, pflegt er seit einigen Jahren den deutschen Charakter seines Staates. Damit findet er bei den Bürgern positive Resonanz. Als treusorgender deutscher Landesvater anerkannt oder sogar etwas verehrt zu werden, ist sein sehnlicher Wunsch.

Vom Berufsrevolutionär ist wenig übriggeblieben. Seine Autobiographie zeigt ihn zwar als einen der Partei treu ergebenen antifaschistischen Arbeiterführer, die uneigennützige Personifikation einer strengen Moral. Doch seine eher genügsame Lebensführung hindert ihn nicht daran, sich nach dem Vorbild anderer kommunistischer Führer gelegentlich auch als Jagdherrn darzustellen. Es mag für den Dachdeckergesellen aus Wiebelskirchen eine Art der

Bewältigung seiner proletarischen Vergangenheit sein, daß er nun selber über das Privileg der Souveräne und Industriemagnaten verfügt. In dieser Rolle konnte er sich überdies anderen Generalsekretären als ebenbürtig erweisen, die in der Kontinuität feudaler Machthaber Bärenfelle und Geweihe als Symbole ihrer Macht vorführen. Das Jagdvergnügen wird ihm in der DDR kaum mißgönnt. Honecker selber hat dafür gesorgt, daß zahlreiche Arbeiter und Angestellte mit wenig Kostenaufwand jagen dürfen, natürlich weitab von jenen Staatsforsten, die den waidmännisch aktiven Funktionären vorbehalten sind.

Für mich hat es nie einen Zweifel gegeben, daß die „deutsche Komponente" im Denken und im Gefühlsleben Honeckers eine wichtige Rolle spielt. Zwar ist seine Loyalität zur Sowjetunion nicht zu erschüttern, sein Mut vor Kreml-Thronen mag nicht imponierend sein. Und natürlich hat er auch zu keiner Zeit vergessen, daß die DDR stets in der Hand der Sowjetunion war. Doch war er sich immer bewußt, daß sich die Interessen der großen Mächte auch wandeln können. Eben das hat Honecker nie zum Satrapen werden lassen. Er weiß genau, daß die Sowjetunion einen Mann an der Spitze der DDR nötig hat, der bei den Menschen eine gewisse Achtung genießt, den man nicht für einen bloßen Befehlsempfänger hält, und der dadurch, daß er seinen Staat mehr und mehr in die Geschichte des „fortschrittlichen" Deutschland hineinschiebt, sich selber und die Sowjetführung der Sorge vor polnischen Entwicklungen auf deutschem Boden enthebt.

Werbellin oder Das Prinzip Hoffnung

KAPITEL IV

Bei unserem Gespräch am 18. März suchte ich zu erkunden, ob Honecker an einem Besuch Schmidts in der DDR wirklich noch interessiert war. Die vom DDR-Außenministerium in westlichen Hauptstädten verbreitete Geschichte, der Generalsekretär sei nach wie vor tief gekränkt über die Absage der Kanzlerreise im August 1980, hatte mit den Prestigebedürfnissen der DDR zu tun. Gerade in jenen Spätsommertagen war die Führung von panikähnlicher Angst wegen der nicht abzusehenden Entwicklung beim polnischen Nachbarn beherrscht. Honecker jedenfalls schwieg sich im Frühjahr zum Thema der Schmidt-Reise aus.

Daß der „GS" den Besuch des westdeutschen Regierungschefs nach wie vor dringlich wünschte, erfuhr ich wenig später von einem seiner engsten Vertrauten, von Wolfgang Vogel, dem Rechtsanwalt, den Helmut Schmidt einmal den „prominentesten Briefträger" nannte. Bei einem Spaziergang am Teupitzsee sagte Vogel: „Aller guten Dinge sind drei." Wir waren beide der Meinung, daß es gerade wegen der sich verhärtenden Beziehungen zwischen den beiden Großmächten beinahe zwingend sei, daß Schmidt und Honecker ohne Zeitdruck miteinander redeten. Wir stimmten auch darin überein, daß ein dritter Anlauf auf keinen Fall mißlingen dürfe. Sonst werde es für lange Zeit unmöglich sein, die beiden zu einem vielleicht weiterführenden Gespräch zusammenzubringen. Natürlich hatte Vogel seine eigenen Gedanken, wenn er schon im Juni dafür warb, daß ein Treffen ohne viel Aufwand anzustreben sei und daß wir die Begegnung in einer knappen Frist zustande bringen sollten. Es bestehe bei viel Publizität die Gefahr, daß alles zerredet werde. Vogels Überlegungen, die auf seine Gespräche mit dem Generalsekretär zurückgingen, waren schlüssig und entsprachen den Vorstellungen von Helmut Schmidt. Da ich wußte, daß dem Kanzler die Absage der Reise nach Dierhagen an der Ostsee im August 1980 schwer geworden war – ich erinnerte mich, daß von Schmidt geachtete Persönlichkeiten der Evangelischen Kirche mit dem Hinweis auf die psychischen Bedrückungen der DDR-Deutschen damals geraten hatten, der Bundeskanzler möge trotz Polen kommen –, hielt ich es für richtig, im Bundeskanzleramt auf die Konkretisierung des Besuchs zu drängen. Bei Helmut Schmidt gab es keine Widerstände. Auch Herbert Wehner und Hans-Jürgen Wischnewski rieten zu. Von sich aus meinte der Kanzler, daß er nicht auf ein „Bad in der Menge" angewiesen sei, daß er sich allerdings der DDR-Führung zuliebe auch nicht verstecken lassen wolle. Wir erörterten mit Helmut Schmidt den Zusammenhang zwischen einem Besuch und der polnischen Situation und waren uns natürlich über die anhaltenden Risiken, die in den (auch uns nicht erkennbaren) Absichten Moskaus gegenüber Warschau lagen, im klaren. Die Zusammenkunft, die wir für einen der letzten Monate des Jahres anvisierten, sollte nach dem Wunsch des Kanzlers mit Diskretion vorbereitet werden, weil durch eine sich über Monate hinziehende Diskussion in den Medien unvermeidlich übertriebene Erwartungen geweckt würden. Wir wußten, daß eine Begegnung zwischen ihm und Honecker nicht den großen Durchbruch bringen konnte. Es war uns von Anfang bewußt, daß die andere Seite aus einem Treffen politischen und propagandistischen Gewinn zu ziehen entschlossen war und daß nicht mit glänzenden Ergebnissen gerechnet werden konnte. Weder die Motiv- und Interessenlage der DDR-Führung noch die in der nächsten Zeit erkennbar werdenden Bedenken im Kreis unserer westlichen Verbündeten, zumal der Franzosen, gegen eine deutsch-deutsche Sonderbündelei konnten Schmidt in der kommenden Zeit beeindrucken. Er hatte bis jetzt fast alle Führer der kommunistischen Welt getroffen. Trotz der vielen Unwägbarkeiten der internationalen Lage schien es ihm an der Zeit, mit dem verantwortlichen Mann im anderen Teil Deutschlands offen und, wie er sich erhoffte, konkreter als in Helsinki und Belgrad zu reden. Da mich der Stillstand zwischen uns und Ostberlin bald nach Beginn meiner Arbeit mehr und mehr bedrückte, hatte auch ich den Wunsch, daß bei einer Begegnung zwischen Kanzler und Generalsekretär endlich präzisiert würde, was der eine und der andere trotz der polnischen Fragezeichen für die Entwicklung besserer nachbarlicher Beziehungen glaubte, leisten zu können.

Durchaus realistisch hatte mir Honecker schon am 9. Februar gesagt: „Die Beziehungen zwischen unseren Staaten sind besser als deren Ruf. Doch von gutnachbarlichen sind wir noch weit entfernt." Mir schien es richtig, daß wir von uns aus nach Monaten der Bewegungs- und Regungslosigkeit ein Signal nach Ostberlin schickten. Natürlich wollten wir nicht als Bittsteller erscheinen. Der einfache Gedanke, den ich in Bonn vortrug, war, daß wir uns durch die anhaltenden Spannungen zwischen Moskau und Washington nicht selber zur Sprachlosigkeit und zur Handlungsunfähigkeit verurteilen lassen dürften. Solcher Resignation widersetzten sich auch zahlreiche nichtkommunistische DDR-Bürger. Deshalb regte ich den Bundeskanzler an, einen Brief an Honecker zu schreiben, in dem er dem Generalsekretär mitteilte, daß wir bei einem Treffen von uns aus keine Bedingungen stellen würden, die ihn sogleich mit denen in Konflikt brächten, die das ganze Projekt zu vereiteln wünschten. Der Bundeskanzler fand diese Anregung sinnvoll. Auch Hans-Dietrich Genscher hielt es für nützlich, der anderen Seite plausibel zu machen, daß die geographische Lage der beiden deutschen Staaten und ihre geschichtliche Situation uns besondere Anstrengungen für den Frieden in Europa auferlegen.

Inzwischen hatte es in Ostberlin eine Konferenz zwischen Abrüstungsfachleuten beider Staaten gegeben. Hier war mir von DDR-Gesprächspartnern wiederholt ein starkes Interesse angedeutet worden. Obgleich in Bonn einige Leute entweder auf die Nutzlosigkeit eines solchen Expertengesprächs hinwiesen („die haben doch nicht den geringsten Spielraum") oder ein Stirnrunzeln unserer Verbündeten fürchteten, war Genscher für die Idee sogleich zu gewinnen. Weder täuschten wir uns über die Kompetenz des DDR-Außenministeriums, noch hofften wir darauf, daß die Sowjetunion der Ostberliner Regierung ein Mandat für eine neue Bewegung bei den seit Jahren nicht vom Fleck kommenden Wiener Verhandlungen über eine gegenseitige und abgewogene Verringerung der konventionellen Streitkräfte (MBFR) geben würde. Wir wollten aber von uns aus ein Zeichen setzen, daß wir jenen den Grundlagenvertrag ergänzenden Gedanken ernst zu nehmen entschlossen waren, der Konsultationen über Fragen von gemeinsamem Interesse vorsieht. Genschers Unterstützung hatte auch das Motiv, daß er die Freien Demokraten als deutschlandpolitisch aktive Partei vorzeigen und Helmut Schmidt nicht das Feld allein überlassen wollte. Das sollte uns recht sein. Genau wie der Bundeskanzler erkannte auch Genscher in einem Gespräch, um das ich ihn gebeten hatte, daß hier eine kleine Chance gegeben war, die DDR aus jener von ihr stets verdrängten und sie doch so sehr schmerzenden Isolation herauszuholen. So wenig wie seine Beamten erwartete der Außenminister eine ganz neue Perspektive. Tatsächlich bewegten sich die Ostberliner Diplomaten dann haargenau in den Spuren der sowjetischen Abrüstungsvorstellungen, verzichteten aber auf die in ihrem Parteiorgan „Neues Deutschland" beinahe täglich gedruckte Polemik gegen den NATO-Doppelbeschluß. Nach kurzer Zeit war unschwer zu entdecken, daß der für das MfAA auftretende Botschafter Ernst Krabatsch zwar intelligent und sachlich zu argumentieren wußte, doch über wenig „Herrschaftswissen" verfügte, das er ja nur von seinen sowjetischen Kollegen hätte beziehen können.

Immerhin, die Begegnung war ein bescheidener, doch nicht unwichtiger Beitrag zur Entkrampfung. Botschafter Friedrich Ruth, der unsere Delegation leitete, zeigte keinerlei Ungeduld, obwohl ihm die Wissenslücken des DDR-Mannes bald auffallen mußten. Das Reden über MBFR, Mittelstreckenraketen und eine europäische Sicherheitskonferenz verrückte keinen Stein vom anderen. Zu erleben war aber, daß die DDR-Diplomaten sich um eine nuancierte Argumentation bemühten. Ein winziges Stück Vertrauensbildung schien gelungen zu sein. Es gab keine Herablassung, keine Feindseligkeit.

So war es mehr als eine liebenswürdige Floskel, daß der Bundeskanzler in seinem Brief vom 24. Juli 1981 das Expertengespräch als einen notwendigen Beitrag zur Versachlichung der Abrüstungsdiskussion lobte und festhielt, daß die Begegnung zwischen Krabatsch und Ruth zu größerer Berechenbarkeit beigetragen hätte. Damit Erich Honecker die Bemerkung nicht mißverstehe, daß wir weder ein „Junktim" noch eine Vorbedingung an das jetzt ein drittes Mal angestrebte Treffen knüpfen wollten, erinnerte Helmut Schmidt an das Thema Mindestumtausch. Wir könnten uns, so schrieb der Kanzler, nicht damit abfinden, daß die DDR die „Substanz" dessen, was in der Zusammenarbeit der beiden Staaten für die Begegnungen der Menschen erreicht worden ist, beeinträchtige. Auf diplomatische Verhüllung verzichtend, kam Schmidt schnell zum Thema Polen. Er warnte den Generalsekretär der SED vor solchen Ratschlägen an die sowjetische Führung, die vielleicht nicht unmittelbar von ihm, eher schon von Politbüromitgliedern wie Paul Verner und dem Armeegeneral Hoffmann an den großen Verbündeten gelangten. Diese beiden hatten sich nach zuverlässigen Informationen schon bei einem Treffen der Regierungen des Warschauer Pakts im Dezember 1980 für eine Politik der Härte gegenüber Polen eingesetzt und sich offenbar einer brutalen Sprache bedient.

Der Bundeskanzler schrieb Honecker: „Vertrauensbildung zwischen Ost und West ist ein unabdingbares Erfordernis der Friedenssicherung. Vertrauensbildung ist aber nur möglich, wenn der Grundsatz strikt beachtet wird, daß jeder Staat über seine internen Angelegenheiten selbst bestimmt. Wir sind uns sicher einig in der Hoffnung, daß keine Ereignisse eintreten, die mit diesem Grundsatz nicht zu vereinbaren wären und unsere Bemühungen um Stabilisierung der Beziehungen zwischen West und Ost zunichte machen würden."

In dieses Schreiben nahm Schmidt einen Gedanken auf, den er mit Genscher diskutiert hatte: daß eine engere Zusammenarbeit zwischen den beiden deutschen Staaten und die stetige Intensivierung der menschlichen Beziehungen helfen könnten, den Frieden in Europa sicherer zu machen. Das war, so meine ich, die angemessene Antwort auf die seltsame Bemerkung Honeckers, daß das Hin- und Herreisen der Europäer vor dem letzten Weltkrieg die Katastrophe nicht habe verhindern können. Den Brief des Kanzlers wollte ich dem Generalsekretär selber übergeben und ihm – nach den zahlreichen Gesprächen mit Helmut Schmidt über die Zukunft unserer Deutschlandpolitik – auch im Detail erläutern. Zusätzlich hätte ich ihm gern die Gedanken des Bonner Regierungschefs zur Lage in Polen kommentiert. Bei mehreren Gelegenheiten hatte sich Schmidt von der Vorstellung bedrückt gezeigt, daß, im schlimmsten aller Fälle, Kontingente der NVA wie in einem neuen „Blitzkrieg" gegen dieses von den Deutschen viele Male mit schrecklicher Gewalt überzogene Land einmarschieren müßten. Der Kanzler widersetzte sich von Anfang an den unausgegorenen Ideen einiger Leute in Washington, nun könne die große „roll back"-Bewegung gegen das Sowjetimperium eingeleitet und das Banner westlicher Freiheit in Polen aufgerichtet werden. Ihm war zu jeder Stunde bewußt, daß dies eine Politik des Abenteuers war, die für die Polen und später auch für uns Deutsche zu bösen Konsequenzen führen konnte.

Es spricht für den Saarländer, daß er – obwohl er wie alle anderen Mitglieder des Politbüros auf eine schnelle und am besten lautlose Liquidierung der Reformbewegung hoffte – die Gefahren eines radikalen Vorgehens gegen die Polen erkannte und deshalb die Heißsporne im eigenen Lager beschwichtigen half.

Zu einem Gespräch mit Honecker kam es diesmal nicht. Soweit das für uns erkennbar war, wollte er nicht den Eindruck begünstigen, daß es eine wachsende Intimität zwischen ihm und Schmidt gäbe. So übergab ich das Schreiben des Kanzlers im MfAA an den stellvertretenden Außenminister Kurt Nier, der es an den Staatsratsvorsitzenden sogleich weiterzureichen versprach. Wir hatten nun mit der nötigen Klarheit der anderen Seite zu erkennen gegeben, daß sich die sozial-liberale Bundesregierung gerade durch die schwierige „Großwetterlage" herausgefordert fühlte, das Verhältnis zwischen den beiden Staaten zu stabilisieren, und gemeinsam mit der DDR nach Möglichkeiten Ausschau halten wollte, wie der eine und der andere einen Rückfall in den Kalten Krieg verhindern konnte. Wir verknüpften mit einem Treffen mit Honecker keinerlei Wunschvorstellungen. Wir waren bereit, in Kauf zu nehmen, daß Honecker den Besuch von Schmidt als Beleg für die innere Balance der DDR ausgeben würde, als Bekräftigung seiner eigenen Führungsrolle, aber auch zu dem Zweck, den Bürgern der DDR zu demonstrieren, daß er sich stark genug fühlte, mit der Deutschlandpolitik weiterzumachen. Bei unseren Nachbarn hat es damals keine Illusionen über den praktischen Erfolg einer solchen Zusammenkunft gegeben, nur die Hoffnung, daß die Risse nicht noch tiefer würden.

Die Deutschen in der DDR beschäftigten sich mit der polnischen Entwicklung gründlicher als viele Deutsche im Westen. Bei nachdenklichen DDR-Bürgern, mit denen ich mich zu offenen Gesprächen traf, hatten skeptische Bemerkungen über die neue Gewerkschaftsbewegung nichts mit antipolnischen Ressentiments zu tun. Sie drückte allerdings die Sorge, die Polen, zumal einige der intellektuellen Ratgeber des Werftarbeiters Walesa, überschätzten ihre Kraft, wollten den Konflikt mutwillig weitertreiben, neigten, beflügelt durch das westliche Echo, zu einer Politik des Alles oder Nichts und seien von einer sehr polnischen Realitätsferne. Sie fürchteten, daß die Sowjetunion, eher gegen ihren Willen, schließlich gezwungen sein würde, tabula rasa zu machen, und daß dann auch für die DDR die wenigen Lichter verlöschen würden, die seit der KSZE-Konferenz von Helsinki die innerdeutsche Szene erhellt hatten.

Da viele unserer Nachbarn zwischen den Zeilen zu lesen

gelernt haben, fiel ihnen auf, daß der Bonner Kanzler im Gegensatz zu einigen westlichen Regierungschefs in seinen Stellungnahmen zu Polen auf das in Washington, London und Paris bevorzugte Pathos verzichtete (wofür ihn die eigene Opposition und ein paar selbstgerechte Leitartikler wenig später als „Appeaser" angriffen).

In der DDR verstanden die Menschen die Zurückhaltung Schmidts nicht nur, sie waren dankbar dafür, daß er sich zu jener Minderheit im Westen stellte, die weiter dachte. Die Bürger in der DDR konnten sich unschwer vorstellen, daß nach einem Blutbad in Polen eine lange Periode der Friedhofsruhe in Osteuropa und in der DDR einkehren würde, daß wir, die Deutschen in beiden Staaten, womöglich ein volles Jahrzehnt zu warten hätten, ehe wir erneut miteinander reden könnten. Ohnehin fühlten sich viele in der DDR von dem Gefühl bedrückt, wir im Westen seien für die von der DDR-Obrigkeit errichteten Barrieren im Reiseverkehr von West nach Ost insgeheim vielleicht ganz dankbar. Tatsächlich hatte sich die Zahl der Reisenden, wie von der Ostberliner Führung gewünscht, verringert. Mehr und mehr mit den eigenen ökonomischen Schwierigkeiten beschäftigt, richteten die Westdeutschen den Blick nicht mehr so oft in die DDR. Manche DDR-Bürger befürchteten, daß die Bundesregierung ihre Deutschlandpolitik nur noch „fortschreibe", und glaubten der in Bonn und nicht nur dort verbreiteten Darstellung, daß Helmut Schmidt anders als Willy Brandt an der DDR nicht sonderlich interessiert sei, daß sich der Hamburger schwertue, eine emotionale Beziehung zu ihnen zu finden, kurzum, daß er das Thema schleifen lasse.

Wahr ist, daß sich Helmut Schmidt an Spekulationen, wie mit Hilfe eines neuen Konzepts die Deutschlandpolitik qualitativ zu verändern, wie womöglich ein großer Durchbruch zu schaffen sei, nicht beteiligen wollte. Wo seien denn, hat er in den achteinhalb Jahren seiner Kanzlerschaft die auf Initiative drängenden Parteifreunde gefragt, die nicht nur intellektuell anregenden, sondern auch politisch umsetzbaren Pläne, auf die Honecker tatsächlich eingehen könne? Überzeugende Antworten waren ihm nicht gegeben worden. Zu Vorleistungen war er nicht aufgelegt, weil er bei der DDR nennenswerten Spielraum nicht erkennen konnte.

Eigentlich hätte Schmidt im Sommer 1980 in die DDR fahren sollen. Doch konnte in den Augusttagen die Entwicklung in Polen nicht einmal von den Sowjets einigermaßen verläßlich eingeschätzt werden. Erst recht wir in Bonn waren außerstande, die Risiken einer Kanzlerreise zu ermessen. Die Gefahr, daß unmittelbar nach Ankunft von Schmidt in der DDR die Sowjets in Polen einmarschierten, war sehr real. Es mußte uns zudem beunruhigen, daß die Ostberliner Führung den Abstecher nach Rostock streichen wollte. Die Berater des Kanzlers, wesentlich Manfred Schüler, Chef des Bundeskanzleramts, und Berndt von Staden, zu dieser Zeit Leiter der Abteilung II, zuständig für Außenpolitik, rieten ihm von der Reise ab. An diesem Augustwochenende hatte Schmidt selber alle Argumente für und gegen die DDR-Fahrt abgewogen. Als wir, die Mitglieder des „Kleeblatts"* und Staden, in seinem Haus in Hamburg-Langenhorn unseren Rat begründeten, hatte er sich innerlich bereits entschieden. Die Reise mußte vertagt werden, da die Lage in Polen nicht kalkulierbar war. Die Bundesregierung durfte nicht in den Verdacht geraten, sie liefere der anderen Seite ein Bühnenbild der Normalität.

Im Gästehaus des Hamburger Senats waren Vizekanzler Genscher, die Bundesminister Matthöfer, Lambsdorff, Franke, Gscheidle, der Berliner Regierende Bürgermeister Stobbe und Gaus, der Ständige Vertreter bei der DDR, versammelt. Nachdem Schmidt ausführlich dargelegt hatte, weshalb er die Fahrt in die DDR in diesem Augenblick nicht verantworten könne, stimmten die Kabinettsmitglieder seinen Argumenten zu, außer Egon Franke, der sein Zögern allerdings nicht klar artikulierte. Lediglich Stobbe widerriet einer Absage. Allen war klar, daß er damit nicht nur im Namen von Staatssekretär Gaus sprach, sondern von ihm vorab davon überzeugt worden war, daß trotz der Unwägbarkeiten der polnischen Entwicklung von der Reise mehr Positives als Schlimmes zu erwarten sei. Herbert

* „Kleeblatt" = Kanzler Schmidt, Hans-Jürgen Wischnewski, Manfred Schüler und Klaus Bölling

Wehner war zu der Besprechung am Hamburger Feenteich von Schmidt eingeladen worden, doch da er die negative Entscheidung Schmidts offenbar ahnte, war er gar nicht erst gekommen. Eine klare Meinungsäußerung des SPD-Fraktionsvorsitzenden war dem im Gästehaus versammelten Kreis nicht bekannt. Wie so manches Mal in der Vergangenheit spürten einige von uns, daß Wehner anstelle des Kanzlers anders entschieden hätte. Noch während der Diskussion beauftragte mich Helmut Schmidt, eine Erklärung der Bundesregierung für die Absage aufzuschreiben. Darin formulierte ich, daß die Bundesregierung auch künftig an der Entwicklung vernünftiger Beziehungen zur DDR interessiert bleibe. Genscher, bei dem sich stets politisches und juristisches Denken mischten, machte darauf aufmerksam, daß in Artikel 1 des Grundlagenvertrages von „gutnachbarlichen Beziehungen“ die Rede sei. Das war mir beim Abfassen des Textes bewußt gewesen. Nur meinte ich, daß wir in einem Augenblick, in dem sich der Wille der DDR zur Verschärfung der Abgrenzungspolitik so sichtbar manifestierte, ein vergleichsweise bescheidenes Wort wählen sollten. Den entscheidenden Grund für die Absage, eben die Lage in Polen, umschrieben wir so, daß jedermann verstehen konnte, was wir meinten. Mit dem Entwurf ging der Kanzler um die Mittagszeit in die erste Etage des Gästehauses, um Honecker am Telefon zu erläutern, warum es in beider Interesse lag, die Begegnung ein weiteres Mal zu verschieben. Obwohl Honecker bei diesem Gespräch sein Bedauern äußerte, kehrte der Kanzler in die Runde seiner Minister mit dem festen Eindruck zurück, daß der Generalsekretär in Wahrheit über die Absage erleichtert war.

Alle an dem Gespräch Beteiligten verließen das Gästehaus bedrückt. Wir wußten ja, wie viele Deutsche in der DDR auf ein Zeichen der Zusammengehörigkeit warteten. Durch Besucher aus der DDR war uns berichtet worden, daß ein Besuch von Helmut Schmidt von den Bürgern nicht als eine Verbeugung vor der Staats- und Parteiführung verstanden würde, sondern als Indiz für ein aufrichtiges Interesse des Bundeskanzlers an einer verbesserten Kooperation, vor allem aber als ein Beweis seiner inneren

Zuwendung zu den Deutschen in diesem Staat. Es ist wahr, daß unsere Gründe nicht allen drüben einleuchteten. Für uns allerdings hatte ein Argument Gewicht, das Schmidt bis eben noch nicht hatte akzeptieren wollen, das nun Berndt von Staden mit großer Eindringlichkeit dem Kanzler vortrug: das permanente Mißtrauen im Lager unserer Verbündeten. Sie konnten eigentlich ganz sicher sein, daß sich ein Mann wie Schmidt allen Einladungen zu deutsch-deutschen Konspirationen verweigern würde. Doch ähnlich wie Abrassimow die Vorbereitungen zu dem Treffen mit unguten Gefühlen begleitete, so fanden sich von neuem in Paris und Washington einflußreiche Leute, die argwöhnische Fragen stellten und uns anhängen wollten, wir könnten aus egozentrischen Motiven helfen, die freiheitlichen Kräfte in Polen zu isolieren. Jedenfalls war in diesen Augusttagen 1980 wieder einmal mit Händen zu greifen, daß die Urängste vor den Deutschen, wenn sie gemeinsame Sache zu machen scheinen, viel lebendiger sind, als manche von uns wahrhaben wollen. Unsere Verbündeten hatten nicht übersehen, daß die deutsch-deutschen Beziehungen von der sowjetischen Intervention in Afghanistan kaum berührt worden waren. Es war schließlich nicht Franz Josef Strauß allein, der die These vertrat, daß die Entspannungspolitik unteilbar sei. Diese Denkschule gab es, personifiziert durch Carters Sicherheitsberater „Zbig" Brzezinski, auch im Weißen Haus. So abwegig alle diese Verdächtigungen auch waren, jetzt mußten wir sie ernst nehmen.

Nach achteinhalb Jahren im Regierungsdienst bin ich mir über den Punkt sehr sicher, daß es zu keiner Zeit im Lager der Sozialdemokraten oder der FDP einen Politiker von Rang gegeben hat, der sich den von Honecker und seinen Freunden so sehr gefürchteten „Träumereien an gesamtdeutschen Kaminen" hingegeben hat. Das war es ja: Wir hätten getrost über andere Prioritäten in der Bonner Politik nachdenken können, die vielleicht zu Lasten unserer Bündnispolitik gegangen wären – die andere Seite war für diese Art von Glasperlenspiel überhaupt nicht zu haben. Wiederum konzentrierte sich der Verdacht mancher Amerikaner und Franzosen von Zeit zu Zeit auf Herbert

Wehner, was völlig unsinnig war, weil alle Überlegungen des SPD-Fraktionsvorsitzenden, wie die beiden Staaten eines Tages zusammenzubringen wären, von der ausdrücklichen Zustimmung aller Nachbarn Deutschlands ausgingen und einer europäischen Friedensordnung, unter deren Dach die Sicherheitsinteressen aller Staaten ausgeglichen werden sollten. Es ist, vermute ich, vielmehr so gewesen, daß die Ängste einiger Leute in Paris, Washington und London eher simuliert waren. Ausdrückliche Warnungen, die Helmut Schmidt von seinem Freund James Callaghan und von Giscard d'Estaing zum Thema der deutsch-deutschen Beziehungen zugestellt bekam, bezogen sich auf einflußreiche Kreise in der Umgebung der beiden Politiker und sollten nicht als Ausdruck eines persönlichen Mißtrauens gegenüber dem Bundeskanzler verstanden werden. Weder der Franzose noch der Brite identifizierten sich mit solchen Hirngespinsten, sie haben sie aber benutzt. Wir durften Leitartikel in „Le Monde" und in der „Times" über Gefahren eines deutschen Nationalismus nicht als bloße Journalistenmeinungen beiseite legen. Führungszirkel in westlichen Hauptstädten fanden es lohnend, die Ängste vor einem wiedervereinigten, übermächtigen Deutschland zu beleben, um uns besser disziplinieren zu können. Wen wundert es, daß ein Mann wie Carters Sicherheitsberater Brzezinski als gebürtiger Pole kräftig dazu beitrug, solche Gerüchte in die Welt zu setzen, für die er dann auch ein dankbares Publikum in bestimmten Etagen der Auswärtigen Ämter gefunden hat. Leute, die Mühe hätten, Locarno oder Tauroggen auf der Landkarte zu finden, waren mit dem Vorwurf schnell bei der Hand, die Deutschen wollten sich klammheimlich aus der Allianz fortstehlen und den Westen zugunsten eines neutralistischen Großdeutschland verraten.

Selbst so kluge Männer wie Henry Kissinger haben mindestens zeitweilig die Bemühungen der Regierung Brandt um eine gewisse Normalisierung der Beziehungen zu Ostberlin mit Mißtrauen verfolgt. Ich erinnere mich an ein kurzes Gespräch mit Kissinger in Washington im Haus des Botschafters Rolf Pauls, bei dem ich ihn, den Vorsitzenden des Nationalen Sicherheitsrates unter Richard

Nixon, um seine Mitwirkung an einer Fernsehsendung über die Zukunft der Entspannungspolitik bat. Erst schien er nicht abgeneigt. Als ich ihm sagte, daß die Sendezeit zwischen ihm und Egon Bahr aufgeteilt werden sollte, endete seine Freundlichkeit abrupt. „Ich glaube nicht, daß ich dafür Zeit finden werde", beschied er mich frostig und ließ mich stehen.

Wir, alle Bundesregierungen, haben nicht genug Mut aufgebracht, solchen bisweilen der Erpressung nahekommenden Unterstellungen kräftig entgegenzuwirken. Es ist ein geringer Trost, daß sich die Sowjetunion gegenüber der DDR-Führung nicht viel anders verhalten hat.

Dann konkretisierte sich, im Spätherbst 1981, die Reise nach Werbellin. Im Vorfeld dieser Begegnung waren die Motive der DDR-Führung noch ein Stück klarer geworden: 1. eine internationale Aufwertung der DDR durch den Besuch eines Staatsmannes, der in Moskau und in den westlichen Hauptstädten eine Menge Respekt, wenn auch nicht immer Zuneigung gewonnen hatte; 2. die DDR als zuverlässigen und privilegierten Partner der Sowjetunion stärker in die internationale Diskussion über die Friedenssicherung, Abrüstung und Rüstungskontrolle zu bringen; 3. Bereitschaft zur Zusammenarbeit mit der Bundesrepublik Deutschland zu signalisieren und dennoch gleichzeitig alle Hoffnungen auf ein deutsch-deutsches Aneinanderrücken zu zerstören; 4. die Forderungen Honeckers von Gera zu erneuern und als die Marschroute für die kommenden Jahre darzustellen. – Vorbedingungen für konkrete Abreden wollte man aus Gera nicht ableiten, denn die DDR hoffte auf harte Devisenhilfen durch uns. Ihre wirtschaftliche Lage war inzwischen noch schwieriger geworden.

Für Erich Honecker gab es noch ein anderes, sehr persönliches Motiv, weshalb er Schmidt in der Schorfheide zu sehen wünschte. Als Gastgeber konnte es ihm gelingen, sich als ein dem Bundeskanzler ebenbürtiger Partner vor den eigenen Bürgern, vor der eigenen Partei, auch vor dem sowjetischen Verbündeten zu beweisen. Hier hatte er, was gar nicht zu übersehen war, ein starkes Nachholbedürfnis.

Helmut Schmidt war bereit, sich darauf einzulassen,

Wachsoldaten der NVA paradieren mit aufgepflanztem Bajonett vor Schinkels Neuer Wache Unter den Linden. „Warum müssen die Soldaten in einem sozialistischen Staat den preußischen Stechschritt lernen?" fragte der Saarländer Oskar Lafontaine den Saarländer Erich Honecker bei einem Besuch in Ostberlin. Die Antwort des Älteren fand der Jüngere nicht überzeugend.

weil er inzwischen sicher zu sein glaubte, daß der Saarländer kein Doppelspiel betreiben wollte. Der Kanzler beschäftigte sich täglich intensiver mit der Reise, zumal die Mark Brandenburg ihm bereits vertraut war. Schmidt hatte bald nach dem Krieg Fontanes „Stechlin" gelesen und war von diesem großen Roman des Neuruppiner Apothekersohnes innerlich bewegt gewesen. Als Flakoffizier während des Krieges in Bernau stationiert, hatte er gemeinsam mit seiner Frau einige der Wanderungen Fontanes durch die Mark nachvollzogen. Einige Wochen vor der Reise sprachen wir in seinem Arbeitszimmer über den Geist dieser Landschaft. Ich berichtete ihm von meinen Ausflügen in die Uckermark, an Wandlitz- und Müggelsee, auch von einem Abstecher an den Döllnsee, an dessen Ufer das Gästehaus des DDR-Staatsrates liegt. Da spürte ich, wie wichtig dem Hamburger die bevorstehende Reise in diese deutsche Region geworden war, die nur phantasiearmen Betrachtern gleichförmig erscheint. Anders als bei Konrad Adenauer, der schon in seiner Kölner Oberbürgermeisterzeit Reisen nach Berlin nur mit innerem Widerstand antrat, gab es beim Kanzler Vorfreude und eine positive Spannung.

Natürlich kamen wir im Spätherbst 1981 auch auf Honeckers Versuche zu sprechen, die preußische Geschichte dem DDR-Staat nutzbar zu machen. Wenngleich Schmidt den Erfolg solcher Bemühungen mit Skepsis beurteilte, waren wir uns einig, daß es ein geschicktes Kalkül des SED-Generalsekretärs war, den „Arbeiter- und Bauernstaat" durch eine Vermählung mit der „guten" Geschichte Preußens auf ein höheres Niveau zu stemmen. Das war vielleicht nicht allein Honeckers Einfall gewesen. Die Historiker in seiner Akademie der Wissenschaften hatten es jedenfalls nicht leicht, an die Stelle der marxistischen Abziehbilder eine neue Lesart zu setzen, in der Freiherr vom Stein und Hardenberg, Scharnhorst und Gneisenau zu Ahnen der kommunistisch regierten DDR aufstiegen.

Der Saarländer war mit sichtlichem Spaß dabei, das von den Alliierten bald nach dem Krieg durch Kontrollratsdekret abgeschaffte Preußen auch als Dekorum herzurichten. Ein Mann wie Kurt Hager verfolgte diese – von ihm insgeheim wohl als unwissenschaftlich beargwöhnten – Aktivitäten des Generalsekretärs zeitweilig mit erkennbarem Unbehagen. Als nicht angezweifelte Autorität in Fragen der reinen Lehre hat es Hager verdrossen, daß Honecker das Reiterdenkmal Friedrichs II. gegenüber der Schinkelschen Wache auf seinen alten Platz stellen ließ und obendrein bei mehreren Gelegenheiten beinahe demonstrativ von Friedrich dem Großen sprach. Man wußte zudem, daß Honecker mit Zustimmung, ja sogar mit einer gewissen Begeisterung das Buch einer jungen Historikerin über den Herrn von Sanssouci gelesen hatte. Die Marxistin Ingrid Mittenzwei hatte sich um eine wohlwollende Rehabilitierung des Verfassers des „Antimachiavell" bemüht. Von mir nach seiner Meinung über das gut lesbare Buch gefragt, wollte Kurt Hager seine Distanz zum Preußenkult seines Vorgesetzten nicht verbergen: „Frau Mittenzwei ist noch nicht Mitglied des Politbüros." Die Ironie war knüppeldick.

Bei der Ankunft auf dem Flughafen Schönefeld bei Berlin am 11. Dezember 1981 ließ sich Helmut Schmidt von innerer Bewegung nichts anmerken. Doch von Gleichmut und Gelassenheit war er weit entfernt. Durch burschikose Fröhlichkeit suchte er an diesem ersten Tag des Besuchs zu verstecken, daß ihm die Reise in die DDR weit mehr bedeutete als die Konsequenz aus der Einsicht, daß ein gründliches Gespräch mit dem Machthaber gleichsam eine patriotische Pflicht war. Hatte er einige Jahre lang die führenden Männer im anderen Staat als provinzielle Erscheinungen kommentiert, so war ihm jetzt bewußt, daß er, wie immer der Generalsekretär als Charakter beschaffen sein mochte, mit ihm ins Gespräch kommen mußte, statt immer nur über ihn zu reden.

Lange vor der festen Verabredung des Termins hatte sich Honecker über den Kanzler tief verstimmt gezeigt. Im amerikanischen Fernsehen hatte Helmut Schmidt sein Festhalten an der Entspannungspolitik nach Afghanistan vor allem mit seiner Sorge um die mehr als sechzehn Millionen Deutschen in der DDR begründet, die er als „Geiseln des Kommunismus" bezeichnete. Diese holzschnitthafte Charakterisierung kränkte Honecker so sehr, daß er für kurze Zeit erwogen hatte, die Verbindung mit dem Bonner Regierungschef zu unterbrechen. Auf dem Umweg über Bundeskanzler Bruno Kreisky ließen wir den Generalsekretär wissen, daß sich Schmidt eigentlich nuancierter hatte ausdrücken wollen. Schmidt hatte das Wort von den Geiseln nur gebraucht, weil die amerikanischen Journalisten mehrfach von ihren Landsleuten sprachen, die von Khomeini in der US-Botschaft in Teheran völkerrechtswidrig festgehalten wurden. Es war die Absicht des Kanzlers gewesen, jene eigenartige amerikanische Auffassung zu berichtigen, derzufolge der Entzug der Freiheit für Amerikaner grundsätzlich schmerzlicher ist als für Angehörige anderer Nationen.

Da Schmidt und Honecker inzwischen mehrfach miteinander telefoniert hatten, begrüßte man sich ohne Verkrampfung, allerdings auch ohne Herzlichkeit. Schon einige Stunden später, bei dem ersten offiziellen Essen in einem schmucklosen Raum in Schloß Hubertusstock, erlebten wir mit zunehmender Verwunderung, wie der Generalsekretär in dieses Treffen mit starken Gefühlen hineinging. Entgegen den Bräuchen des Protokolls erhob er sich am Ende des Essens und ergänzte seine recht unpersönliche Tischrede durch die Bekundung von Respekt und Hochachtung vor dem westdeutschen Gast, lobte die Offenheit und Ehrlichkeit der ersten Gespräche und äußerte sich über die Perspektiven nachbarlicher Beziehungen so bewegt, daß seine eigenen Leute sichtlich irritiert waren. Keiner von uns ließ sich deshalb zu einer euphorischen Stimmung verleiten. Und doch lag so etwas wie eine sehr deutsche Grundstimmung über der Runde, die nichts mit dem Radeberger Pils und dem Nordhäuser Doppelkorn zu tun hatte.

Die in Scharen auf dem Gelände des Jagdhauses und auf allen Gängen postierten Beamten des Staatssicherheitsdienstes mit ihren versteinerten Amtsgesichtern ließen keinen von uns vergessen, daß wir nicht bei Demokraten zu Gast waren. Das antagonistische Verhältnis zwischen den politischen Systemen blieb allen gegenwärtig. Nur Honecker selber schien sich für eine kurze Weile aus dieser Dramaturgie entfernt und über die bittere Wirklichkeit

Der Kanzler und der Generalsekretär. Im Jagdschloß Hubertusstock am Werbellinsee findet am 11. Dezember 1981 die dritte Begegnung zwischen Helmut Schmidt und Erich Honecker statt (nach den Treffen in Helsinki 1975 und in Belgrad 1980). Beide bekräftigen: „Niemals wieder darf von deutschem Boden ein Krieg ausgehen.“

erhoben zu haben. Der neben mir sitzende Außenminister Oskar Fischer, der sich meines Wissens zu keiner Zeit besondere Mühe gegeben hat, zur Entspannung zwischen den beiden Staaten beizutragen, beobachtete seinen Generalsekretär mit wachsendem Erstaunen. Manche in unserer Delegation, die ihm an diesem Abend zum ersten Mal begegneten, hatten Honecker so viel Spontaneität nicht zugetraut. Wir merkten, daß er aus diesem Treffen etwas Wichtiges zu machen wünschte.

Zwischen Rechtsanwalt Wolfgang Vogel und Staatsminister Gunter Huonker war in den Wochen vor dem Treffen darüber gesprochen worden, welche kleinen, aber doch fühlbaren Erleichterungen für die Bürger der DDR von ihrer Obrigkeit zugestanden werden könnten, wenn es schon nicht möglich war, die Erhöhung der Quoten beim Mindestumtausch wegzubringen. Vogel gab sich redlich Mühe. Unsere Wünsche waren nicht unbescheiden, sie orientierten sich an dem, was nach unserer Einschätzung die Führung drüben gerade noch hätte leisten können. Es schien uns ziemlich sicher, daß der Generalsekretär wenigstens kleine Proben seines guten Willens zeigen wollte.

Nach den Gesprächen am Tag der Ankunft in Hubertusstock fand sich der Bundeskanzler in seinem Urteil über Erich Honecker bestätigt: ein Mann, der bereit war, da und dort unseren Wünschen ein kleines Stück entgegenzukommen, der den Satz ernst meinte, daß von deutschem Boden niemals wieder ein Krieg ausgehen dürfe, ein Mann freilich, der für eigenes Handeln, noch dazu im Zeichen der polnischen Unwägbarkeiten, geringen Spielraum hatte. Diese Einschätzung, mit der Schmidt ja schon aus Bonn angereist war, bestätigte sich in der ersten Runde unserer Gespräche mit dem Generalsekretär und seiner Delegation am Sonnabendvormittag im Gästehaus des Staatsrats am Großen Döllnsee. Der Verlauf dieser Unterhaltung, auf die sich Honecker durch das Studium der zwischen uns strittigen Einzelprobleme gut vorbereitet hatte, schien mir für das Verhältnis zwischen den beiden Staaten, für die Möglichkeiten und die Grenzen des menschlichen und politischen Umgangs der Führungen in Bonn und Ostberlin exemplarisch zu sein.

Ehe Honecker eine ihm als Manuskript vorliegende Eröffnungserklärung vorzutragen begann, erlebten die Gastgeber den Gast aus Bonn als nicht besonders zartfühlenden Kritiker ihrer Innenarchitektur. Dies sei ja ein wirklich schöner Raum, meinte Schmidt, „nur die violetten Neonleuchtröhren da drüben am Fenster sind eine geschmackliche Entgleisung". Die Bemerkung stiftete für einige Augenblicke Verwirrung, denn sie war eher barsch als witzig. Überdies gelten farbige Neonleuchtstäbe bei manchen DDR-Bürgern als Emblem gehobener Wohnkultur. Immerhin hatte es Schmidt geschafft, daß sich eine bis dahin von uns allen als ziemlich klamm empfundene Atmosphäre auflöste. Das Neonlicht wurde ausgeschaltet. Der Kanzler konnte die schneebedeckten märkischen Kiefern im natürlichen Licht betrachten.

Wie nicht anders zu erwarten war, begann Honecker über das Thema Frieden zu sprechen, der mehr sei als nur eine Pause zwischen den Kriegen; über die besondere Friedenspflicht unserer beiden Staaten und wie die Haltung der beiden Regierungen zur Entspannungspolitik unmittelbar auf unsere Beziehungen einwirke. Das war ein uns seit längerem vertrauter Gedanke, mit dem der Generalsekretär einen für ihn und die Sowjetunion wichtigen Zusammenhang zwischen einem Abrücken vom NATO-Doppelbeschluß und einer nennenswerten Bewegung in der innerdeutschen Frage herstellen wollte. Es folgte sein deutschlandpolitisches Glaubensbekenntnis: keine Anhebung der Qualität der Beziehungen zwischen beiden Staaten, wenn man sich nicht auf die Prinzipien der gegenseitigen Achtung, der Gleichberechtigung und der Souveränität einige. Im übrigen habe sich die Weltlage neuerdings weiter verschlechtert.

Der Kanzler bemühte sich, in seiner Erwiderung ein dialogisches Verhältnis zu seinem Gegenüber herzustellen. Er wolle Honecker nicht verschweigen, daß seine Reise in die Schorfheide von einigen Leuten im Westen mit hochgezogenen Augenbrauen begleitet worden sei. Nun stünden allerdings die NATO-Verbündeten hinter ihm und begrüßten es, daß die beiden Staaten miteinander darüber redeten, wie sie vorankommen könnten. Ähnlich seiner Argumentation in Belgrad suchte Schmidt den Generalsekretär davon zu überzeugen, daß die beiden Staaten die Hauptinteressenten an den Genfer Verhandlungen zu sein hätten und zu einer „befruchtenden Begleitung der Großmächte" verpflichtet seien. Schmidt sprach von seinen Begegnungen mit Leonid Breschnew, daß er dem Russen den Willen zum Frieden glaube, daß ihn, den Deutschen, das Übergewicht der Sowjets bei den Mittelstreckenwaffen tief beunruhige, ja ängstige, wenngleich er weder an eine konkrete Kriegsgefahr glaube noch an kriegerische Absichten der Sowjetunion. Als politisches Pressionsinstrument seien die neuen SS 20 allerdings sehr ernst zu nehmen. Im großen und ganzen sei ein Gleichgewicht bei den strategischen Waffen zwischen den Großmächten anzunehmen, er halte darum auch nichts von dem Streben nach militärischer Überlegenheit. Es war die uns vertraute Argumentationskette. Auch Honecker konnte als Neuigkeit aus den Darlegungen von Schmidt nur entnehmen, daß der Bonner Gast inzwischen sein ursprünglich sehr positives Urteil über Ronald Reagan korrigiert hatte und von der im Weißen Haus vorherrschenden Ideologie des „America first" beunruhigt schien.

Spätestens seit seiner Zusammenkunft mit dem Generalsekretär in Belgrad wußte der Kanzler, daß Erich Honecker bei aller Loyalität gegenüber seinem wichtigsten Verbündeten erkannt hatte, daß in Genf eine Lösung ohne Entgegenkommen seiner sowjetischen Freunde nicht möglich war. Schmidt machte sich keine Illusionen darüber, daß der DDR-Mann mit ähnlicher Offenheit zu seinem Hauptverbündeten sprechen könnte, wie er selbst das gegenüber zwei amerikanischen Präsidenten getan hatte und dafür eine immer schlechter werdende Presse in Kauf nehmen mußte. Trotzdem suchte er den Saarländer immer aufs neue zu motivieren, daß er seinen doch erheblichen Einfluß aktiv nutzen möge, um den Kremlherren klarzumachen, daß eine Rückkehr zur Politik der Konfrontation zuallererst für die beiden deutschen Staaten eine schwere Bürde bedeuten würde. Die Grauzone bei den von SALT II nicht erfaßten strategischen Nuklearwaffen müsse schleunigst ausgeräumt werden, sagte Schmidt. „Wir wirken daran mit. Und mein dringlicher Wunsch ist, Herr Generalsekretär, daß Sie ein Gleiches tun. Wir haben den Vertrag über die Nichtverbreitung von Atomwaffen unterschrieben, Sie und wir. Die Weltmächte haben uns gegenüber eine Verpflichtung. Wir müssen die Großmächte drücken."

Die Gesichter Honeckers und Günter Mittags ließen Nachdenklichkeit erkennen. Wiederum war es Fischer, dem man anmerkte, daß er des Kanzlers Bemerkung zur sowjetischen Überrüstung am liebsten mit einer der Klischeereden über den „unbezweifelbaren Friedenswillen" der Sowjetunion beantwortet hätte. Einigen in unserer Delegation schien es nach vierundzwanzig Stunden, daß Honecker innerlich keineswegs so balanciert war, wie er sich in seinen Reden und in seinen immer noch etwas angestrengt wirkenden Auftritten vor der Presse darstellte.

Als Helmut Schmidt zu den Themen überleitete, die unsere Beziehungen unmittelbar betrafen, und dazu aufforderte, daß beide Staaten bei der Verfolgung ihrer Interessen Mäßigung zeigen und aufeinander Rücksicht nehmen sollten, ließ Honecker Zustimmung erkennen. Sein Besuch, sagte Schmidt, und auch ein Besuch Honeckers bei uns seien nur kleine Mosaiksteine, die sich trotz aller Hindernisse erst zu vernünftigen und später gutnachbarschaftlichen Beziehungen zusammenfügen könnten. Auch wollte der Kanzler dem anderen zu verstehen geben, daß er das Thema der Staatsbürgerschaft, bei dem er sich jetzt weder bewegen konnte noch auch bewegen wollte, nicht als ein unübersteigbares Hindernis für einen besseren Umgang miteinander ansähe. In der gemeinsamen Geschichte, sagte Schmidt, habe es mehrere deutsche Staaten gegeben. „Das ist nicht so furchtbar neu." Unserer zentralen Lage in Europa wegen hätten fremde Mächte immer Einfluß auf Deutschland zu nehmen versucht. Güstrow, erinnerte sich Honecker, habe einmal zu Dänemark gehört. Nicht weit von hier sei Wallenstein marschiert.

Schmidt drängte nun zu den ihm wichtigen Themen, von denen wir wünschten, der andere würde unsere positive Grundeinstellung nicht als Versuch deuten, die DDR in Abhängigkeiten zu versetzen, sondern ihr zu helfen. Der Kanzler berichtete aus seinen nur kurze Zeit zurückliegenden Unterhaltungen mit Leonid Breschnew, daß dieser ihm freimütig von den erheblichen ökonomischen Problemen der Sowjetunion, auch von der abermals schlechten Ernte berichtet hätte, von der schweren Belastung der Russen durch die Hilfeleistung an die Polen, deren Wirtschaft im Chaos zu versinken drohte. Auch unsere Möglichkeiten, den Polen beizustehen, seien nahezu erschöpft. Auf diesem Umweg kam Schmidt zu dem für ihn seit längerer Zeit wichtigen Projekt eines wirtschaftlichen Rahmenabkommens zwischen uns und der DDR. Für diesen Plan, den Schmidt von Anfang an mehr unter dem politischen Gesichtspunkt als unter dem einer an sich wünschenswerten Steigerung des innerdeutschen Handels gesehen hatte, gab es nicht bei allen Mitgliedern des Politbüros Begeisterung. Die Befürworter einer verstärkten Abgrenzung mißtrauten dem Projekt aus genau jenem Grund, den Helmut Schmidt an diesem Wintertag in der Schorfheide als sein eigentliches Motiv darstellte: Er sähe in einem solchen Abkommen ein Instrument, ähnlich unserer Vereinbarung mit den Sowjets, das für die Bildung von mehr Vertrauen genutzt werden könnte. Wenn wir uns darüber verständigten, daß eine stetig wachsende ökonomische Zusammenarbeit zu einer bewußt gewollten, nämlich positiven Abhängigkeit des einen von dem andern führte, entstünde mehr Berechenbarkeit und in der Folge davon vielleicht auch eine Atmosphäre, die schrittweise eine bessere politische Kooperation ermöglichte.

Honecker selber hatte sich über diese Anregung des Bundeskanzlers vor Werbellin vor allem mit Günter Mittag besprochen, dem er den besten wirtschaftlichen Sachverstand zutraut. So war es denn auch Mittag, der sich zu diesem Thema als erster äußerte und der den Gedanken Schmidts günstig kommentierte. Mein Eindruck war, daß es auch ihm nicht allein um eine durch ein solches Abkommen vielleicht zu erreichende Sicherung von westdeutschen Deviseneinnahmen zu tun war; er sah offenbar voraus, daß sich die DDR trotz der vergleichsweise eindrucksvollen Leistungen ihrer Industrie auf lange Jahre in einer angestrengten ökonomischen Lage befinden würde, nicht nur wegen des sich auch in der DDR verringernden

Nur für die Ausführung der im Politbüro beschlossenen Linie zuständig: DDR-Außenminister Oskar Fischer, ein Mann ohne Allüren, aber für Besucher aus dem Westen ein wenig ergiebiger Gesprächspartner. In Werbellin sagt er zu Egon Franke: „Die Beziehungen zur BRD sind in meinem Ministerium Sache einer Abteilung."

Wachstums, sondern wegen der Lieferpflichten gegenüber der Sowjetunion und anderen Bündnispartnern. Die von Helmut Schmidt genannten Motive schienen Mittag nicht zu stören. Er kannte Schmidt aus einem längeren Gespräch in Bonn und wußte, daß es bestimmt nicht die Absicht des Kanzlers war, die DDR zu unterlaufen.

Seit Werbellin hat sich dann wenig in dieser wichtigen Sache bewegen lassen. Daran waren wir nicht unschuldig. Die Spannungen innerhalb der sozial-liberalen Koalition nahmen zu. Unsere Handlungsfähigkeit gegenüber Ostberlin nahm auch deshalb stetig ab. Wie so oft in der Geschichte der deutsch-deutschen Beziehungen wurde das ein wenig aufgelockerte Feld später vernachlässigt. Die am Bremsen interessierten Kräfte auf beiden Seiten schoben sich nach vorn. In der DDR komplizierte sich wieder einmal die Versorgungslage, die Führung schien sich der künftigen Linie in Moskau nicht mehr sicher, da Leonid Breschnew, der freundliche Mäzen des Generalsekretärs, aufgehört hatte, Politik zu gestalten. Auf unserer Seite begann die Arbeitslosigkeit alle anderen Themen zu überschatten. Für das Geschäft der innerdeutschen Beziehungen hatte kaum noch einer Zeit, und an Geld fehlte es sowieso. Da nützte es wenig, wenn einige Deutschlandpolitiker den einfachen Gedanken in Erinnerung riefen, den auch ich viele Male bei Gesprächspartnern in unserer und in der anderen Republik ausgedrückt hatte – Stagnation zwischen uns ist nicht Stillstand, sondern Rückschritt mit dem allzeitig gegenwärtigen Risiko, daß wir uns bei akuten Mißverständnissen oder Zwischenfällen in neuen und für keine Seite bekömmlichen Frontstellungen wiederfinden.

Helmut Schmidt hatte sich auf diese drei Tage durch langes Aktenstudium vorbereitet. Er wußte, daß ihm in der Schorfheide keine die Horizonte aufhellende Mission gelingen konnte. Es war ihm am Döllnsee aber ganz stark bewußt, wie dringend ein neuer Anfang geboten sei und wie bejammernswert gering unsere faktischen Möglichkeiten waren.

Gerade wei! er sein früher etwas hochmütiges Honekker-Bild berichtigt und von dem Charakter des Mannes einiges verstanden hatte, wollte er mit ihm nicht durch eine diplomatische Nebelwand sprechen. „Wir sind in einer Phase der Rückschläge, Herr Generalsekretär. Und das hat nicht mit der Absage des Besuchs im letzten Sommer zu tun. Ich sah mich durch Sie getäuscht, Herr Honecker, als bei Ihnen die Mindestumtauschsätze erhöht wurden. Die Tauschsätze, die wir 1974 abgesprochen hatten, sind nicht eingehalten worden. Mit dieser einseitigen Veränderung habe ich nicht gerechnet. Sie kennen die Folgen für Rentner, für ganze Familien, für Jugendliche und Kinder. Daß hier Vertrauen enttäuscht worden ist, das ist eine ganz wichtige Tatsache. Ich will Ihnen freimütig sagen: Eines der wichtigsten Dinge ist, daß sich die Partner in Ost und West aufeinander verlassen können, auch ohne Vertrag. Wir müssen füreinander berechenbar bleiben. Unsere Beziehungen dürfen nicht von Zufällen beeinflußt werden." Der Generalsekretär unterbrach den Redner nicht. Wir sahen ihm an, daß es ihm schwer wurde, auf eine unmittelbare Antwort zu verzichten. Wiederum kam Schmidt auf den Reiseverkehr von Ost nach West, der uns Westdeutsche nach der Doktrin der DDR ja nichts angeht, weil das allein eine Sache der souveränen DDR ist. Der Kanzler suchte für die Praxis der Ungarn und der Polen (vor Verhängung des Kriegsrechts) zu werben: „Ich finde, Herr Generalsekretär, daß die Praxis Ihrer ungarischen Genossen vieles entschärft. Das müßte doch zwischen Ihnen und uns auch möglich sein." Honecker sah starr auf die vor ihm liegenden Sprechzettel. Die Beamten, die wie auf einer Bühne hinter ihm aufgereiht saßen, wirkten pagodenhaft starr. Sie hatten wohl gedacht, daß diese ihnen so beschwerlichen Themen nur in den „Vier-Augen-Gesprächen" von Schmidt eingeführt würden. Man spürte, wie sie sich körperlich unwohl fühlten.

Der Kanzler hielt auch Dank für die DDR-Führung bereit. Er komme nicht mit einer langen Reihe von Beschwerden über den Komplex Häftlingsaustausch und Familienzusammenführung. Schmidt suchte den Blick des anderen: „Wir sind uns doch wohl einig, Herr Generalsekretär, daß wir manches ein bißchen anders machen würden, wenn wir allein auf dieser Welt wären." Honecker zeigte keine Reaktion. Dabei hatte der Gast mit Sicherheit etwas ausgesprochen, was den SED-Mann in den zurückliegenden Jahren seiner Herrschaft vermutlich viele Male beschäftigt hat. Vielleicht weil er ahnte, daß der andere, auch wenn er zu offenen Antworten nicht stark genug war, für sich selber die „besondere Friedenspflicht der beiden Staaten" nicht viel anders beschreiben würde als er selber, nahm Schmidt immer wieder den Gedanken auf, daß die beiden Führungen im geteilten Deutschland mit etwas mehr Selbstbewußtsein zu ihren stärksten Bündnispartnern reden könnten, ohne dadurch politische und andere Nachteile zu riskieren. Er sagte: „Wir müssen von uns aus aktiv zur Entschärfung der Lage beitragen. Wir spielen unsere Rolle, unsere Bedeutung immer herunter, wir tun das, und Sie tun das. Wir wollen ja gar nicht dick aussehen. In Wirklichkeit aber haben wir beide, beide deutsche Staaten, großes Gewicht. Ich meine, Herr Honecker, wir haben einen Anspruch darauf, dieses Gewicht in die Waagschale zu werfen."

Helmut Schmidt sprach leise und mit großer Konzentration. „Ich bin sicher, niemand im Osten und niemand im Westen spielt mit dem Gedanken an Krieg. Niemand will Krieg. Doch in manche Kriege schlittert man einfach rein. Das können wir auch im 20. und 21. Jahrhundert nicht ausschließen."

Zuletzt kam etwas Beschwörendes in seine Stimme: „Viele Millionen Deutsche bei uns und bei Ihnen werden unsere Gespräche mit großer Anteilnahme begleiten. Sie werden fragen: Können die beiden miteinander? Sie alle werden wünschen, daß es uns möglich ist, ihnen eine begründete Hoffnung auf bessere Nachbarschaft zu geben, zuerst auf normale, vernünftige Nachbarschaft und dann irgendwann auf gute Nachbarschaft. Das ist es, Herr Generalsekretär, was mir am Herzen liegt."

Nun war Erich Honecker das erste Mal unmittelbar gefordert. Da reichten die Sprechzettel nicht mehr. In den ersten Minuten vollzog sich alles genauso, wie wir es viele Male erlebt hatten: Unsere Seite hatte zu neuer Bewegung gedrängt, die Gegenseite, fast immer von der Sorge geplagt, jeder weitere Schritt werde uns noch drängender auftreten lassen, konzentrierte sich auf das Erreichte. Also redete der Generalsekretär abermals von der besorgniserregenden internationalen Lage, von seinen Zweifeln am Verhandlungswillen der Amerikaner, von der Unterstützung der DDR für die Moratoriumsvorstellungen der Sowjetunion, von der Gefährlichkeit der Pershing-II-Raketen, von den ihn erschreckenden Diskussionen in Amerika über die Möglichkeit eines begrenzten Nuklearkrieges und abermals von den unausweichlich negativen Folgen einer Ausführung des NATO-Doppelbeschlusses. Bei einer Stationierung der neuen amerikanischen Raketen seien Auswirkungen auf die Beziehungen zwischen den beiden deutschen Staaten zu befürchten.

Dann ließ er alle Papiere beiseite. Das Pflichtpensum war absolviert. Doch auch jetzt entfernte er sich nur geringfügig von der Generallinie. Eher bekümmert als kämpferisch sagte er zu Schmidt: „Warum machen Sie sich zum Verfechter des amerikanischen Kurses? Es gibt doch keine einleuchtenden Gründe, warum Sie diese Waffen brauchen." Dann, in wahrnehmbarer Übereinstimmung mit seinen Überzeugungen: „Die Jugend bei uns und bei Ihnen hat Angst vor Abenteurern. Wir, Herr Bundeskanzler, haben dem Tod schon oft ins Auge gesehen. Es geht jetzt nicht so sehr um unsere Generation. Wir müssen an unsere Kinder und unsere Enkel denken." Der Generalsekretär sagte diese plakativen Sätze ohne Feierlichkeit. Das wollte keiner von uns als Propagandarede eines Kommunisten abtun, der weisungsgemäß sowjetische Losungen weiterträgt.

Schmidt hatte Honecker mit dem Argument von dem gewachsenen Gewicht der beiden deutschen Staaten erreicht. Honecker nahm diesen Gedanken auf, bezog sich auf die Telefongespräche mit Helmut Schmidt und sprach davon, daß die Chancen der europäischen Entspannungspolitik „wesentlich von Ihnen und von uns abhängen". Welche konkreten Beiträge er sich für die von ihm geführte DDR vorstellte, hat der Generalsekretär später nicht erläutern können oder wollen. Was er zu den bilateralen Themen zu sagen hatte, war uns seit langem vertraut. Daß sich die Beziehungen in den vergangenen zehn Jahren günstig entwickelt hatten, war ihm nicht zu widerlegen. „Ich habe hier eine ganze Mappe (mit Belegen für seine These), und ich war selber überrascht, wieviel Dialog stattfindet zwischen den beiden Staaten, und was wir alles in den humanitären Fragen haben machen können." Obwohl beide Seiten auch Rückschläge hätten hinnehmen müssen, seien nach zehn Jahren Entspannungspolitik tiefgreifende Veränderungen zu bemerken.

Vielleicht ist einigen von uns erst am Großen Döllnsee richtig klargeworden, wie unsinnig die Vorstellung ist, wir könnten die DDR-Führer allmählich, womöglich so subtil, daß diese es gar nicht richtig merkten, zu unseren Positionen bewegen und ihre dabei schweigend übergehen. Bei keinem anderen kommunistisch geführten Staat haben wir eine solche Illusion genährt. Gegenüber der DDR meinten wir lange Zeit, uns diese Selbsttäuschung leisten zu können.

Honecker hatte in seiner Gera-Rede im Grunde keine „Maximalforderungen" gegen uns vorgetragen. Ihm war durchaus bewußt – und er hat es mir bei meinem Abschiedsbesuch auch bestätigt –, daß keine Bundesregierung, auch wenn sie den politischen Willen hätte, die übergreifende, von der DDR als „gesamtdeutsches Relikt" verhöhnte Staatsbürgerschaft für alle Deutschen kurzerhand zu den Akten legen könnte. Er wußte andererseits natürlich auch, daß weder das Grundgesetz noch die Urteile des Bundesverfassungsgerichts für die Ewigkeit gemacht sind.

Nun war im Dezember 1981 zu beobachten, daß er auf einen Umdenkprozeß bei uns nur zu gern Einfluß genommen hätte – im Sinne des von ihm wiederholt gepriesenen Prinzips von Geben und Nehmen. Honecker weiß genau, mit welchen Maßnahmen er die öffentliche Meinung bei uns seinen Wünschen geneigt stimmen könnte. Es hatte den Anschein, als wollte er seinen Handlungsspielraum gern erweitern und das Klima durch begrenzte Zugeständnisse verbessern. Dafür hat er in Werbellin augenscheinlich weder bei der Sowjetunion noch bei seinen Kollegen im Politbüro Rückendeckung gefunden. Seine Stellung gegenüber den konservativen Temperamenten in den eigenen Reihen war auch deshalb nicht besonders stark, weil ihm von unserer Seite wenig Hoffnung auf die Erfüllung auch nur eines einzigen seiner in Gera erhobenen Ansprüche gemacht werden konnte. Er hat nach den ersten Gesprächen mit Helmut Schmidt wohl gespürt, daß der Kanzler, nicht anders als Willy Brandt, bereit war, ihm zu helfen, daß der Gast eine Bringschuld nicht allein beim Gastgeber erkannte, daß aber auch der Bonner Regierungschef, was die Grundsatzforderungen der DDR betraf, nur über ein sehr begrenztes Manövrierfeld verfügte. Uns ist an jenem 12. Dezember in der Schorfheide jedenfalls klargeworden, wie eitel alle Hoffnungen sind, Honecker oder einer seiner Nachfolger könnte zu gutnachbarlichen Beziehungen bereit sein, wenn wir den Gedanken der Selbstbestimmung der Deutschen offensiv gegen sie vortragen und trotz des Grundlagenvertrags den Bestand der DDR in Frage stellen.

Mit bemerkenswerter Offenheit teilte der Generalsekretär mit, weitere Schritte zur Normalisierung seien nur in Übereinstimmung mit „unseren Verbündeten" und auch nur dann möglich, wenn sich die Beziehungen zwischen uns „entsprechend den allgemeinen internationalen Regeln" entwickelten. An dieser Stelle wurde – wie so viele Male in der Vergangenheit – offenkundig, daß sich Honekker und das Politbüro auch nach unserer Anerkennung der DDR-Souveränität keineswegs sicher fühlen, daß wir auf den Alleinvertretungsanspruch innerlich verzichtet haben. Honecker mußte darauf bestehen, daß Fortschritte nicht möglich seien, solange unsere Seite „besondere Beziehungen zu konstruieren" versuche. Diesen „Ballast", wie er sich ausdrückte, müßten wir abschütteln: „Ohne die Lösung dieser Frage kann auch nichts für die Lösung der Ihnen, Herr Bundeskanzler, wichtigen Probleme geleistet werden."

Da waren wir also bei jenem Kernpunkt der Beziehungen, um den sich vor und nach dem Treffen in Hubertusstock das deutschlandpolitische Denken im Kreis bewegte. Aus vielen Vorgesprächen kannten wir das Argument der DDR-Führung, daß beide Staaten „Völkerrechtssubjekte" seien. Das war Honeckers Lieblingswort geworden. „Wir verlangen, Herr Schmidt, vorbehaltlose Respektierung unserer Staatsbürgerschaft", sagte er und hielt gleich einige Beispiele dafür bereit, daß die Personalhoheit seines Staates von uns bestritten werde. In einem Fall ging es um ein Thema, das den Generalsekretär immer wieder in Zorn versetzt haben muß. Es geschieht nämlich von Zeit zu Zeit, daß minderjährige Jugendliche aus der DDR bei Verwandtenbesuchen in der Bundesrepublik Deutschland aus freiem Willen oder beeinflußt durch Familienangehörige nicht zurückkehren wollen. (Den umgekehrten Fall haben wir noch häufiger erlebt. In aller Regel wurden die Kinder oder Jugendlichen einem Beamten der Ständigen Vertretung übergeben. Einige Tage später waren sie wieder bei ihren Eltern in Westberlin oder in Westdeutschland. Meist war es einfach der Spaß am Abenteuer, der diese Jugendlichen zu einem Ausflug in die DDR veranlaßt hatte.) Bei den Fällen, die Honecker meinte und die er auch bei einem unserer Gespräche mit ziemlicher Erregung geschildert hatte, war die Situation ungleich komplizierter. Der Generalsekretär jedenfalls erkannte hier einen der Entführung ähnlichen Tatbestand und verlangte, daß wir solche Jugendlichen ohne Verzögerung in die DDR zurückschikken müßten.

Nach der allgemeinen Rechtspraxis war und ist es der Bundesregierung nicht möglich, den Forderungen der DDR sofort zu entsprechen. Die Entscheidung liegt bei den Vormundschaftsgerichten. Die Richter nehmen sich meist viel Zeit für die Prüfung eines jeden Falles, der sich dann erheblich kompliziert, wenn die jungen Leute aus der DDR der Volljährigkeit schon ganz nahe sind. Uns wurden von der DDR, einige Male unter Hinweis auf ein „persönliches Interesse des Staatsratsvorsitzenden", Fälle dokumentiert, bei denen wir ziemlich sicher sein konnten, daß ein vierzehnjähriger Junge oder ein fünfzehnjähriges Mädchen die Folgen ihrer Handlungsweise nicht zu übersehen vermochten. Die zuständigen Richter aber sahen das fast immer anders. Gerade für sozialdemokratische Rechtspolitiker war das ein heikles Problem, weil wir uns schon seit langem darum bemüht hatten, die Rechtsstellung der Eltern gegenüber ihren noch nicht mündigen Kindern zu relativieren, um einem Mißbrauch elterlicher Sorge durch das Gesetz entgegenzuwirken. Eine Intervention der Bundesregierung verbot sich wegen der Unabhängigkeit der Richter. Gespräche mit den Justizministern der Bundesländer führten nicht weiter. Die DDR wiederum wollte unsere Berufung auf die richterliche Unabhängigkeit nicht gelten lassen und argwöhnte eine Komplizenschaft zwischen den lokalen Gerichten und der politischen Führung in Bonn.

Auf dieses Thema kam Honecker jedenfalls auch in der Delegationssitzung am Döllnsee zu sprechen. Er wünschte von Schmidt die Zusicherung, daß solche Jugendliche als Konsequenz einer zwischen der DDR und uns noch zu verabredenden Regelung zurückgeführt werden müßten. Der Kanzler konnte und wollte sich nicht im Sinne dieses Honecker-Wunsches verpflichten, obwohl ihm seit längerer Zeit bekannt war, daß der Generalsekretär hier eine Art Nagelprobe für unsere Bereitschaft zu vernünftiger Nachbarschaft sah. Auch künftig wird dieses Problem nicht grundsätzlich zu lösen sein. Einen jugendlichen DDR-Bürger gegen seinen Willen, wenngleich mit Zustimmung seiner Eltern, gewaltsam in die DDR zurückzubringen, begegnet eben nicht nur rechtlichen Widerständen. Der Unwillen Honeckers über die von ihm als „illegal" bezeichnete Praxis konnte für die Bundesregierung jedenfalls kein Grund sein, die Vormundschaftsgerichte mit der Begründung unter Druck zu setzen, sie müßten ihre Entscheidungen doch in größeren deutschlandpolitischen Zusammenhängen sehen. Wir wären damit sicher gescheitert.

Der damalige Justizminister Jürgen Schmude, der sich, ohne große Worte zu machen, als einer der subtilen Kenner deutsch-deutscher Probleme erwiesen hatte, konnte immerhin erreichen, daß die Länderjustizminister den Vormundschaftsgerichten empfahlen, die Bestellung eines Vormunds für Jugendliche aus der DDR nicht zu übereilen.

Wir wußten, daß sich der Generalsekretär wiederholt über solche Fälle von „Anmaßung und Überheblichkeit der BRD-Behörden" erregt hatte, die mit der Ausstellung westdeutscher Pässe an Bürger seines Staates zu tun hatten. In Werbellin illustrierte Honecker dem Bundeskanzler, was er meinte. Seine Frau, die in der DDR-Regierung für Volksbildung zuständige Margot Honecker, habe auf einem Flug von Neu-Delhi über Istanbul die „illegalen" Praktiken selber beobachten können. Ein DDR-Techniker, der in Indien tätig gewesen war, hatte sich von seiner Gruppe abgesetzt und gegenüber unserer Botschaft in Delhi erklärt, daß er nicht in die DDR zurückkehren wolle. Er hatte die Absicht, die Maschine bei der Zwischenlandung in Istanbul zu verlassen. Davon hatte unsere Botschaft in Delhi das Generalkonsulat der Bundesrepublik in Istanbul unterrichtet. Der Generalkonsul ließ sich aufs Rollfeld chauffieren, um den DDR-Bürger in seine Obhut zu nehmen. Honecker schmückte den Fall mit allerhand Details aus: Der Diplomat habe sogar den Bundesstander gesetzt. Der Kanzler fragte Staatsminister Huonker, ob er über die Sache informiert sei. Dieser kannte sie, hatte aber bei seinen Nachfragen im Auswärtigen Amt eine Darstellung des Vorgangs erhalten, die von den Beobachtungen der Frau Ministerin erheblich abwich. Schmidt zeigte ein gewisses Verständnis für den Zorn des Gastgebers, weil sich dessen Geschichte so anhörte, als sei hier von unserer Seite eine regelrechte Abwerbung in Szene gesetzt worden. Spätere Recherchen allerdings bestätigten, daß jener Techniker seine Entscheidung völlig unbeeinflußt getroffen hatte.

Unsere Botschaften, zumal die in Budapest, Prag oder Sofia, waren wiederholt in extrem schwierige Situationen geraten, wenn DDR-Urlauber in diesen Ländern unter Berufung auf den Grundgesetzartikel 116 oder die Schlußakte von Helsinki Asyl verlangten. In aller Regel gaben sich die Diplomaten die größte Mühe, diesen Deutschen aus dem anderen Staat klarzumachen, sie hätten den falschen Weg gewählt. Die mit der DDR verbündeten Regierungen verweigerten sich selbstverständlich jedem Gespräch und verlangten die Auslieferung. Unsere Missionen, die jeden Schritt mit dem Auswärtigen Amt absprachen, hüteten sich, die DDR-Bürger „abzuwerben", auch wenn sie den Eindruck gewannen, daß es sich um Menschen handelte, die sich ihre waghalsige Unternehmung genau überlegt hatten und triftige Gründe nennen konnten. Glücklicherweise hat es nur relativ wenige solcher Fälle gegeben, dar-

Erich Honecker mit seiner zweiten Ehefrau Margot. Die ehemalige FDJ-Funktionärin ist heute Ministerin für Volksbildung. In dieser Eigenschaft erweist sie sich beim Thema „Wehrkundeunterricht“ den Kirchen in der DDR fast immer als ein unnachgiebiger Gesprächspartner.

unter einige, bei denen wir eine Planung vermuten mußten. Man wird es der DDR-Führung gutschreiben müssen, daß sie schließlich Lösungen ermöglicht hat, die wir akzeptieren konnten.

Honecker versäumte nicht, am Beispiel von Zahlen, die sich mehr oder minder mit unseren deckten, das gute Funktionieren des Transitverkehrs zu rühmen. Dessen Wert ist von vielen Westdeutschen bis heute unterschätzt worden. Die vergleichsweise sehr viel ungünstigere Praxis vor der Unterzeichnung des Abkommens war bald vergessen worden. Weil so manche Bürger der Bundesrepublik innerlich auch heute noch so gestimmt sind, daß sie die DDR als „Zone" betrachten, wähnen sie sich auf den Transitwegen, obwohl sie es besser wissen müßten, auf exterritorialen Korridoren. Auf diese Haltung reagierten die DDR-Funktionäre mit zunehmender Gereiztheit und Aggressivität. Honecker machte da in Werbellin keine Ausnahme. Er beklagte in einer längeren Rede gegenüber Schmidt die zahlreichen Verstöße westdeutscher Reisender gegen das Transitabkommen und forderte vom Kanzler, daß die Bundesregierung von sich aus mißbräuchlichen Praktiken vorbeuge. Schmidt konnte den drohenden Unterton nicht überhören, als der Generalsekretär das Thema mit dem Satz beendete: „Der Verkehr zwischen den beiden Staaten hat auch politische Bedeutung."

Als das erste und wichtigere der beiden Delegationsgespräche zu Ende ging, wollte der Generalsekretär uns ein weiteres Mal demonstrieren, daß das Treffen in der Schorfheide nicht seine Privatsache sei. Mit einer gewissen Feierlichkeit sagte er: „Wir sind bereit, bei gutem Willen auch auf Ihrer Seite, weitere Schritte zu tun." Es war eine gelinde Übertreibung, wenn er hinzufügte, den Darlegungen des Bundeskanzlers habe er entnommen, daß „wir in vielen Fragen übereinstimmen". Es fanden sich bei näherem Hinsehen nur wenige konkrete Themen, bei denen eine für die Zukunft hoffnungsvoll stimmende Annäherung in Sachfragen erwartet werden durfte. Richtig war Honeckers Instinkt, daß Helmut Schmidt innerlich entschlossen war, das Geröll aus der Hallstein-Zeit wegzuräumen, das noch immer zwischen uns und der DDR lagerte. Der Kanzler wiederum beschrieb, als wir am Abend mit ihm den Tag resümierten, seinen Eindruck, daß Honecker trotz der polnischen Unwägbarkeiten bereit sei, auf humanitärem Feld kleine Zugeständnisse zu überlegen und in unserem Sinn auch zu entscheiden.

Honeckers Schlußwort schien seine innere Einstellung zu beschreiben: „Wir sollten uns nicht entmutigen lassen (durch die ungünstige „Großwetterlage"), auf dem erprobten Weg weiter aufeinander zuzugehen. Wir haben schwierige Fragen in der Vergangenheit gelöst, und wir werden das auch in der Zukunft tun. Wir sollten Erreichtes sichern und bemüht sein, Weiteres hinzuzufügen. Unser Treffen wird ein Anstoß sein, auf diesem Weg voranzukommen."

Der Kanzler, der die für die DDR-Führung unbequemen Themen mit Honecker bereits am ersten Abend besprochen und dabei erkannt hatte, daß der Generalsekretär gar nicht anders konnte, als alle von uns gewünschten Verbesserungen im Reiseverkehr unter den Vorbehalt der „internationalen Entwicklung" zu stellen, wollte Honecker in der Delegationssitzung nicht durch die ultimative Wiederholung unserer Forderungen in Bedrängnis bringen. Statt dessen schilderte er dem Gastgeber noch einmal und diesmal in sehr persönlicher und emotionaler Weise seine Ängste vor den Folgen eines Scheiterns der Genfer Verhandlungen über den Abbau der Mittelstreckenraketen. „Ich habe Angst vor den neuen Raketen der Sowjetunion. Ich empfinde diese Waffen als eine politische Bedrohung. Sie müssen mich, Herr Generalsekretär, richtig verstehen: Ich finde es gerechtfertigt, daß die Sowjetunion Ängste empfindet. Ich kenne meine eigenen Ängste. Der Rüstungswettlauf ist eine ganz schlimme Sache. Es besteht die Gefahr von Fehleinschätzungen. Ich bin einer der Urheber des Verhandlungsteils des Brüsseler Doppelbeschlusses. In Guadeloupe, bei dem Treffen mit Carter, Callaghan und Giscard d'Estaing, bin ich entschieden für das Verhandlungselement eingetreten. Von den vieren bin ich mittlerweile der einzige noch amtierende Regierungschef. Ich sage Ihnen noch einmal: Ich habe ganz große Sorgen."

Der Kanzler machte noch einmal eine große Anstrengung, den Generalsekretär der SED und wichtigsten Verbündeten der UdSSR für eine positive Komplizenschaft zur Verhinderung der Nachrüstung zu gewinnen, ließ aber keinen Zweifel daran, daß sich die östliche Seite nicht aufs bloße Abwarten und schon gar nicht auf die innerwestlichen Widerstände verlassen dürfe. Sein Gegenüber konnte spüren, daß Schmidt seine frühere Bemerkung, die Verhandlungen dürften nicht zum Vorwand genutzt werden, dürften nicht zum Schein geführt werden, auch auf den eigenen Verbündeten bezog. Es war Erich Honecker anzusehen, daß er diese bekenntnishaft wirkenden Sätze von Schmidt so ernst nahm, wie sie von seinem Gast gemeint waren.

Es waren erst wenige Monate vergangen, seit Paul Verner den Bonner Regierungschef als „Raketenkanzler" attackiert und diesen Ausdruck auch im Gespräch mit mir verwendet hatte. Meinen Vorschlag, daß ich bereit sei, ihm die Motivlage meines Dienstherrn im Gespräch zu zweit zu erläutern, hatte er nicht aufgenommen. Das wäre ja, in Verners Sicht, ein Verstoß gegen die eisern eingehaltene Regel gewesen, wonach die Missionschefs allein mit dem Außenministerium und nur in angemessenen Abständen mit dem für die Außenpolitik zuständigen Hermann Axen umgehen dürfen.

Was Helmut Schmidt so eindringlich über seine Gefühle geäußert hatte, hätte ein Mann wie Honecker nicht aussprechen können; zumal kritische Gedanken über den eigenen Verbündeten wird er allenfalls seinen engsten Vertrauten preisgeben. Es war in den drei Tagen in der Schorfheide auch nicht zu ahnen, ob er im Interesse einer Kompromißlösung in Genf und der Verhinderung einer Stationierung sowjetischer Raketen in der DDR die Kraft zu kritischem Rat gegenüber der Moskauer Führung aufgebracht hatte. In wirtschaftlichen Zusammenhängen, dort, wo es um Lieferungen hochwertiger DDR-Erzeugnisse an die Sowjetunion zu Vorzugspreisen geht, hat Ostberlin dann und wann, wenn auch mit bescheidenem Erfolg, eigene Interessen gegen die Moskauer „Freunde" durchzusetzen vermocht. In außen- und sicherheitspolitischen Fragen hielt es die Führung für klüger, an der Fiktion festzuhalten, daß die Sowjetunion stets die Interessen der ganzen Allianz mitvertrete.

In der Schlußphase des Gesprächs am Großen Döllnsee gab es noch eine Überraschung. Der Generalsekretär wünschte ausdrücklich den Beitrag zu würdigen, den Helmut Schmidt für das Zustandekommen der Genfer Verhandlungen geleistet habe. Er wolle diese positive Einschätzung auch öffentlich wiederholen. Ich notierte auf einem Zettel, den Graf Lambsdorff an Schmidt weiterreichte: „Wenn der GS bereit sei, Ihre Leistung zugunsten der Genfer Runde öffentlich anzuerkennen – wenn er es wirklich tut –, wäre das mehr als bloß ein Stilwandel, es wäre ein Signal." Das Signal ist ausgeblieben. In Bonn meinte Schmidt später: „Da hat er sich zuviel zugetraut. In Werbellin hat er es ehrlich gemeint." Der Kanzler und wir alle empfanden, daß wir die Grenzen des Dialogs erreicht hatten, jedenfalls für dieses Mal. Schmidt sagte zuletzt: „Wir stehen beide in der Pflicht zur Entspannungspolitik. Auf dem Parteitag meiner Partei habe ich mich 1964 zur Notwendigkeit der Zusammenarbeit mit den Völkern Osteuropas bekannt. Und ich habe das in einem Buch begründet." Der Gastgeber schmeichelte dem Autor Schmidt: „Ich hab' das in meinem Schrank stehen."

Nach dem Regierungswechsel hat der – mit Helmut Schmidt befreundete – neue Bundesminister für innerdeutsche Beziehungen, Rainer Barzel, herauszufinden versucht, ob es in Werbellin zusätzlich zu dem Kommuniqué geheime Protokollnotizen gegeben habe. Die hat es nicht gegeben. Richtig ist nur, daß bei den „Vier-Augen-Gesprächen", an denen Huonker und Vogel als „note-taker" beteiligt waren, der Kanzler gleich nach Beginn der Unterhaltung dem Generalsekretär vorschlug, „daß sich die beiden Herren Notizen machen". Das wurde vom Kanzler als Vorsichtsmaßregel verstanden, denn er hatte in seiner Regierungszeit etliche Male erlebt, wie gerade kommunistische Partner später mit Protokollnotizen Politik zu machen suchten. In Werbellin hat es jedenfalls nicht eine einzige Geheimabrede zwischen den beiden Regierungen gegeben. Das wäre für beide auch bodenloser Leichtsinn gewesen.

Die beiden Verhandlungsführer hatten dieses Treffen gewollt, genau wissend, daß ihre Bewegungsspielräume karg bemessen waren, wissend auch, daß sie aus ihren gemeinsamen Einsichten über die Gefahren einer zunehmenden Konfrontation zwischen ihren Schutzmächten nur minimale Konsequenzen im Sinne einer Abwendung solcher Gefahren ziehen könnten. Anders als Kritiker des Werbellin-Treffens später behaupteten, entwickelte sich keine gesamtdeutsche Kameraderie. Nur haben wir in jenen drei Tagen mehrfach gespürt, daß unser kommunistisches Gegenüber seiner ganz persönlichen Erkenntnis hätte folgen wollen, engere Tuchfühlung mit uns sei im wohlverstandenen Interesse des eigenen Staates und als Ergänzung der ideologisch für zwingend gehaltenen Abgrenzungspolitik dringend erstrebenswert. Schmidt wiederum, der in den letzten Phasen seines Zwiegesprächs mit Honecker noch einmal auf den Mindestumtausch zu sprechen kam, erkannte den Wert seiner Reise jetzt noch klarer in der Chance, den Generalsekretär in der Zukunft regelmäßig zu treffen und den Gedankenaustausch allmählich in die Richtung einer Konsultationskonferenz zu entwickeln, wie sie zwischen der Bundesregierung und den uns benachbarten westlichen Regierungen seit langem üblich geworden sind. Für ein solches Konzept hoffte der Kanzler, die Zustimmung auch Genschers zu bekommen, zumal FDP-Politiker wie Wolfgang Mischnick, Gerhart Baum und auch Lambsdorff bereit schienen, sich mit einer neuen deutschlandpolitischen Anstrengung der Bundesregierung zu identifizieren.

Weder könnten noch wollten wir das Grundgesetz oder den Grundlagenvertrag ändern, sagte Schmidt in den letzten Minuten des Gesprächs. Wir hätten aber die Möglichkeit, unsere Zusammenarbeit mit „wirklichem Vertrauen“ fortzuentwickeln.

Am Tag darauf hatte Schmidt, unmittelbar vor der Abfahrt ins mecklenburgische Güstrow, die langen Unterhaltungen mit Honecker vor der Presse zu bilanzieren. Am frühen Morgen war in der Volksrepublik Polen das Kriegsrecht verhängt worden. Natürlich – wie hätte es anders sein sollen – überlegte der Kanzler, ob wir jetzt noch in der

DDR bleiben konnten; natürlich stellten wir uns die Frage, ob wir Honecker in eine Falle gelaufen waren, ob der Generalsekretär schon auf dem Flugplatz Schönefeld, als Helmut Schmidt die Gangway herunterkam, gewußt hatte, daß der 13. Dezember von den polnischen Kommunisten nach gründlicher Beratung mit der Sowjetunion als der Tag X festgelegt worden war. Waren wir als Staffage benutzt worden? Die erste Begegnung zwischen Schmidt und Honecker an diesem Sonntagmorgen vermittelte den Eindruck, daß der Generalsekretär von diesem Datum nichts gewußt hatte. Honeckers komödiantische Begabung ist gering, er kann sich nicht gut verstellen. Der Bundeskanzler fühlte sich sicher, daß die DDR-Führung über den genauen Zeitpunkt weder durch ihren großen Verbündeten noch durch die Polen selber vorab informiert worden war. Das Argument unserer innenpolitischen Gegner, es sei einfach nicht vorstellbar, daß unser Gastgeber wegen der engen Zusammenarbeit der Stäbe innerhalb des Warschauer Pakts überrascht worden sei, ließ sich nicht schlüssig widerlegen. In meiner Ostberliner Zeit hatte ich aber verschiedentlich beobachtet, daß auch hohe Beamte des Außenministeriums, ja selbst Mitglieder des Zentralkomitees über für ihr Bündnis bedeutsame Entwicklungen und Entscheidungen anderer Bündnispartner spät oder nur oberflächlich unterrichtet waren. Das Mißtrauen in die Diskretionsfähigkeit unter den Partnern scheint im Osten also mitunter erheblich größer zu sein als innerhalb der Atlantischen Allianz. Folglich schien mir die Mitteilung Honeckers an Schmidt, er sei nicht im Vorweg von der Entscheidung Jaruzelskis informiert gewesen, glaubhaft. Andererseits mußte die Entscheidung von ihm erwartet worden sein. Die DDR-Führung hatte ihre Unzufriedenheit mit der abwartenden Haltung der polnischen Genossen nur schlecht verbergen können.

In Wahrheit hätte die Überlegung, ob Honecker tatsächlich unwissend war oder Unwissenheit nur simulierte, für unser Verhalten nur geringe Bedeutung gehabt. Im April 1983 hat Franz Josef Strauß nachträglich behauptet, das Ostberliner Protokoll habe „listigerweise" einen Termin gewählt, von dem Honecker wußte, daß der „Zugriff der

Militärs" erfolgen werde. Der bayerische Ministerpräsident erweckte den Eindruck, als habe auch die FDP damals intern von einem „Skandalbesuch" gesprochen. Sein Gehilfe Stoiber wollte der Öffentlichkeit obendrein weismachen, Genscher und Lambsdorff hätten am 13. Dezember 1981 den Kanzler zur vorzeitigen Abreise gedrängt. Das ist eine grobgestrickte Legende. Strauß berief sich im Frühjahr 1983 auf Informationen aus den Koalitionsgesprächen mit der FDP. Man kann nicht ausschließen, daß einer der FDP-Politiker im nachhinein als harter Antikommunist erscheinen wollte. Wolfgang Mischnick wird es nicht gewesen sein.

Wir hatten im August 1980 auf die DDR-Reise verzichtet, weil wir und der ganze Westen damit rechnen mußten, daß die Sowjetunion nach dem Rezept von Prag und Budapest verfahren und Truppen nach Polen schicken würde. Die Verhängung des Kriegsrechts war eine böse Nachricht, zumal für die betroffenen Polen. Sie legte sich wie Mehltau auf die Stimmung unserer Delegation. Richtig war aber auch die Feststellung, daß es sich um einen innerpolnischen Vorgang handle. Wir haben eine Abreise auch deshalb nicht erwogen, weil wir wußten, wie unwiderlegbar ein Argument Herbert Wehners war: Auch wenn die Sowjetunion irgendwann die Nerven verloren und Panzer gegen die Solidarnosc-Bewegung eingesetzt hätte, hätten wir mit dem anderen deutschen Staat weiter umgehen müssen. Auch die schlimmsten Repressionsmaßnahmen gegen die Völker unter der Oberhoheit der Sowjetunion ändern nichts an der Unverrückbarkeit geographischer Tatsachen.

Als ich am Abend des 13. Dezember Richard von Weizsäcker in Berlin im Auftrag des Kanzlers einen ersten Bericht über die Begegnung gab und wir kurz darauf vom Fernsehen befragt wurden, war der Regierende Bürgermeister denn auch nicht bereit, die von Strauß noch am gleichen Tag ausgegebene Losung von der „Würdelosigkeit und Geschichtsarmut des Schmidt-Besuchs in der Mark Brandenburg" zu übernehmen. Weizsäcker wußte nur zu gut, daß von uns auch eine ganz wichtige emotionale Komponente hatte bedacht werden müssen – die Empfindungen der Landsleute in der DDR. Diese hätten eine demonstrative Abreise als eine propagandistische Geste verstanden. Das Gefühl, gerade jetzt müsse der Kanzler, an dessen Sympathie für die Freiheitsbewegung in Polen ja niemand zweifelte, zeigen, daß sich die Deutschen von Entwicklungen anderswo nicht zur Resignation treiben ließen, war allenthalben in der DDR spürbar, unter evangelischen Christen ebenso wie in der Arbeiterschaft.

Auf der Pressekonferenz, zu der ihn Graf Lambsdorff und Egon Franke begleiteten, unterlief dem Bundeskanzler eine ungeschickte Formulierung. Natürlich fragten unsere Journalisten sogleich nach dem Zusammenhang zwischen dem Kriegsrecht und den noch nicht beendeten Gesprächen. Es ist wahr, daß Helmut Schmidt in der Isolation von Hubertusstock für einen kurzen Augenblick sehr deutsch reagierte und seine Enttäuschung darüber nicht verbergen konnte, daß auf die Begegnung mit Honecker seit dem frühen Morgen dieses Wintertages ein schwerer Schatten gefallen war. Der Staatsratsvorsitzende, sagte der Kanzler, sei genau wie er selber bestürzt über die Ereignisse in Polen. Das suggerierte nun jene deutsch-deutsche Kameraderie, von der während des ganzen Treffens nicht die Rede sein konnte. Ein CDU-naher Bonner Journalist ließ durch eine polemische Frage den Kanzler aufwachen. Schmidt suchte den mißlichen Eindruck sogleich zu korrigieren. Die Nachrichtenagenturen hatten die Geschichte bereits abgesetzt. Als der Kanzler dann noch in einem Fernsehinterview mit Friedrich Nowottny davor warnte, das Ergebnis seiner Unterhaltungen mit dem Generalsekretär mit „krämerischer Elle" zu messen, war das negative Urteil zahlreicher Korrespondenten durch Kurt Becker kaum noch zu verändern. Die Nachricht vom Sonntagmorgen hatte inzwischen auch die Stimmung des Kanzlers verdüstert. Die Fragen der Presseleute, was denn nun unterm Strich nach so vielen Stunden eines von Schmidt als „besonders intensiv" geschilderten Gesprächs herausgekommen sei, beantwortete der Regierungschef mit zunehmender Nervosität. Er hatte sich nicht, wie Strauß ihm anhängen wollte, mit „lauter" Begeisterung auf ein Abenteuer eingelassen. Es war ihm, dem Pragmatiker und Verantwortungsethiker, aber erst in preußischen Kernlanden ganz bewußt geworden, was er selber in seiner Kanzlerschaft, bedrängt von den kräftezehrenden Aufgaben des Krisenmanagements, dem Thema der beiden Staaten und der geteilten Nation vielleicht schuldig geblieben war. Nicht die Kulisse hatte ihn verändert oder gar verzaubert. Bei einem nächtlichen Spaziergang im Park von Hubertusstock beobachteten wir eine starke emotionale Spannung beim Kanzler. Doch an keinem dieser drei Tage war er geneigt, sich einem deutschen Wintermärchen auszuliefern. Die rationalen Kontrollen funktionierten in jedem Augenblick.

War es nicht wirklich ein „Wert an sich", daß der sonst unentwegt mit den kaum noch lösbaren Problemen der Weltwirtschaftskrise beschäftigte Kanzler fast körperlich die Dringlichkeit der deutschen Frage erlebte? (Die manifestierte sich, zu unser aller Unbehagen, auch durch die Allgegenwart von Staatssicherheitsbeamten, die das Gelände in Hubertusstock und am Döllnsee in Regimentsstärke bevölkerten.) Da waren die Hoffnungen von Millionen von DDR-Deutschen, die jede freie Minute am Radio oder am Fernsehgerät zubrachten, um alle Phasen der Begegnung mitzuerleben und zu besprechen. Nein, es wäre ein dürftiger Schaueffekt gewesen, wenn wir, um in westlichen Hauptstädten oder von Ronald Reagan belobigt zu werden, an jenem Sonntagvormittag die Sachen gepackt hätten. Es wäre einer Fahnenflucht nahegekommen.

So hat einige Tage später auch das Bundeskabinett geurteilt. Lambsdorff sprach von „bemerkenswert konkreten Ergebnissen" und dachte dabei nicht allein an die von ihm mit Günter Mittag verabredeten Gespräche über die Lieferung von russischem Erdgas für Westberlin. Der baltische Aristokrat, auf das kleinbürgerliche Gehabe kommunistischer Funktionäre sonst eher ironisch reagierend, blieb von der zeitweilig ungemein deutschen Atmosphäre nicht unberührt. Sowenig wie der Kanzler selber ließ sich der Bundeswirtschaftsminister irgendwann zu „Appeasement"-Stimmungen verleiten. Auch er schien zu verstehen, daß wir in der Deutschlandpolitik einen neuen Anlauf nehmen mußten.

Auf dem Weg vom Pressezentrum zu den Wagen fragte

mich der Kanzler, wie er das meist zu tun pflegte, nach einer kritischen Benotung seines Auftritts vor den Journalisten. „Gerade drei", antwortete ich, und das war fast noch geschmeichelt. Wir saßen jetzt zu dritt in Honeckers Citroën, Schmidt und Franke im Fond, ich neben dem mit dem SED-Parteiabzeichen geschmückten Fahrer. „Was hat Sie gestört?" fragte Schmidt. „Es war nicht besonders glücklich, Herr Bundeskanzler, daß Sie ausgerechnet in der DDR der Weltpresse mitgeteilt haben, daß unsere Fähigkeit, den Polen mit Krediten zu helfen, nicht unbegrenzt ist." Honeckers Fahrer war anzusehen, wie er jeden Satz zu speichern versuchte. Der Kanzler reagierte unwillig. Vermutlich deshalb, weil er inzwischen selber verstanden hatte, daß es ein Fehler gewesen war, die Polen indirekt als Störfaktor für die deutsch-deutschen Beziehungen hinzustellen. Dabei war doch gerade er es gewesen, der immer neue und schließlich erfolgreiche Versuche unternommen hatte, bei den westdeutschen Großbanken zinsgünstige Kredite für die Regierung in Warschau zu organisieren, seitdem das wirtschaftliche Desaster in Polen offenbar geworden war. Seine Bemerkung über die Grenzen unserer Möglichkeiten hatte noch einen anderen Grund. Ihn bedrückte das Schicksal des gestürzten KP-Chefs Gierek. Für den oberschlesischen Kommunisten hatte der Kanzler schon bei der ersten Begegnung eine sich in den nächsten Jahren vertiefende Sympathie gefaßt. Er verglich den Polen mit Walter Arendt und meinte in einer Mischung aus Respekt und Hochmut, einen solchen Mann würde er „glatt im Kabinett aufnehmen". Bei dem abendlichen „Vier-Augen-Gespräch" mit Honecker hatte er von seiner Wertschätzung für Gierek gesprochen. Der SED-Generalsekretär, ob aus Höflichkeit oder aus Überzeugung, schloß sich dem Urteil Schmidts an. Das inspirierte den Kanzler zu der Frage, ob er, Honecker, seinen Einfluß im Nachbarland, genauer bei den neuerdings verantwortlichen polnischen Genossen zugunsten von Edward Gierek geltend machen und für eine faire Behandlung des entmachteten Ersten Sekretärs eintreten könne. Honecker reagierte zustimmend, schien allerdings selber im Zweifel zu sein, ob eine Intervention gerade aus Ostberlin irgend etwas bewirken könne.

Güstrow, am 13. Dezember 1981: Die mecklenburgische Stadt gleicht an diesem Tag, an dem in der Volksrepublik Polen das Kriegsrecht verhängt wird, einer belagerten Festung. Die Stadt gehört der Polizei und dem Staatssicherheitsdienst. Die Bewohner von Güstrow dürfen ihre Häuser nicht verlassen.

Wenige Stunden später waren wir auf dem Weg nach Güstrow. Über Schmidts Besuch in der mecklenburgischen Kreisstadt hatten zunächst Rechtsanwalt Vogel und Staatsminister Huonker gesprochen. Nachher waren die protokollarischen Details von Vogel an das MfAA abgegeben worden. Dessen Spitzenbeamte, allen voran Kurt Nier, hatten seit Wochen ihren Zorn darüber verstecken müssen, daß der Generalsekretär die Vorbereitung der Schmidt-Visite dem politisch ungemein versierten Rechtsanwalt Vogel übertragen hatte. Wolfgang Vogel, der schon nach wenigen Gesprächen in Bonn das Vertrauen des Kanzlers gewonnen hatte, wünschte dem Unternehmen Werbellin nicht nur deshalb Erfolg, weil er sich von einem günstigen Ausgang stimulierende Wirkungen für die mühseligen Operationen auf humanitärem Feld erhoffte. Der Berater des Generalsekretärs entwickelte über die Zeit eine aufrichtige Zuneigung für Helmut Schmidt. Der Bundeskanzler redete zu ihm anfangs mit einer Offenheit, die Vogel verwirrt haben mag. Wolfgang Vogel jedenfalls versicherte mir in den Wochen vor dem Besuch mehrere Male, die DDR, genauer der Generalsekretär, wolle den Kanzler, wenn dieser „in die Provinz" reise, nicht „verkuten", ein schönes schlesisches Synonym für „verstecken". Kaum verwunderlich, daß die DDR-Regierungs- und Staatssicherheitsfunktionäre das Trauma von Erfurt noch nach zehn Jahren nicht abgestreift hatten. Die Stasi-Leute fürchteten, der Kanzler könne von den DDR-Bürgern in einem Augenblick, da das Volk der Polen seine Verbitterung über die Unfähigkeit der kommunistischen Obrigkeit offen demonstrierte, womöglich wie ein Befreier, wie ein Messias gefeiert werden. Das war nicht die Absicht von Schmidt. Er wollte nicht à la de Gaulle ein „Bad in der Menge" haben, er wollte sich aber auch nicht von den Bürgern der DDR isolieren lassen. So verhandelte auch ich mit Nier über den Ablauf des Güstrow-Besuchs in allen Details, die hier eben eine besondere politische Bedeutung hatten. Wir konnten uns nicht zu willfährigen Statisten der Regie des Sicherheitsministers Mielke degradieren lassen. Der von Außenminister Oskar Fischer („mein Freund Kurt Nier") nicht nur aus Gründen der „Zuständigkeit für die BRD" als Verhandlungspartner bestimmte Diplomaten-Funktionär legte uns für den Besuch in der Domstadt einen protokollarischen Fahrplan vor, der auch den einfältigsten Betrachter ahnen ließ, daß der Gast vom ersten bis zum letzten Augenblick „verkutet“ werden sollte. Nier, das war bei einem Gespräch im MfAA, eine Woche vor der Ankunft des Kanzlers, unschwer zu bemerken, war eisern an die Vorgaben der DDR-Sicherheitsleute gebunden. Die wollten den Gast aus Bonn unter Quarantäne stellen. So stritten wir über eine Stunde darüber, warum der Kanzler nicht den Weg vom Barlachhaus bis zum Dom zu Fuß zurücklegen könne. Nier versuchte das Thema zu bagatellisieren. Für Gunter Huonker und mich wurde es von Minute zu Minute schwerer, Niers formalistischen Ausreden geduldig zuzuhören. Der anderen Seite war natürlich bewußt, daß die Bundesregierung nicht wegen eines kurzen Spaziergangs, den der Stasi als unkalkulierbares Risiko eingestuft hatte, im letzten Augenblick den Besuch absagen würde. Immer wieder versicherte uns Nier, daß sich der Kanzler doch über den festlichen Weihnachtsmarkt von Güstrow, begleitet vom Staatsratsvorsitzenden, bewegen könne. Er wußte auch genau, daß „der Herr Bundeskanzler dort Gelegenheit hat, die Bürger der Stadt Güstrow zu begrüßen“. Mir schwante Böses. Bis eben noch war mein Eindruck gewesen, daß Erich Honecker die Perfektionisten des Mielke-Ministeriums zu bremsen beabsichtigte. Die mußten ihm in den letzten Tagen vor dem Eintreffen Schmidts mit Hinweisen auf die Lage in Polen eingeredet haben, daß sich ohne die von ihnen in allen schlimmen Einzelheiten entworfene und vorbereitete Belagerung des Städtchens der Effekt von Erfurt womöglich vervielfachen werde. Da hatte dann der Generalsekretär sein Plazet zu einer Inszenierung gegeben, die zu jenen meiner Erlebnisse in der DDR gehört, die mir für lange Tage, ja Wochen beinahe jeden Mut genommen haben.

Es hätte eines Franz Kafka bedurft, die Atmosphäre in dieser liebenswürdigen, gutprotestantischen und etwas ärmlichen mecklenburgischen Kleinstadt zu beschreiben. Einige unserer Journalisten haben es, ohne literarischen Ehrgeiz, mit Sinn für die verborgene Wirklichkeit eindringlich geschildert. Zahlreiche Bewohner von Güstrow hatten ein Papier unterschreiben müssen, auf dem ihnen untersagt wurde, am 13. Dezember ihre Häuser zu verlassen. Sie sollten sich nicht einmal an die Fenster stellen dürfen. Solche Bürger, von denen man wußte, daß sie dem Regime abgeneigt waren, hatte man zu „Weihnachtsfeiern" ihrer Betriebe in die Umgebung bestellt.

Bald sprach man in der Stadt von den „Güstrowern" und meinte damit linientreue Partei- und Gewerkschaftsmitglieder, die aus anderen Bezirken, sogar aus Sachsen, in Autobussen herangebracht worden waren, um die Rolle des Volkes zu übernehmen. Niemals werde ich das unendlich traurige Bild jenes Adventssonntags vergessen: die Menschen hinter den Gardinen, die in Abständen von kaum fünf Metern postierten Polizisten, die Legionen von Stasi-Beamten und die stumpfsinnigen Jubler auf dem Weihnachtsmarkt, die ihren Generalsekretär hochleben ließen und denen man sogar einige „Helmut, Helmut"-Rufe aufgetragen hatte. Es war alles so klobig, so beleidigend dilettantisch und primitiv, daß einige in unserer Delegation für die Dauer des Aufenthalts in Güstrow wie gelähmt waren. Das ohnehin bloß aufgesetze Lächeln Schmidts auf dem Balkon des Rathauses wich einer Beklemmung, die sich auf seinem Gesicht abmalte. Jenem Bonner Zeitungsmann war nicht zu widersprechen, der so laut, daß es den uns einkeilenden Stasi-Beamten nicht entgehen konnte, das Schauspiel als „Polizeistaats-Festival" kommentierte.

Seltsam hölzern und mit einer verkrampften Lustigkeit bewegte sich der Generalsekretär auf die Bürger-Darsteller am Straßenrand zu und griff nach den Händen seiner verkleideten Sicherheitsbeamten. Mag sein, daß Honecker in solchen Augenblicken seine Fähigkeit zu aktivieren weiß, eine gewünschte Wirklichkeit für die eigentliche Realität anzusehen. Sonst kann ein Mensch, ohne ein schlimmer Zyniker zu sein, mit einer solchen Situation kaum fertig werden.

Einige Wochen später, bei seinem Neujahrsempfang für das Diplomatische Korps, kam Honecker im Gespräch mit mir ohne jeden erkennbaren Anlaß auf Güstrow zurück. Er könne überhaupt nicht verstehen, „warum die Medien bei

Gast und Gastgeber auf dem Weg zum Rathaus von Güstrow. Die Sicherheitsmaßnahmen sind so drastisch, daß es Helmut Schmidt schwer wird, gute Miene zum düsteren Spiel zu machen.

Ihnen ein so verzerrtes Bild von dem schönen Empfang in Güstrow gegeben haben". Als seien er und ich am Nachmittag dieses 13. Dezember an ganz verschiedenen Plätzen gewesen, fügte er hinzu: „Da war doch eine große Herzlichkeit für Ihren Bundeskanzler."

Helmut Schmidt gab sich trotz allem den Anschein von Gelassenheit. Doch die innere Spannung, die seelische Bedrückung konnte er nicht verdrängen. Es war eine glückliche Fügung, daß zum Ende der Güstrow-Visite der Besuch bei Bischof Heinrich Rathke im Dom vorgesehen war. Der Generalsekretär hatte sich in dem mit Barlachs Skulptur „Der Schwebende" geschmückten Gotteshaus neben Helmut Schmidt gestellt. Meines Wissens war es das erste Mal, daß der Altkommunist Erich Honecker als Vorsitzender des Staatsrates eine Kirche betrat und von einem Würdenträger dieser Kirche begrüßt wurde. Rathke, ein Mann von starker pastoraler Kraft, sagte: „Unser Güstrower Dom ist wie jede Kirche ein Ort der Kontemplation, der Besinnung und der Stille. Hier beten Christen. Wir wissen um die große Bürde der Verantwortung, die Sie als Staatschefs für uns alle tragen. Und daher beten wir in unseren Kirchen für Sie, für den Marxisten Erich Honecker, für den Christen Helmut Schmidt, und ich darf heute sagen, im Angesicht der jüngsten Entwicklung in unserem Nachbarland Polen haben wir auch besonders gebetet für die verantwortlichen Politiker dort und für das ganze Volk."

Das war ein mutiger Satz, denn Rathke wußte nur zu gut, daß fast die gesamte DDR-Führung von einer großen Aggressivität gegen die Polen beherrscht war. Der Bischof nutzte die einmalige Gelegenheit, den Marxisten und Atheisten indirekt an dessen Abmachung mit Bischof Albrecht Schönherr vom März 1978 über die Rolle der Kirche im Sozialismus zu erinnern. Er sagte: „Wir haben erneut erfahren, unser Glaube trägt. Er gibt uns den Freimut, unseren Glauben zu bekennen, auch wenn manche bisherigen Stützen so nicht gegeben sind, Zeugnis und Dienst glaubwürdig zu verkünden. Und wir haben als Kirche in einer sozialistischen Gesellschaft das andere erfahren, daß wir von unserem Evangelium her für das Wohl der Menschen in unserem Land arbeiten dürfen und wollen. Wir haben erfahren, wie wesentlich für unser Zusammenleben Gleichberechtigung und Gleichachtung sind, und wir sind uns dessen bewußt, welche Verantwortung wir auch als Kirche haben an der Nahtstelle von zwei politischen Weltmächten, nun auch über Grenzen hinweg die Brücke der Verständigung und der Versöhnung zu schlagen, auch zu den Christen in der Bundesrepublik."

Rathke formulierte dann einen Gedanken, mit dem sich Helmut Schmidt besonders gern identifizierte, den er selber in sehr ähnlichen Wendungen früher einmal in kleinem Kreis ausgedrückt hatte: „Unser Dom zu Güstrow ist wohl auch ein Symbol für das, was wir gemeinsam haben. Die Backsteinkirchen in Güstrow und in Rostock, ich kann sagen, in Lübeck und in Hamburg bis hin vielleicht auch zu den Kirchen in Riga und Tallinn, sind doch Zeugen einer gemeinsamen Geschichte, einer europäischen kulturgeschichtlichen Einheit, die uns verbindet. Und die Menschen werden auch angesichts der Gespräche, die Sie miteinander geführt haben, erhoffen, daß daraus mehr Verständnis wächst, auch mehr Kommunikation, von einer gemeinsamen Geschichte her."

Über meine erste Begegnung mit Heinrich Rathke, die einige Monate zurücklag, hatte ich dem Kanzler in Bonn erzählt. Ein geradliniger Mann nicht nur, ein lebenskluger Seelsorger ohne bischöfliche Pose, der Martin Luthers Zwei-Reiche-Lehre auf eine unbedingt ehrliche und zugleich kritische Weise gegenüber der politischen Führung befolgte, kein Kirchenpolitiker und doch in jedem Augenblick während dieser für ihn so schwierig zu bestehenden Situation im Dom zu Güstrow seiner Sache und seiner selbst ganz sicher. Der Kanzler fühlte sich zu dem Mann hingezogen, auch deshalb, weil Rathke nicht einmal in Andeutungen protestantisches Pathos bemühte. Da Rathke den Staatsratsvorsitzenden als Marxisten und ihn selber als Christen angeredet habe, wolle er, so sagte Schmidt in seiner Antwort auf den Bischof, anmerken, diese beiden seien nicht so weit auseinander, wie es manchmal scheine. Der Kanzler, wie gelegentlich früher schon, berief sich auf Ernst Bloch und dessen „Prinzip Hoffnung". Das war nun sehr politisch gemeint.

Ernst Barlachs Engel schwebt über ganz Güstrow. Helmut Schmidt und Erich Honecker betrachten im Dom die berühmte Plastik des norddeutschen Bildhauers. Der Bundeskanzler, Barlach-Kenner und -Bewunderer, will seinen Besuch auch als ein Zeichen der Hoffnung für die Christen beider Konfessionen in der DDR verstanden wissen. Hinter Honecker steht Bischof Heinrich Rathke.

Zu Honecker gewendet, der seinen Blick zu Boden gesenkt hatte: „Die Marxisten werden wissen, welch große Rolle die Hoffnung im Bewußtsein der Christen spielt." Es werden sehr zwiespältige Empfindungen gewesen sein, die den Marxisten an seiner Seite in dieser Stunde bedrängten, da außerhalb des Doms der Staatssicherheitsdienst dafür sorgte, daß wir uns in dem Gotteshaus wie in einer belagerten Festung fühlten. Da ich Honecker die ganze Zeit aufmerksam beobachtete, meinte ich mir sicher zu sein, daß ihn weder Rathkes kurze Rede noch die Reaktion des Bonner Gastes unberührt ließen, auch nicht der Schlußsatz, den Schmidt unmittelbar an den mecklenburgischen Bischof richtete: „Ich möchte Ihnen gern sagen, daß ich Ihre Überzeugung teile von Gott als dem Herrn der Geschichte und damit auch dem Herrn der Politik. Aber die Menschen haben auch einen Teil beizutragen. Da haben wir beide, Herr Honecker und ich, in den letzten drei Tagen uns bemüht." Das waren nicht Worte propagandistischer Verklärung. Honecker hatte sich nicht als Fallensteller betätigt. Auch der Generalsekretär hatte sich etwas aus den Fesseln zu lösen versucht. Das konnten alle bezeugen, die den Akteuren in diesen drei Tagen nahe waren und die sich bestimmt nicht von einer Ostberliner Regie verwirren ließen.

Der Kanzler flüchtete sich nicht in eine scheinbar heile Kirchenwelt. Natürlich hatte er nach wenigen Minuten bemerkt, daß ihm außerhalb des Doms eine traurige Komödie vorgespielt werden sollte. Das konnte er so bald nicht abschütteln. Wohl um sich von dieser Bedrückung zu befreien, löste sich der Kanzler von Honecker und setzte sich, ohne daß ihm irgend jemand folgte, in eine Kirchenbank und betete. Die „Zeit"-Korrespondentin Marlies Menge zitierte nachher einen Güstrower Bürger: „Bei anderen hätte man gedacht, das ist Show, bei ihm hat man gespürt: Das ist echt." Es war Hans Herbert Götz, „FAZ"-Korrespondent und bibelfester Protestant, der im Dom die Schrift mit der Lesung zum dritten Adventssonntag aufgeschlagen fand. Matthäus, Kapitel 11, die Verse 1 bis 3: Johannes der Täufer hatte aus dem Gefängnis zwei Jünger zu Jesus geschickt, die fragten: „Bist du, der da kommen soll, oder sollen wir auf einen anderen warten?" Später, beim Rundgang durch den Dom, bei der Betrachtung des schwebenden Engels mit den geschlossenen Augen, stand ich neben „Spiegel"-Redakteur Olaf Petersen. Wir sahen zu dem Engel hinauf. Ich flüsterte zu Petersen: „Der wird heute über ganz Güstrow schweben."

Eine Stunde später bestieg der Kanzler den Sonderzug, der ihn nach Hamburg bringen sollte. Er wußte, daß es sinnlos war, gegenüber dem Gastgeber auch nur eine kritische Anspielung auf das düstere Schauspiel von Güstrow zu machen. Am Zugfenster stehend, bemühte sich Schmidt um Gelassenheit. Er fragte, ob ich nicht einsteigen wolle. Honecker antwortete: „Herrn Bölling behalten wir hier." Ernst Dieter Lueg sagte nachher zu mir: „Das hörte sich beinahe so an, als solltest du den Herren zur Verwahrung übergeben werden, die vorhin die Güstrower gemimt haben." Unmittelbar bevor sich der Zug in Bewegung setzte, reichte der Generalsekretär dem Bundeskanzler einen Hustenbonbon durchs Fenster. Diese Szene wird in den konservativen Zeitungen der Bundesrepublik noch ein Jahr später als „peinlich" beschrieben werden. Der Kanzler sollte das Etikett eines „Appeasement"-Politikers angeheftet bekommen – von jenen Politikern und Journalisten, die früher nicht begriffen haben und auch jetzt nicht verstehen wollen, daß dieses Spektakel in Güstrow von innerer Logik gewesen ist, daß uns, von den Regisseuren nicht gewollt, ein Lehrstück vorgeführt worden ist – nicht eines der Stärke, sondern eines der großen Bänglichkeit, einer immer noch tiefsitzenden Angst. Sie manifestierte sich in einer uns mutlos stimmenden Weise. Ich konnte Lueg gut verstehen, daß er am Abend auf einer der nun menschenleeren Straßen von Güstrow in die Kamera von diesem Gefühl der Niedergeschlagenheit berichtete. Doch sollten wir uns damit abfinden, daß das nun einmal so ist und daß sich die Kommunisten in Wahrheit niemals ändern werden?

Manche der Journalisten fanden es schwer, dem Kanzler zu glauben, wenn er auf der Fahrt in seine Vaterstadt sagte, daß sich die „Sache gelohnt hat". Eher schon mochten sie ihm zustimmen, wenn er zu der Stunde im Dom von

Güstrow meinte: „Das war ein Zeichen für alle Christen in Deutschland."

Weil die Deutschen in der DDR geringes Talent fürs Wunschdenken haben, ist das Treffen in der Schorfheide von ihnen, anders als von vielen Westdeutschen, vorher nicht als eine Wende gesehen worden. Sie kennen ihre Pappenheimer und wissen längst, daß sich Honecker und das ganze Politbüro nicht in einem zur Veröffentlichung bestimmten Kommuniqué als die Partei der Nachgiebigkeit gegenüber dem Kanzler aus Bonn vorführen lassen würden. Über dieses Papier hatten wir mit der DDR angestrengt verhandeln müssen. Nier hatte Weisung, einen Satz ins Kommuniqué zu bringen, der eine „weitere Normalisierung der Beziehungen" als Ziel darstellen sollte. Wir konnten dem nicht folgen. Nicht nur durch die Erhöhung der Umtauschquoten hatte die DDR selber dargetan, daß das Verhältnis zwischen den beiden Staaten erheblich unterhalb der Normalität angesiedelt ist. Also regten wir an, man möge von einer „Verbesserung" der Beziehungen sprechen. Eingedenk des Honecker-Anspruchs, die Beziehungen seien besser als ihr Ruf, mochte das die andere Seite als eine Unterschätzung des Erreichten nicht gelten lassen. Die Diplomaten kamen nicht mehr weiter. Am Sonntagmorgen verfügte Erich Honecker persönlich, daß der von uns als Kompromiß eingeführte Begriff von der „weiteren Entwicklung" von seinen Leuten akzeptiert werden solle.

Im Zwiegespräch mit dem Generalsekretär hatte Schmidt das deutschlandpolitische Engagement von Hans-Dietrich Genscher gelobt, aber auch nicht verschwiegen, daß sein Spielraum dennoch begrenzt sei. Der Gastgeber wußte ja auch seit langem, daß den Sozialdemokraten, selbst wenn sich Genschers Partei an deren Seite zu stellen bereit war, die Kraft für einen Aufbruch zu neuen Ufern fehlte. Honecker, auch wenn er mir gegenüber auf Bonner Besucher anspielte, die angeblich eine Änderung des Grundgesetzartikels 116 für möglich hielten, täuschte sich nicht darüber, daß bei uns für eine von Herbert Wehner viele Male angeregte und angestrebte Gemeinsamkeit in der Deutschlandpolitik mittlerweile die Voraussetzungen

Die „Bonbon-Szene" auf dem Bahnhof von Güstrow. Das Lächeln bei der Verabschiedung überdeckt nur die Beklemmung, mit der Schmidt die mecklenburgische Stadt verläßt. Im Zug nennt er die Reise dennoch eine „lohnende Sache" und kann sich der Zustimmung von Millionen DDR-Bürgern sicher sein.

fehlten. Ohne die war ein Durchbruch nicht denkbar. Die sich mehrenden Schwächezeichen der sozial-liberalen Koalition waren ihm nicht entgangen. Professor Herbert Haeber, der im Zentralkomitee (mit Paul Verner als unmittelbarem Vorgesetzten) in den vergangenen Jahren emsig Kontakte zu westdeutschen Politikern gepflegt hat, hatte der SED-Führung wichtige und auf den Verfall der Koalition hinweisende Informationen geliefert. Haeber gehörte stets zu jenen mit „West-Arbeit" beauftragten Funktionären, die sich von einer Zusammenarbeit mit den konservativen Kräften für die DDR mindestens soviel Gewinn erhofften wie von der Kooperation mit einer sozialdemokratisch geführten Bundesregierung.

Der Generalsekretär erweckte vor und unmittelbar nach Werbellin den Eindruck, als sei ihm an einem Überleben der Regierung Schmidt viel gelegen. Was er in der Schorfheide über seinen Respekt vor dem Gast und seine Hochachtung für dessen Arbeit gesagt hatte, war auch so gemeint. Vielleicht hätte er sogar, ohne das Menetekel Polen, die Kraft zu einer Geste auf dem humanitären Feld aufgebracht, die aus dem Treffen im Märkischen einen die Skeptiker widerlegenden Erfolg gemacht hätte. So konnte er nicht mehr als eine Absichtserklärung liefern, die noch dazu unter dem Vorbehalt der „Großwetterlage" verstanden werden wollte.

Als in den Monaten nach der Begegnung immer klarer zu werden schien, daß Helmut Schmidt am Steuer eines leckgeschlagenen Schiffes stand, ließ sich Honecker, widerwillig, wie mir schien, von denjenigen im Politbüro beeinflussen, die so argumentierten wie Paul Verner und sein Gehilfe Haeber, daß mit einer CDU-Regierung manches leichter zu bewerkstelligen sei. Und ich zweifle nicht daran, daß Sendboten wie Haeber in Bonn und in einigen Landeshauptstädten Äußerungen hatten einsammeln können, die eine solche Einschätzung rechtfertigten.

Jene an allen wichtigen Weichenstellungen mitbeteiligten Politbüromitglieder, die Honeckers positive Einstellung zu Helmut Schmidt ohnehin mit verstecktem Mißtrauen begleitet hatten, konnten ihren Generalsekretär in den ersten Monaten des neuen Jahres augenscheinlich für einen restriktiveren Kurs gewinnen. Die Versuche des amerikanischen Präsidenten, die Sowjetunion ökonomisch an die Wand zu drücken, führten zu einer auch die beiden Staaten berührenden Konfrontation zwischen den Großmächten und versorgten die aufs Bremsen bedachten Kräfte in der DDR-Führung mit den erwünschten Vorwänden.

Der Generalsekretär beteuerte bei verschiedenen Gelegenheiten, daß er an den Vereinbarungen von Werbellin festzuhalten wünsche. Auch das ist zu jener Zeit seine wirkliche Meinung gewesen. Nur mochte er inzwischen noch besser verstehen, daß die Sowjetunion unabhängig von dem für sie unbefriedigenden Stand der polnischen Dinge kaum ein Interesse daran haben konnte, daß ihr deutscher Verbündeter mit dem Bonner Gesprächspartner auch nur das kleinste Stück Entspannungspolitik vorführte. So war denn auch bald in der SED-Presse zu lesen, daß sich eigentlich vernünftige Leute in die Ecke einer engstirnigen, unberechenbaren USA-Politik drängen ließen. Das zielte nun genau auf den Bundeskanzler, den man, reichlich unelegant, zu Absetzbewegungen anregen wollte, zu denen man gegenüber dem eigenen Verbündeten in der Frage der übertriebenen Aufrüstung der Sowjetunion bei den Mittelstreckenraketen nicht den Mut fand.

Wieder einmal war im Frühjahr 1982 zu erleben, daß die beiden deutschen Staaten zwar für die Hauptverbündeten ihrer Allianzen die wichtigsten Partner sind, daß ihr Manövrierraum aber nur ausnahmsweise von den Rivalitäten der Großmächte unberührt bleiben kann. Das war bei Honeckers Neujahrsempfang überdeutlich. Bei der förmlichen Gratulation sagte ich dem Staatsratsvorsitzenden, beide Regierungen müßten etwas tun, damit es nach Jahr und Tag mit dem Blick auf das Treffen von Werbellin bei den Deutschen nicht heiße „still ruht der See". Er ließ das unkommentiert.

Später, bei den informellen Gesprächen mit den Missionschefs, kam er auf mich zu. Ich stand gerade mit Kurt Hager zusammen, der im Politbüro die politische Aufsicht über die kulturellen Beziehungen zu uns führt, und versuchte, Hager zu einer Präzisierung seiner Äußerung zu bringen, daß wir auf diesem Feld künftig etwas mehr unternehmen könnten. Honecker nahm unser Thema auf und meinte, wir könnten auch vor der Unterzeichnung eines Kulturabkommens einiges mehr machen. Doch sogleich folgte der mir bekannte Vorwurf: „Sie wissen, woran das bisher gescheitert ist." Er meinte das scheinbar unlösbare Problem der im Krieg aus Berliner Museen ausgelagerten Kunstwerke, die heute zu der in Westberlin residierenden „Stiftung Preußischer Kulturbesitz" gehören. Honecker erwähnte die von der DDR heftig begehrte Nofretete, wobei er sich bei dem Namen verhedderte und die Königin in Notrefete umtaufte, worüber sich aber nur die um uns herumstehenden westlichen Journalisten diskret zu erheitern wagten. Daß er selber lachte, als ihm sein Versprecher auffiel, spricht für ihn.

Honecker zitierte nun zum wiederholten Mal jenen Satz, den er sich irgendwann selber hatte einfallen lassen und den er seither wie ein Panier aufpflanzte: „Die Beziehungen zwischen uns sind besser als ihr Ruf." Der Bemerkung, jeder Beitrag zur Erhaltung des Friedens sei ein Beitrag zugunsten eines besseren Verhältnisses zwischen den beiden Staaten (worin sich abermals die Einladung zur Distanzierung von den Amerikanern versteckte), mußte nicht widersprochen werden. Wie eigentlich bei jedem Gespräch war von den betroffenen Bürgern, den eigentlichen „Subjekten", mit keiner Silbe die Rede. Der Generalsekretär, der sich zu dieser Zeit bereits mit Spaß gerade vor westlichen Kameras zu inszenieren wußte, wollte sich seinen schönen Monolog nicht kaputtmachen lassen. Schließlich gelang es mir doch, seinen Redefluß für einen Augenblick einzudämmen und das einzige mir in diesem Augenblick wichtige Argument auszusprechen, die Deutschen in der DDR und bei uns müßten bald schon die Perspektiven des Werbellin-Treffens spürbar erleben und merken, daß bei seiner Begegnung mit Schmidt etwas herauskommen werde. Ein fast tonloses „Ja" war die ganze Antwort des Generalsekretärs. Dann sagte er: „Ich überlasse Sie jetzt dem Chefideologen" und ging.

Wenige Tage nach dem Neujahrsempfang wurde mir berichtet, daß die SED-Führung allein die Tatsache, daß ich in den Monolog des Generalsekretärs eingebrochen war, als unangemessen betrachtete. Die Missionschefs, so wird erwartet, haben jedes der goldenen Worte des Ersten Mannes aufmerksam zu registrieren. Es gilt als Anmaßung, wenn einer meint, er könne von sich aus ein politisches Gespräch beginnen. Mein Verhalten, hörten wir von einem ranghohen Funktionär, sei „ultimativ" und „fordernd" gewesen. Man habe sich gefragt, was da meine persönliche Meinung und was die Weisung der Bundesregierung sei. Die „Verwarnung" bezog sich auf meine Begegnung mit Honecker auf dem Neujahrsempfang und etwas später auf der Leipziger Frühjahrsmesse.

In den Nachrichtenagenturen war später zu lesen, wir hätten ein „ungewöhnlich" langes Gespräch geführt, eine erhebliche Übertreibung. Vielleicht nicht in den Augen mancher der westlichen und östlichen Botschafter, die sogleich wieder von einem bedeutungsschwangeren deutsch-deutschen Tête-à-tête zu raunen begannen. In den Medien der DDR, die ausführlich über das Zeremoniell berichteten, wurde die Begegnung zwischen Honecker und mir, wie fast immer, ausgespart. Die armen Kerle bei den Zeitungen und beim Fernsehen der DDR können fast sicher sein, daß jede journalistische Reaktion politisches Ungemach auf sie zieht. Bei einem Empfang zum Jahrestag der Gründung der DDR unterhielt sich Honecker mit dem mexikanischen Botschafter Tejada und mir über seine gerade bevorstehende Reise nach Mexiko. Ich erzählte ihm, wie der ehemalige Bundespräsident Walter Scheel, den ich damals auf seiner Mexiko-Reise begleitet hatte, uns vor dem Abflug ermahnt hatte, wir sollten uns beizeiten durch Lektüre mit der großen Kultur des Landes vertraut machen, weil man im Lande selbst leicht die Orientierung verliere. Da ich mein Pensum offenbar geleistet hätte, scherzte Honecker, und nun Bescheid wisse, könne ich ja in seine Delegation eintreten. Es war eine heiter-harmlose Konversation, erfreulich unverkrampft. Später verbreitete die Agentur ADN ein Foto, auf dem, mit Sektgläsern in der Hand, Honecker, Tejada und ich mit lachenden Gesichtern abgelichtet waren. Wenige Stunden später schickte der ADN-Bildchef an alle Zeitungen ein Telex, worin er die Redaktionen anwies, das Bild nicht zu verwenden. Einer der zum Aufpassen bestellten Redakteure war offenbar besorgt, die DDR-Bürger könnten aus dem Foto schließen, so ernst seien die kritischen Mahnungen wegen der Nachrüstung an die Adresse der Bonner Regierung vielleicht gar nicht gemeint, und unterderhand verstünde man sich augenscheinlich ganz gut. Das war einige Monate vor Werbellin. Es durfte nicht so aussehen, als gäbe es zwischen dem Generalsekretär und Schmidts Mann in Ostberlin überhaupt etwas zu lachen. Die „Neue Zeit“, das Blatt der DDR-CDU, verschlief das Fernschreiben von ADN und druckte das Foto. Ich bin sicher, daß tags darauf eine hochnotpeinliche Untersuchung angeordnet worden ist, ob es sich hier womöglich um eine gewollte Panne handelte. Schwerlich, denn die Redakteure der „bürgerlichen“ Zeitungen können sich solche Keßheiten noch weniger leisten als ihre SED-Kollegen. Es ist ein ziemlich hartes Los, in der DDR Journalist zu sein, weil zwar die DDR-Bürger das „Neue Deutschland“ auch zwischen den Zeilen zu lesen verstehen, die Redakteure aber nicht zwischen den Zeilen schreiben dürfen. Die dem erfahrenen Leser neue Entwicklungen anzeigenden Passagen finden sich kaum je in Zeitungsartikeln, außer in solchen, die vom Politbüro in Auftrag gegeben werden. Dann allerdings darf nicht einmal die Interpunktion verändert werden. Es war eine launige Illustration zum Thema Presse und Partei, daß ADN nach einem Gespräch zwischen Honecker und mir den Text eines kleinen Kommuniqués veröffentlichte, den ich vorher entworfen und dem Generalsekretär mit der Frage über den Tisch gereicht hatte, ob er die auf die Gesprächsbereitschaft beider Staaten hinweisende Formulierung gutheißen könne. Mit einer kleinen Änderung billigte er das Papier, in das wir ihn mit allen Staats- und Parteititeln aufgeführt hatten, in dem aber auch der Leiter der Ständigen Vertretung mit seinem Bonner Beamtenrang erwähnt wurde. Diese „Auszeichnung“ war Gaus stets vorenthalten worden, und mir hatte man im MfAA bedeutungsvoll mitgeteilt, daß solche Titel der BRD hierzulande nicht Verwendung fänden. Nun hatte Honecker das übersehen, und kein ADN-Redakteur erkühnte sich zu fragen, ob der Ge-

ZCZC ADN 575 1630 VV

ACHTUNG CHEF VOM DIENST (AUSRUFZ)

WIR BITTEN UNSER FOTO Z 0629/30 N (EMPFANG FUER DIPLOMATISCHES CORPS IM STAATSRAT, DANK VON ERICH HONECKER) NICHT (NICHT) ZU VERWENDEN.

ADN-ZB/BILDCHEF

Das Medium als Botschaft: Ein offizielles Photo der Ostberliner Agentur ADN von einem Empfang Honeckers für das Diplomatische Korps im Sommer 1981 wird Stunden später für die Veröffentlichung in den Zeitungen gesperrt, weil die Redakteure dem Eindruck entgegenwirken wollen, die Beziehungen zwischen Bonn und Ostberlin seien in Wahrheit besser, als die Polemik der SED gegen den Doppelbeschluß vermuten läßt. Rechts der Botschafter Mexikos, Dr. Ricardo Tejada.

nosse Staatsratsvorsitzende – womöglich mit wichtigen Gedanken beschäftigt – in eine „Falle" gelaufen sei.

Es waren nicht Leute aus der unmittelbaren Nähe Honeckers, die mir schon bald nach Amtsantritt anzuhängen suchten, daß ich mich als „hardliner", als Kontrastprogramm zu meinem Vorgänger Günter Gaus darzustellen wünschte. Wäre es tatsächlich mein heimlicher Ehrgeiz gewesen, der Führung bei jeder passenden Gelegenheit die Faust zu zeigen, so hätte ich mich von der Linie entfernt, die mir Helmut Schmidt selber vorgegeben hatte. In Übereinstimmung mit dem Bundeskanzler und seinen für die Deutschlandpolitik zuständigen Mitarbeitern hatte ich mir allerdings vorgenommen, die zwischen uns und der DDR-Führung bestehenden Gegensätze nicht verbal zuzudekken, sondern zu identifizieren, die Substanz der Meinungsverschiedenheiten beim Namen zu nehmen. Darin sah ich einen Beitrag zur Berechenbarkeit des einen durch den anderen. Die Bemühungen meines Vorgängers, neue Modelle, neue Optionen für die Entwicklung der deutschdeutschen Beziehungen auszudenken, waren von Schmidt nicht unterschätzt worden. Dessen intellektuelle Anstrengungen hatte der Kanzler sogar respektiert. Was ihn – nicht ohne Grund – beunruhigte und was mit den Jahren zu einer immer größeren Spannung zwischen dem ersten Leiter der Ständigen Vertretung und dem Kanzleramt geführt hat, war die Kluft zwischen den anregenden Gedankenkonstruktionen von Gaus und der Analyse der Bundesregierung, daß nämlich für einen großen Sprung nach vorn sowohl bei uns als auch bei Honecker die Voraussetzungen fehlten. Zudem war nicht auszuschließen, daß die DDR-Führung die durchaus interessanten Konzepte des Bonner Vertreters für bare Münze und dann auch als Meßlatte für unseren guten Willen nehmen würde. Daß sich diese Spannungen irgendwann auch in persönlichen Gereiztheiten entluden, die bald pressenotorisch wurden, erklärte sich aus dem Argwohn des für die Bundesregierung in Ostberlin tätigen Staatssekretärs, daß der Kanzler Helmut Schmidt die Deutschlandpolitik mehr oder minder als „quantité négligeable" behandelte. Gaus äußerte damit einen Verdacht – wenn auch nur in kleinem Kreis –, den ich schon zu Beginn meiner Arbeit von manchen Bürgern der DDR ausgesprochen hörte. Zumal in intellektuellen und Künstlerkreisen, aber auch in Kreisen der Evangelischen Kirche hatte sich das Bild von einem Kanzler festgesetzt, der, anders als Willy Brandt, die große geschichtliche und moralische Herausforderung, die in der Existenz zweier deutscher Staaten liegt, nicht wahrhaben wolle. Schmidt richte sich als gelernter Ökonom stets nur an „Kosten-Nutzen"-Kriterien aus und sehe obendrein den Umgang mit den kleinkarierten DDR-Funktionären und dem scheinbar entscheidungsschwachen Mann an der Spitze als verschwendete Zeit an. Diese Gruppen in der DDR fühlten sich obendrein sehr sicher, daß bei Schmidt eine emotionale Beziehung zu dem anderen Teil Deutschlands nicht zu entdecken sei. Dieses Bild war eine grobe Karikatur der wirklichen Einstellung Schmidts zur DDR. Zutreffend war nur, daß der Kanzler Honecker anfänglich als einen „ungeheuer vorsichtigen, auch gehemmten Mann" einschätzte und daß er sich bis zu der zweiten Begegnung in Belgrad im Mai 1980 nicht vorstellen konnte, daß Honecker zum Partner für sinnvolle politische Abreden tauge.

In Belgrad nämlich, am Tag der Beisetzung von Marschall Tito, hatte der Generalsekretär auf eindringliche Weise dafür geworben, Schmidt möge trotz des rauhen internationalen Klimas, trotz der Verbitterung, die „unsere sowjetischen Freunde" über den Boykott der Olympischen Spiele empfänden, an seinem Besuch in Moskau festhalten. Beide deutsche Staaten sollten bemüht sein, negative Wirkungen der Afghanistan-Krise von sich fernzuhalten oder doch einzudämmen. Da hatte der Kanzler zum ersten Mal bemerkt, daß der Saarländer mehr politisches Gewicht hatte, als sein Habitus vermuten ließ.

Richtig ist auch, daß Schmidt, obwohl ihm die Ungeduld mancher DDR-Protestanten mit der Bonner „Bewegungslosigkeit" nicht entgangen war, seine Aktivitäten in den Jahren der von zwei Ölpreiserhöhungen verursachten weltweiten Rezession meist nur dann auf die deutschdeutschen Angelegenheiten konzentrieren konnte, wenn es zwischen Bonn und Ostberlin zu Kollisionen kam. Allerdings hat der Kanzler jener Jahre genau gewußt, daß seine Kraft als Chef einer Koalitionsregierung nicht ausreichen würde, alle jene Hürden zu überspringen, die sich einer von Willy Brandt mehrfach geforderten „Anhebung der Qualität" der Beziehungen zwischen den beiden deutschen Staaten innenpolitisch und bündnispolitisch in den Weg stellten. Defaitistisch war seine Haltung zum Thema der geteilten Nation nie gewesen. Früher als andere hatte sich Schmidt von der nur der Selbsttäuschung dienlichen Wiedervereinigungsrhetorik entfernt. Die Anstrengungen eines Mannes wie Herbert Wehner, der mehr Tuchfühlung zu schaffen versuchte, hatte er mit Überzeugung unterstützt.

Zu einer Politik der Vorleistungen war er nur dann bereit, wenn er auf der anderen Seite die Möglichkeit und den Willen zur Kurskorrektur erkennen konnte. Das Urteil des Bundesverfassungsgerichts zum Grundlagenvertrag, das Ergebnis der von Franz Josef Strauß herbeigeführten Normenkontrollklage, hatte Helmut Schmidt wiederholt bedauert und als unsinnige Fessel für unsere Deutschlandpolitik kommentiert. Auch war dem Kanzler gut erinnerlich, daß der FDP-Vorsitzende Genscher, den er in Werbellin als Partner einer um Fortschritte bemühten Deutschlandpolitik gelobt hatte, in der Mitte der siebziger Jahre für eine die Tabus zwischen Bonn und Ostberlin aufbrechende Politik nicht zu haben gewesen war. Jetzt war Genscher an Bewegung interessiert. Zugleich ängstigte ihn die Vorstellung, daß zum Beispiel bei einer Regelung der noch offenen Elbgrenze die CDU/CSU ein weiteres Mal nach Karlsruhe gehen und dort den Verzicht auf das in Wahrheit unerreichbare Ostufer als verfassungswidrig denunzieren würde. Deshalb blockierte er jedes Gespräch zwischen uns und Ostberlin über dieses Thema.

Nicht Spurenelemente kaltkriegerischen Denkens, wie uns von manchen DDR-Bürgern vorgehalten worden ist, hemmten den Kanzler. Es war die Einsicht in vielfältige Zwänge, aus denen wir uns nicht aus eigener Kraft befreien konnten. Schöpferische Phantasie im deutschlandpolitischen Nachdenken war das eine, die Erkenntnis, daß wir weder das Verfassungsgericht noch die der Union angehörenden Ministerpräsidenten erfolgreich unter Druck setzen konnten, war das andere. Überdies erlebten wir in der Regierungszeit von Helmut Schmidt die andere Seite auch vor den dramatischen Veränderungen in Polen nicht als besonders kooperationswillig in jenen Fragen, die wir im Sinne des Grundlagenvertrags als Beiträge zu „normalen gutnachbarlichen Beziehungen" hätten würdigen können, ohne von der Opposition wieder einmal als „vaterlandslose Gesellen" angeschwärzt zu werden. Einem Mann wie Herbert Wehner hätte das nichts ausgemacht. Er war so oft geprügelt und diffamiert worden, daß er das Getöse der rechten Gruppierungen in der CDU/CSU eher in Kauf nahm als Helmut Schmidt oder gar der Vizekanzler. Und doch habe ich mich manchmal gefragt, ob wir die Rücksichtnahme auf diejenigen in der Opposition nicht bisweilen übertrieben haben, denen schon der Grundlagenvertrag als ein Dokument der Unterwerfung unter die Aufweichungsstrategie Ostberlins vorkam.

Die Verärgerung der konservativen SED-Funktionäre über meinen angeblich fordernden Stil des Umgangs mit ihren führenden Genossen hatte mit dem Verdacht zu tun, daß ich mit dem Auftrag nach Ostberlin gekommen war (oder mir selber den Auftrag gegeben hatte), durch mein Argumentieren und auch durch meinen Stil die von Honecker und anderen Mal um Mal herausgestellte Tatsache zu dementieren, daß für die Beziehungen zwischen souveränen Staaten „das gleiche internationale Recht" gelte. Dabei war ich seit langem überzeugt, daß wir trotz der Unversöhnlichkeit der politischen Systeme die DDR wegen der Landsleute und wegen ihrer Führung nicht als einen Staat zweiter Klasse behandeln durften. Verweigert habe ich mich allerdings dem Anspruch, der von den Vertretern des DDR-Außenministeriums sowohl gegenüber Gaus als auch gegenüber dem Nachfolger mit Härte gestellt worden ist: Wir seien in jeder Hinsicht genauso Diplomaten wie die Missionschefs von Dänemark oder Indien und hätten uns haargenau so zu verhalten. Diese Fiktion war nicht erträglich. Im Protokollarischen mochte das angehen, nicht im tatsächlichen politischen Verhalten. Das hätte ich auch innerlich nicht geschafft. Die Ständigen Vertreter der DDR am Rhein, erst Michael Kohl und nachher Ewald Moldt, gaben vor, das mühelos zu leisten, obendrein tief davon überzeugt, damit etwas Gutes zu tun.

Als mir Moldt kurz vor meiner Abreise in die DDR das protokollarisch übliche Essen gab, sprachen wir über die Beziehungen zwischen den beiden Kirchen. Zu dieser Zeit war ich mit dem Denken jener DDR-Diplomaten noch nicht sehr vertraut, die auch nicht um Zentimeterbreite von der Linie abweichen und zeitweilig unfähig zu sein scheinen, anders zu reden, als das Parteiorgan „Neues Deutschland" schreibt. Er sehe für die Kommunikation zwischen der EKD und dem Bund der Evangelischen Kirchen, anders als von mir angedeutet, überhaupt keine Schwierigkeiten, sagte Moldt. „Die Beziehungen zwischen unseren Kirchen und Ihren Kirchen werden problemlos sein, wenn sie sich genauso abwickeln wie die zwischen den Protestanten in der Deutschen Demokratischen Republik und denen in der Republik Tansania." Das war bewußt kaltschnäuzig gesagt. Die Moldt-Äußerung war nicht durch Übereifer inspiriert. Sie ist exemplarisch für das Denken seiner Obrigkeit. Tansania und die „BRD" als gleichrangige Partner der DDR – das ist Traum jener Diplomaten im MfAA, die wie ihr Außenminister Oskar Fischer in Werbellin so gern und häufig darauf hinweisen, die „BRD" sei „im Ministerium eine Abteilung wie jede andere". Daß die Wirklichkeit sich solchen Projektionen allmählich fügen wird, das wollen sie glauben.

Dem Saarländer Honecker gelingen solche Autosuggestionen, wie ich erlebt habe, weniger gut als manchen seiner Freunde im Politbüro. Wie ich notiert habe, fasziniert Erich Honecker das akademisch-spröde, unschön klingende Wort von den „Völkerrechtssubjekten", die wir seien, DDR und BRD, woraus wir, die Bonner, endlich die „unausweichlichen praktischen Schlußfolgerungen zu ziehen" hätten. Aber wie soll er es anstellen, daß er diesem vertrackten Deutsch-Sein entkommt? Das schafft er nicht. Und das verleitet ihn zu Gedanken, mit denen er als der Mann, auf den alle hören, die Tansania-Ideologie außer Kraft setzt. Da ist ein Konflikt, der ihn nicht zur Ruhe kommen läßt. Mag er auch immer wieder Donnerkeile gegen uns schleudern, weil wir „großdeutschen Kaminträumereien" nachhängen; er selber, wenn er in seinem Refugium am märkischen Wandlitzsee inmitten schöner Bilder (auch eines Picasso) ins Träumen gerät, träumt „unausweichlich" deutsch. Und weil er, insofern stets ein altmodischer Kommunist geblieben, kein Vergnügen daran hätte, wie sein verstorbener Freund Breschnew eine Marschalls-Uniform mit vielen Orden anzulegen, gestattet er sich andere Eitelkeiten.

Die Rehabilitierung nicht nur der ausgewiesen fortschrittlichen Preußen, sondern auch derer, bei denen da Zweifel geboten sind, hat schließlich damit zu tun, daß er sich nicht unwillig in die Reihe der Schicksalslenker der Deutschen würde einreihen lassen. Da haben die alten Leute an der Saar, die ihn noch aus Wiebelskirchen kennen, ganz recht, wenn sie nicht lange nach dem demokratischen Mandat ihres Erich mit dem Strohhut fragen, sondern feststellen, daß der Herr Staatsratsvorsitzende für die neueste Geschichte der Deutschen mehr Gewicht hat als die Familie Stumm, die einst das Saarrevier beherrschte. So betrachtet ist Erich Honecker, anders als Hermann Axen oder Paul Verner, ähnlich aber seinem Freund Günter Mittag und dem ihm nicht so unbedingt gewogenen Willi Stoph für uns inzwischen berechenbar. Mit dem Eindruck, einen Mann getroffen zu haben, der scharfen Verstand, politischen Instinkt und obendrein eine sehr deutsche Mentalität hat, ist auch Franz Josef Strauß von seinem Besuch bei Honecker in der Schorfheide im Juli 1983 zurückgekehrt. Seinen Vertrauten entwarf er ein Bild des Generalsekretärs, das Helmut Schmidt kaum anders gezeichnet hätte.

Als ich Helmut Schmidt nach meinem Wechsel das erste Mal in seinem Arbeitszimmer traf, wußte er schon, daß Mitarbeiter der DDR-Vertretung auf Bonner Gesellschaften, vorzugsweise gegenüber Sozialdemokraten, stichelten, in Ostberlin gewinne man allmählich den Eindruck, der Bölling verkehre lieber mit evangelischen Bischöfen, ja selbst mit einfachen Pfarrern, als, wie das doch seine Pflicht sei, mit dem für ihn zuständigen Ministerium für Auswärtige Angelegenheiten. Der Kanzler hatte das von einem seiner Vertrauten etwas sorgenvoll erzählt bekommen. Er setzte zu einer freundschaftlichen Belehrung an, die ernst gemeint war und von mir auch ernstgenommen werden sollte. „Wissen Sie, Klaus", sagte Helmut Schmidt, „das läuft doch mit den Botschaftern, die wir zu den Kommunisten schicken, immer wieder so: Erst wollen die alles neu und besser machen und verdrängen, daß sie es nun mal mit Kommunisten zu tun haben, dann merken sie, daß das alles andere als begeisterte Demokraten sind, und es packt sie der Zorn, und schließlich sehen sie ein, daß sie mit ihrer ganzen Diplomatie wenig bewegen, und dann resignieren die meisten."

Augenscheinlich war einer meiner Parteifreunde im Umkreis des Kanzlers von den Anschwärzungen durch das Haus Moldt nicht ganz unbeeindruckt geblieben. Schmidt hatte mich früher manchmal gefrotzelt und von einer „fortschreitenden Degeneration zum Diplomaten" gesprochen, wenn ich barsche Bemerkungen in seinen Interviews zu verhindern suchte. Eine Mahnung schloß sich gleich an. Auf meinen Einwand, daß die DDR schließlich nicht Ausland sei und daß es deshalb Unterschiede zu den Botschaftern in anderen Ländern geben müsse, antwortete er lakonisch: „Das ist ja richtig, aber schonen Sie doch die Empfindlichkeit dieser Leute, wenn denen solche Formen so wichtig sind."

Es ist mir nicht immer ganz leicht geworden, diesen Rat im Umgang mit solchen Vertretern der Gastregierung zu beherzigen, die wie der stellvertretende Außenminister Kurt Nier in kalter Bürokratenmanier das deutsch-deutsche Verhältnis so behandelten, als habe man es allein mit „Völkerrechtssubjekten" zu tun und als seien die sechzehn Millionen auf der einen und die sechzig Millionen auf der anderen Seite der Elbe nur Versatzstücke, bestenfalls Statisten, bei denen sich die große Außenpolitik nicht weiter aufhalten müsse. Da waren Emotionen schwer zu unterdrücken. Den idealtypischen Vorstellungen der MfAA-Herren von einem ordentlichen Diplomaten zu entsprechen, war freilich nicht mein Ehrgeiz. Es lag ja keine besondere Leistung darin, daß die Landsleute, die viel fleißiger als die meisten Westdeutschen die Informationssendungen unseres Fernsehens verfolgen, einen Regierungssprecher von gestern leicht erkannten. Wenn manche auch gelegentlich flachsten und zu erkennen gaben, daß man ja in Bonn manches Mal „um den heißen Brei herumgeredet" habe, so war es doch angenehm und machte Mut, daß einen die Nachbarn Sympathie spüren ließen. Solche Zeichen der Zuneigung galten stets auch dem Bundeskanzler Schmidt, von dem die DDR-Bürger schon vor dem Treffen in Werbellin wußten, daß er gegen die Boykottpolitik Carters und gegen die kalifornische Ideologie Reagans starke Vorbehalte hatte. Es war eine gewisse Versuchung, Gespräche, die sich bei den Reisen durch die Bezirke ergaben, so zu führen, als sei man ein Besucher aus dem Westen. Viele solcher unbeobachteten Begegnungen hat es nicht gegeben, konnte es gar nicht geben. Natürlich habe ich mich nicht ein einziges Mal mit einem DDR-Bürger „konspirativ" getroffen. Die Gefährdung hätte ja auch viel eher bei denen gelegen, die meine Hilfe in Anspruch nehmen wollten. Ohnehin machte es die Fernseh-Bekanntheit für die ehemaligen Journalisten Gaus und Bölling fast unmöglich, sich in einer Kneipe in Ostberlin oder in der Provinz mit ganz normalen Bürgern zusammenzusetzen, ohne Aufmerksamkeit zu erregen. Als besonders systematisch habe ich die Beschattung durch die „Organe" allerdings nicht erlebt. Sie gaben sich, wenn sie mit einer Observation beauftragt waren, kaum je Mühe, sich zu verstecken. Meine Begleiter und ich haben bald gewußt, daß der Sinn solcher Begleitung darin lag, mich vorbeugend von Kontakten abzuschrecken. Da die erste Frage, die sich unsereins bei Unterhaltungen mit DDR-Deutschen zu stellen hatte, lautete: Bringst du Herrn X oder Frau Y nicht auch dann in eine prekäre Lage, wenn die Initiative von denen ausgeht?, brauchte der Staatssicherheitsdienst über meine Reisen kaum dicke Kladden anzulegen. Und doch, so weiß ich, haben die zuständigen MfS-Leute geargwöhnt, daß ich mich missionarisch zu betätigen suchte. Auch in den höheren Rängen des Staatssicherheitsdienstes kommt man von der fixen Idee nicht los, daß nahezu jeder BRD-Bürger seine Gesprächspartner in Rostock oder Dresden zu mißgünstigen oder feindseligen Äußerungen über die Führung zu provozieren oder mit propagandistisch verklärten

Bildern aus dem freien Westen defaitistisch zu stimmen sucht.

Meine Erfahrungen waren ganz anders. Nach bald dreieinhalb Jahrzehnten DDR entziehen sich die meisten einem politischen Gespräch. Sie verlassen nur widerwillig ihre Deckung oder urteilen in einer so realistischen Manier über den eigenen Staat, daß schon manche westdeutschen Besucher mit dem Eindruck abgereist sind, ihre Freunde und Verwandten hätten sich augenscheinlich ganz gut mit dem kommunistischen Regiment arrangiert. So richtig die Beobachtung ist, daß die meisten Deutschen in der DDR politischer denken als die Mehrheit bei uns (weil es anders gar nicht geht), so unwiderlegbar scheint mir die andere Beobachtung zu sein, daß sie eine tiefe Sehnsucht nach einem Leben empfinden, das ihnen zumindest die Möglichkeit bietet, sich zeitweilig von aller Politik zu entfernen. Manche der deutsch-deutschen Zwiegespräche werden von den DDR-Nachbarn als bedrückend erlebt, weil die Besucher aus Hamburg oder Frankfurt allzu oft in gutgemeinter therapeutischer Absicht ihre Wohnungen betreten, Trost über das Unabänderliche zu spenden suchen oder ihren Freunden absichtlich eine Bundesrepublik zeichnen, die den DDR-Deutschen einen Wechsel als gar nicht so erstrebenswert erscheinen lassen soll.

Im Nachdenken über die Motive eines Mannes wie Erich Honecker in deutsch-deutschen Zusammenhängen bin ich am Ende meiner knapp anderthalbjährigen Arbeit in seinem Gravitationsfeld zu dem Schluß gekommen, daß er bis heute weder emotional noch intellektuell den Konflikt hat bewältigen können, der aus dem Wunsch nach uneingeschränkter Souveränität und der Einsicht folgt, daß das Schicksal seines Staates mit dem des westdeutschen unauflöslich verknüpft bleiben wird. Aller Wahrscheinlichkeit nach wird sich Honecker eines Tages in der Prophezeiung bestätigt finden, daß gutnachbarliche Beziehungen zwischen den beiden Deutschland „einzig und allein durch die allgemeingültigen Normen des internationalen Lebens bestimmt" werden. Nur wird er es dann immer noch schwierig finden, jenen Satz zu glauben, den er dieser Feststellung meist hinterherschickt: „Irgendwelche besonderen Beziehungen (mit der Bundesrepublik) zu konstruieren, ist aussichtslos.“ Das sei, so hat er bei vielen Gelegenheiten nach Bonn gerufen, „politischer Ballast, den man schnell loswerden“ solle. Er wird ihn zu Lebzeiten nicht abschütteln können, noch wird das vermutlich denen gelingen, die ihm nachfolgen.

Das Drängen auf die Zusammenkunft mit dem Kanzler Schmidt im Dezember 1981 in der Mark Brandenburg ist für mich immer noch der stärkste Beweis dafür, daß die „deutsche Frage“ auch für den Generalsekretär Erich Honecker auf besondere Weise „offen“ ist. Über die Egon-Bahr-These vom „Wandel durch Annäherung“ wird der SED-Generalsekretär kaum je länger nachgedacht haben. Er ist kein Mann von Visionen. Seine Neigung für Helmut Schmidt hat damit zu tun, daß auch er sich als Pragmatiker begreift. Das hat ihn nicht daran gehindert, über die zwei Staaten in Deutschland in geschichtlichen Kategorien nachzudenken und sich Perspektiven auszudenken. Aus taktischen Gründen, weil er genau wie wir vor jedem wichtigen Zug die Interessen seiner Bündnispartner zu bedenken hat, ist von ihm viele Male eine Art Junktim zwischen der „Großwetterlage“ und innerdeutschen Fortschritten geflochten worden. Das bleibt auch künftig die Linie.

Aber da ist noch ein anderer Gedanke, den er unmittelbar nach dem Werbelliner Treffen in einem mit größter Sorgfalt redigierten Interview mit dem SED-Zentralorgan „Neues Deutschland“ ausdrücken wollte: „Gerade in einer Situation, in der sich die internationale Lage verschlechtert, gewinnen die Beziehungen zwischen der Deutschen Demokratischen Republik und der Bundesrepublik Deutschland Gewicht als Faktor für Frieden und Stabilität in Europa. Wenn wir uns dessen bewußt sind, kann es Schritt für Schritt weitergehen. Wir sind dazu bereit.“

Das war keine Schönrederei. Das Selbstbewußtsein des Saarländers hat erheblich zugenommen. Die demokratische Legitimation entbehrt er nicht. Seine Sicherheit bezieht er seit einigen Jahren aus der Erkenntnis, daß die Zeit über alle Wiedervereinigungskonzepte der Adenauer-Ära hinweggegangen ist, daß der Frieden nach allgemeinem Konsens in Ost und West eben doch ein höheres Gut ist als die dem Gedanken der Freiheit gewidmeten Artikel, die sich auch in der Verfassung der DDR finden.

In seiner Autobiographie rühmt sich Erich Honecker seines Anteils am Bau der Mauer. Zehn Jahre später scheint er nicht mehr sonderlich stolz auf dieses Datum seines politischen Lebenslaufs zu sein. Er muß nicht länger fürchten, daß die Imperialisten, wie sein Außenminister einmal sagte, mit klingendem Spiel durch das Brandenburger Tor einmarschieren wollen. Wenig wahrscheinlich, daß er in seiner Amtszeit noch die Weisung wird geben können, den „antifaschistischen Schutzwall" zu schleifen. Daß dies überhaupt eines seiner Ziele ist, für die er Politik macht, ist mir lange Zeit zweifelhaft erschienen. Die Gespräche mit ihm, wenn ich mir alle Nuancen in Erinnerung rufe, lassen mich vermuten, daß Honecker die Mauer überflüssig machen möchte. Auch deshalb, weil er sich im Westen Deutschlands und vor den Bürgern seines Staates zu rehabilitieren wünscht. Er könnte sich dadurch als Deutschlandpolitiker ein Denkmal setzen, das so bald nicht bröckeln würde. Die Forderungen in seiner Rede von Gera sind einige der Bauelemente eines solchen Denkmals. Wir könnten ihm helfen, die Mauer wegzubringen. Einer seiner Vertrauten meinte nach Werbellin: „Sie sind in einem Magazin mit der Bemerkung zitiert, es habe sich etwas Besonderes zwischen Honecker und Schmidt entwikkelt. War das nur eine Höflichkeit des ehemaligen Regierungssprechers?" Nein, habe ich damals geantwortet; meine Äußerung war auch nicht sentimental gemeint gewesen. Ich habe keine ungewöhnliche Affinität des einen für den anderen bemerkt. Das Besondere liegt darin, daß beiden zu keiner Zeit vorher so stark bewußt geworden ist, daß, gleichviel ob Kommunismus oder ob soziale Marktwirtschaft, ob freiheitlich demokratische Grundordnung oder real existierender Sozialismus, ein neuer Krieg womöglich gar nicht mehr weit weg ist und daß sich die Deutschen in beiden Staaten nicht wie Lemminge verhalten dürfen.

In den letzten Märzwochen 1982 hatte ich mich auf die Rückkehr ins Presseamt einzurichten. Einige meiner guten

Freunde meinten, daß ich dem Kanzler über sechseinhalb Jahre „bis zum Umfallen gedient" hätte und jetzt „ruhig mal nein sagen" solle. Nach einem Gespräch mit Helmut Schmidt in seinem Hamburger Haus gab es für mich allerdings keinen Zweifel: Wenn er selber meinte, daß ihm mit der Nähe von Hans-Jürgen Wischnewski und mir auch emotional das Regieren im Zeichen des heraufziehenden Stahlgewitters leichter fallen werde, dann waren, so wie sich unsere Beziehung seit dem Mai 1974 entwickelt hatte, alle denkbaren Gegenargumente von nur geringem Gewicht.

Es schmerzte mich, daß der von mir wegen seines klugen Urteils und seiner menschlichen Noblesse geschätzte Kurt Becker abgelöst werden sollte. Einige Leute versuchten, mich in einen Gegensatz zu ihm zu bringen. Er selber wußte, daß ich mir vor dem Wechsel in die DDR Mühe gegeben hatte, ihn mit dem Amt vertraut zu machen. Das war von ihm gegenüber anderen stets anerkannt worden. Die Unterstellung einiger Journalisten, mir habe in Ostberlin der Glanz des Fernsehens gefehlt und ich sei dem Ruf des Kanzlers zurück nach Bonn gern gefolgt, war abwegig. In Ostberlin hatte ich auch über die Arbeit eines Regierungssprechers selbstkritisch nachzudenken begonnen. Den Kanzler hatte ich nach der Bundestagswahl 1980 ja nicht bloß deshalb um eine neue Aufgabe gebeten, weil ich nach zwei gesundheitlichen Krisen Angst vor einem richtigen Kollaps bekam. Mich bedrückte damals mehr und mehr der unentrinnbare Zwang, schwierige Sachverhalte Mal um Mal zu verharmlosen oder zu schönen und zu immer neuen Gratwanderungen anzusetzen, bei denen man ziemlich allein unterwegs war. Es war die psychische Erschöpfung durch die fast ständig Präsenz verlangende Tätigkeit vielleicht noch größer gewesen als die körperliche und nervliche Anspannung. Wäre Helmut Schmidts Bitte nicht so dringlich und ernst gewesen, hätte ich nicht schon Anfang des Jahres geahnt, daß die letzte Strecke seiner Kanzlerschaft begonnen hatte, dann wäre ich bestimmt in Ostberlin geblieben, wissend natürlich, daß ich einen Regierungswechsel auch dort nur um Tage politisch überlebt hätte.

Weil die Spekulationen über einen Wechsel im Presseamt durch die Zeitungen gingen, wünschten auch meine DDR-Freunde bald zu wissen, ob ich denn einfach „desertieren“ wolle, nur weil der Bundeskanzler plötzlich entdeckt habe, daß das alte „Kleeblatt“ seinem seelischen Befinden zuträglicher gewesen sei. Ob denn die DDR für Schmidt doch bloß einen minderen „Stellenwert“ habe. Daß damals nicht wenige Landsleute, darunter auch solche, die mich anfänglich als „hardliner“ verdächtigt hatten, zu erkennen gaben, daß sie mich eigentlich ganz gern und für eine längere Weile in der Hannoverschen Straße hätten sehen wollen, war eine schöne Genugtuung, aber auch so etwas wie eine Verpflichtung.

Eine nächste Unterhaltung mit Helmut Schmidt ließ mich erkennen, daß er trotz seiner großen Hochachtung vor Kurt Becker den Wechsel für zwingend hielt, obwohl die Gründe sicher nichts mit dem guten menschlichen Verhältnis zwischen den beiden zu tun hatten. Die Form der Trennung war gar nicht gut. Was ich leisten konnte, um in Gesprächen mit dem Kanzler darauf hinzuwirken, daß Kurt Becker Gerechtigkeit geschehe und daß seine tiefe Verletzung durch den Dienstherrn geheilt werde, habe ich damals getan.

Bei der Begegnung, die darüber entschied, daß ich nach Bonn zurückkehrte, bat ich Schmidt, daß er die Gründe für meine vorzeitige Abberufung nun sehr schnell in einem Telefonat dem SED-Generalsekretär offen begründe. Es dürfe knapp ein halbes Jahr nach Werbellin auch keine Vakanz eintreten. Wen ich vorzuschlagen hätte, fragte er. Für mich war Hans Otto Bräutigam der beste Mann. Er kannte als ehemaliger Vertreter von Gaus das Ostberliner Gelände wie kein anderer. Er war als Leiter des Arbeitsstabes Deutschlandpolitik im Bundeskanzleramt an allen operativen Bewegungen der Deutschlandpolitik auch planerisch beteiligt gewesen und beobachtete die Beziehungen zwischen uns und Ostberlin jetzt als Unterabteilungsleiter im Auswärtigen Amt. So wie sein Nachfolger im Bundeskanzleramt, der urteilssichere und auf allen Feldern der Deutschland- und Berlin-Politik beschlagene Ministerialdirigent Hermann Manfred von Richthofen, war er für mich als Regierungssprecher ein wichtiger Ratgeber gewesen.

Es war vorherzusehen, daß die DDR-Führung nach zwei gelernten Journalisten einen gelernten Diplomaten nicht ungern empfangen würde, als Abschlagszahlung auf die von uns vorerst nicht zu erfüllende Forderung nach einer Umwandlung der Vertretung in eine Botschaft.

Helmut Schmidt hatte stets eine gute Meinung von dem sehr politisch denkenden Berufsbeamten Bräutigam und wußte, daß er, obgleich parteilos, die Ostpolitik von Brandt und Scheel von Anfang an mit Überzeugung bejaht hatte. Bräutigam war zudem bei Egon Bahrs Verhandlungen über den Grundlagenvertrag einer von dessen wichtigsten juristischen Ratgebern gewesen.

Es fügte sich, daß gerade in dem Augenblick, da ich dem Kanzler die Vorteile einer Lösung Bräutigam erläuterte, der Vizekanzler den Regierungschef dringlich zu sehen wünschte und wenig später hereinkam. Schmidt nutzte die Gelegenheit, ihm das geplante Revirement mitzuteilen. Der allezeit und aus dem Stegreif zu Überraschungen fähige Außenminister: „Ja, ein guter Mann, und er ist ja auch Sozialdemokrat." Schmidt sah mich fragend an. Da ich es besser wußte, antwortete ich: „Das wäre auch für Bräutigam neu, Herr Vizekanzler." Genscher tat verwundert. Er konnte wirklich nur so tun, denn da er sich über die Jahre zielstrebig und erfolgreich bemüht hatte, die wenigen Sozialdemokraten in den höheren Rängen des Auswärtigen Amtes unter vielerlei Lobsprüchen zu exmittieren, wußte er ganz bestimmt, daß Hans Otto Bräutigam nicht in der SPD zu Hause war.

Kurz darauf kam das Telefonat zwischen dem Kanzler und Honecker zustande, der schon seit Tagen wissen konnte, daß Helmut Schmidt in seiner nächsten Umgebung das „ancien régime" wiedereinsetzen wollte. Der Kanzler sagte ihm mit einer Offenheit, die vor den langen Gesprächen in Werbellin nicht vorstellbar gewesen wäre, daß er, Schmidt, vielleicht einen Fehler gemacht habe, als er die ihm über lange Jahre vertraut gewordenen Mitarbeiter hätte gehen lassen. Honeckers Bedauern über meine Abberufung wirkte auf Schmidt ehrlich, war allerdings auch nicht wortreich. Von Bräutigam hatte der Generalsekretär bereits eine Vorstellung. Seine Reaktion war genauso, wie ich sie dem Kanzler vorhergesagt hatte. In der Person des künftigen Bonner Vertreters in der „Hauptstadt der DDR" erkannte Honecker einen richtigen Diplomaten. Er fand freundliche Worte für meine Tätigkeit als Regierungssprecher, die mir Schmidt etwas süffisant wiederholte. Offenkundig wollte der Generalsekretär dem Bonner Kanzler etwas menschliche Wärme vermitteln, weil er spürte, daß Helmut Schmidt nicht in der besten Verfassung war.

Honecker hat es kaum gestört, daß ich mit ihm und seinen Mitarbeitern gelegentlich offener und direkter und ohne die in Bonn zuweilen in Notwehr, weniger aus Neigung geflochtenen Girlanden geredet habe. Vielleicht hat er es lohnend gefunden, über den Austausch der sattsam bekannten Standpunkte hinweg mit Besuchern aus dem Westen ein offenes politisches Gespräch zu führen.

Für Oskar Fischer, der außerhalb der Amtssphäre ein bescheiden auftretender Mann ist, der seine Unsicherheit nach außen durch die Attitüde des weltläufigen Diplomaten zu kompensieren sucht, blieb ich wohl bis zum letzten Tag ein uneinsichtiger Propagandist der „besonderen Beziehungen", durch den er sich nicht richtig verstanden und gewürdigt fand. Oskar Fischer war es denn auch, der zu Honecker gelegentlich nörglerische Bemerkungen über mich machte, auch deshalb, weil ihm von anderen berichtet worden war, daß ich mir von Unterhaltungen mit den meisten seiner Beamten für die deutsch-deutsche Sache nicht viel erhoffte und, mit dem Kanzler Schmidt im Rükken, auf einen einigermaßen stetigen Gedankenaustausch mit dem Generalsekretär und auf konzentrierte Sachgespräche mit seinen engsten Vertrauten setzte. Das wurde mir im MfAA als Hochmut ausgelegt. So strahlte denn der Außenminister, als Honecker nach der Ankunft Schmidts in Hubertusstock bei einem Begrüßungstrunk mir zuprostete: „Der Herr Bölling lernt jetzt, Diplomat zu sein." Eine Warnung war das nicht, die Fischer vielleicht heraushören mochte. Für Honecker mochte wichtig sein, daß ich nach fast jeder unserer Begegnungen auf Wunsch des Kanzlers oder weil ich es selber angeregt hatte, nach Bonn flog, dem Regierungschef unmittelbar berichtete und mit ihm über alle aktuellen deutschlandpolitischen Themen redete.

Mit Interviews, die Fischer fast immer mißfallen hatten, war ich sehr sparsam geworden. Doch gerade nach Werbellin versuchte ich, dem auch von liberalen Blättern verbreiteten Eindruck entgegenzuwirken, wir hätten in der Schorfheide trügerische Hoffnungen geweckt. Honeckers Bereitschaft, „praktische Fragen zu lösen, an denen die andere Seite (also Bonn) Interesse hat", war nicht simuliert. Der Generalsekretär hatte sich so stark mit dem „Geist von Werbellin" vermählt, daß es töricht gewesen wäre, ihn wenige Monate danach als politischen Defraudanten darzustellen. Das Werbellin-Echo auch solcher westdeutschen Blätter, die in aller Regel für Bewegung und für etwas mehr Phantasie und Wagemut in der deutsch-deutschen Politik eintraten, war immer ungünstiger geworden. Selbst jene Leitartikler, die so gern vom langen Atem geschrieben hatten, den die Deutschen hüben und drüben nötig hätten, beschuldigten den Kanzler, er habe in Werbellin den Mund zu voll genommen, als er die Journalisten auf spürbare Ergebnisse im Lauf des Jahres 1982 vertröstete. Wie schon so oft in der Vergangenheit zeigte sich abermals die ganz und gar westdeutsche Betrachtungsweise zahlreicher unserer parlamentarischen und journalistischen Kritiker. Daß Honecker bald nach dem Treffen die Kriterien für die Genehmigung von Reisen in dringenden Familienangelegenheiten zugunsten seiner Bürger erweiterte, schien auch mir zunächst ein karges Honorar für Schmidts innenpolitisch doch nicht risikoloses Reiseunternehmen zu sein. In Gesprächen mit Freunden oder Nachbarn in meiner Kneipe in Niederschönhausen lernte ich besser verstehen, daß der verschlissene Begriff von der Politik der kleinen Schritte von den Deutschen in der DDR meist viel politischer gedeutet wird als von uns, die wir mit diesem Wort häufig nur unsere eigene Ungeduld darüber zu beschwichtigen suchen, daß nach der Unterzeichnung des Grundlagenvertrages, der Verkehrsabmachungen und des Transitabkommens größere Schritte nicht mehr hatten getan werden können.

Ganz falsch lag Honecker nicht, wenn er mir einmal vorgehalten hatte, daß wir in Bonn eine Bringschuld immer nur bei der DDR ansiedelten. Dabei unterschätzte er sicherlich nicht die respektablen Summen, die aus der Bundeskasse in die seines Finanzministers flossen. Der Generalsekretär meinte, was Leonid Breschnew im Kreml 1980 zu Helmut Schmidt gesagt hatte: „Herr Bundeskanzler, Sie sind der uns verbündeten DDR noch etwas schuldig." Er dachte vielleicht an eine Art Gelübde, mit dem wir der Einmischung in die „souveränen Angelegenheiten der DDR" abschwören sollten. Die Forderung ist berechtigt und wird dennoch nicht beherzigt werden. Wir sind nun einmal viel zu sehr aufeinander fixiert. Einmischung, nicht im vordergründigen Wortsinn, sondern als politisch-geistige Herausforderung verstanden, bleibt eine der stärksten Antriebskräfte gerade auch der Ostberliner Politik. Einmischung heißt ja, alle Anteilnahme ist der Einmischung eng benachbart.

In der ersten Maiwoche traf ich Honecker zu einem Abschiedsbesuch im Gebäude des Staatsrats. Aus der Innentasche seiner Jacke zog er sein kleines Notizbuch, in dem er sich die Punkte aufgeschrieben hatte, die er mich dem Bundeskanzler unmittelbar auszurichten bat. Honeckers Gedanken zielten auf die konfrontative Lage zwischen den beiden Großmächten, deretwegen die Ergebnisse von Werbellin „nicht voll zum Tragen" gekommen seien. Seine Betrübnis war nicht geheuchelt. Die Vernunft auf beiden Seiten möge verhindern, „daß wir in die Zeit vor dem 11. Dezember 1981 zurückfallen". Das letzte Gespräch mit Erich Honecker wurde auf eine für meine Berichterstattung wertvolle Weise durch die Begegnung mit einem seiner über den Inhalt genau informierten Mitarbeiter ergänzt, der mich zu keiner Zeit irregeführt hatte. Honecker hatte natürlich längst gemerkt, daß der Boden unter den Füßen seines Gastes von Werbellin immer größere Risse zeigte. Er wollte Schmidt die Treue halten, urteilte, wie früher schon, anerkennend über Hans-Dietrich Genscher und gab zu verstehen, daß er mit der sozial-liberalen Bundesregierung noch lange zusammenarbeiten und den Rahmen von Werbellin durch für beide Seiten vorteilhafte

Verabredungen ausfüllen wolle. Sein Vertrauter wußte allerdings auch von häufiger und intensiver werdenden „Fühlungnahmen" durch die Opposition. Die CDU hatte der DDR-Führung im Frühsommer 1982 zu erkennen gegeben, daß ein Bundeskanzler Kohl deutschlandpolitisch auf Kurs bleiben wolle. Das war kein Geschwätz. Das waren zuverlässige Informationen, so daß Honecker trotz seiner unverändert positiven Empfindungen für Schmidt wegen des Machtverfalls der Regierung des sozialdemokratischen Kanzlers keine schlaflosen Nächte gehabt haben wird.

Im Vorfeld der Bundestagswahlen am 6. März 1983 hat der Generalsekretär der alten Regierung auf seine Weise noch einmal seine Reverenz erwiesen. Auf diskrete Art gab er der FDP-Führung sein starkes Interesse an einer Rückkehr der Freien Demokraten in die künftige Regierung zu erkennen. Das war eine lohnende Zukunftsinvestition. Von seinem Freund Günter Mittag wußte der Generalsekretär, daß auch der alte und neue Wirtschaftsminister für Kontinuität in der Deutschlandpolitik eintritt, nicht bloß aus Gründen, die mit den Vorteilen des innerdeutschen Handels für mittelständische Unternehmen in der Bundesrepublik zu tun haben. Lambsdorff teilte das günstige Urteil des damaligen Bundeskanzlers über Mittags ökonomischen Sachverstand. In dem ehemaligen Eisenbahner erkannte er zutreffend einen Kommunisten, der sich bestimmt nicht von der entschiedenen Wahrnehmung der DDR-Interessen abbringen läßt, der aber zugleich ein Anwalt des Ausgleichs zwischen den beiden Staaten ist. Der Graf hatte in der DDR bis dahin eher als Anhänger einer härteren Linie in der Bonner Deutschlandpolitik gegolten. Als Lambsdorff Ende März 1982 auf Einladung von Günter Mittag nach Ostberlin kam, gelang es zwar nicht, den in Werbellin nur politisch diskutierten Plan eines langfristigen wirtschaftlichen Rahmenabkommens zu konkretisieren, dem der Wirtschaftsminister von Anfang an mit einiger Skepsis begegnete. Lambsdorff, der bewußt partnerschaftlich verhandelte, konturierte sich mehr und mehr als ein politisches Gegenüber des DDR-Chefökonomen. Auch ihm war inzwischen bewußt geworden, daß eine Verknüpfung des Swing mit dem Mindestumtausch unserer Sache nicht dienlich sei. Es war das Verdienst Genschers, daß er diese von der Opposition verlangte Herstellung eines Junktims zwischen dem zinslosen Überziehungskredit und einer Rücknahme des „Eintrittsgeldes" ausdrücklich ablehnte und damit den Manövrierraum der Bundesregierung etwas erweiterte. Als Instrument zur Durchsetzung von Bonner Forderungen an Ostberlin war der von der DDR begehrte Kredit ohnehin nicht geeignet, einmal wegen der finanziellen Größenordnung (85 Millionen DM) und zum anderen, weil die DDR eisern daran festhielt, daß der Mindestumtausch für sie nicht Gegenstand von Verhandlungen mit anderen sein könne. Wir begnügten uns schließlich damit, die Bedingungen für den Swing geringfügig zu verändern, ohne daß solche Modifikationen die DDR eigentlich schmerzten. Weil in Bonn monatelang laut darüber nachgedacht worden war, wie man der anderen Seite die Daumenschrauben ansetzen könne, konnte die DDR-Führung jetzt so tun, als wollten wir sie aus innenpolitischen Gründen zu einer öffentlichen Kapitulation nötigen. Das Unrechtsbewußtsein, das einige wegen der Erhöhung der Umtauschquoten empfanden, hatten sie nun schnell verdrängt. Von der Vorstellung, daß die DDR käuflich sei, meinte ein Honecker-Vertrauter, müßten wir uns ein für allemal verabschieden. Das war sehr hochgemut gesagt, beschrieb die Lage allerdings wahrheitsgemäß. Die Schwäche unserer Position offenbarte sich schon in der schwammigen Formulierung vom „politisch-psychologischen Zusammenhang". Niemand in Bonn war ernstlich bereit, den Swing kaputtgehen zu lassen. So hat die DDR bald gemerkt, daß unsere Drohungen rhetorisch waren. Wie schon so oft porträtierten wir uns gegenüber Ostberlin selber als Papiertiger, weil einige Leute der veröffentlichten Meinung eine Haltung der Stärke vorzuführen wünschten. Das Festhalten an dem Überziehungskredit, so hatte Genscher argumentiert, gehöre zur Geschäftsgrundlage der Beziehungen.

Bei diesem Abschiedsgespräch überraschte mich Honecker mit der Bemerkung: „Der Entwurf des Grundlagenvertrags stammt zu drei Vierteln von mir." Nach Meinung seiner eigenen Leute ist das eine gelinde Übertreibung.

Als Beleg für sein tiefes Interesse an Deutschland als Ganzem war der Hinweis auf seine Autorenschaft bedeutsam. Als ich ihn an diesem 6. Mai verließ, fühlte ich mich in dem Urteil sicher, daß auch das Wenige, was wir zugunsten der Beziehungen im Zeichen einer extrem schwierigen weltpolitischen Lage hatten bewegen können, nicht ohne Honeckers ernstes Bemühen möglich gewesen wäre. Die gelegentlich von seinen engsten Mitarbeitern zu hörende Bemerkung: „Drücken Sie uns und sich selber die Daumen, daß der GS noch lange im Amt bleibt", war nicht das Gerede von Paladinen. Der Kommunist Honecker ist auf seine Weise der deutschen Frage verfallen. Im Politbüro ist einige wenige Male darüber gesprochen worden, wann einer aus dem Führungskreis auszuscheiden hat. Die SED-Führung möchte nicht Moskauer Vorbilder nachahmen. Man diskutierte mit Feingefühl. Für Honecker mit seiner für einen Siebziger vorzüglichen gesundheitlichen Kondition gibt es eine Altersgrenze augenscheinlich nicht. Das kann eigentlich nur zum Nutzen der deutsch-deutschen Sache sein.

Männer hinter Honecker

KAPITEL V

Zwei unter den Mitgliedern des Politbüros haben auf die Deutschlandpolitik Honeckers stärkeren Einfluß als die meisten anderen, Paul Verner vielleicht ausgenommen. Beiden bin ich mehrfach begegnet und glaube, ein Bild von ihnen gewonnen zu haben: *Hermann Axen* und *Günter Mittag*; beide werden mutmaßlich auch künftig auf die Beziehungen der DDR zur Bundesrepublik Deutschland großen Einfluß haben.

Zwei Vertraute des Generalsekretärs habe ich in der Ostberliner Zeit kennengelernt, die Honecker an der Regierungshierarchie vorbei regelmäßig für die Vorbereitung und die Ausführung deutschlandpolitischer Initiativen heranzieht. Sie scheinen für ihn fast unentbehrlich geworden zu sein: der Rechtsanwalt *Wolfgang Vogel* und der Finanzökonom *Alexander Schalck.* Beide sind Männer von scharfer Intelligenz, von politischer Phantasie und ohne Berührungsangst im Umgang mit Vertretern unseres Staates. Mit ihnen, die Honeckers Gedanken vielleicht besser als manche Politbüromitglieder kennen, haben wir die meisten jener Regelungen zustande gebracht, die nicht alle so gut vorzeigbar sind wie die neue Autobahn zwischen Berlin und Hamburg, die das Leben zwischen den beiden Staaten für die Menschen aber etwas leichter gemacht haben. Vogel und Schalck sind Schlüsselfiguren für die Bundesregierung unter Helmut Kohl. Sie zu beschreiben, auch um sie besser einschätzen zu können, schien mir deshalb lohnend.

Fälschlich, auch überheblich, haben einige seiner Gesprächspartner den Arbeitersohn aus Leipzig an seiner äußeren Statur gemessen und sich dabei gründlich verschätzt. *Hermann Axen* ist nicht von gewinnender Erscheinung, keiner, der, wenn er Wähler zu überzeugen hätte, auf Charisma setzen könnte. Weil die Mitglieder des SED-Politbüros am Beratungstisch nach dem Alphabet plaziert sind, sitzt er obenan, neben dem Generalsekretär. Dem Herzen Honeckers wird er auch nach mehr als dreißig Jahren nicht ganz nahe sein. An Axens Ergebenheit brauchte der Vorsitzende des Politbüros niemals zu zweifeln. Auch Walter Ulbricht konnte sich unbedingt auf ihn verlassen.

Axen hat Auschwitz und Buchenwald überlebt. Als Jude, so hat er verschiedentlich gesagt, habe er sich schon als junger Mann nicht verstanden. Bei einem Besuch in London im Sommer 1980 antwortete er einem britischen Zeitungsmann: „Für mich ist das nur eine Religion, die ich aufgegeben habe. Das ist nichts anderes, als wenn ein Engländer die anglikanische Kirche verläßt. Es ist selbstverständlich, daß unsere Partei gegen jede Form der rassischen Diskriminierung kämpft, einschließlich des Antisemitismus. Wir waren stets die ersten, die ihre Stimme gegen die barbarische Verfolgung der Juden durch die deutschen Faschisten erhoben haben. Wir haben es aber nicht nötig, in der DDR einen Film wie ‚Holocaust' zu zeigen, weil jedes Kind bei uns sowieso Bescheid weiß."

Das ist die parteiamtliche Lesart. Mir sind schon in den ersten Jahren nach dem Krieg, als ich Hermann Axen häufig in der Redakion der FDJ-Zeitschrift „Neues Leben" und bei Veranstaltungen der „Antifa-Jugend" begegnete, Zweifel gekommen, ob er sich innerlich von dem jüdischen Familienhintergrund völlig hat lösen können. Wenn ich den Charakter des Mannes nicht ganz falsch einschätze, hat er das Thema eher verdrängt. Jedenfalls ist er heute wohl der einzige Jude in einer führenden Stellung in einer regierenden kommunistischen Partei. Die anderen, ob in Polen oder in der Tschechoslowakei, sind verschwunden, ins Abseits gedrängt worden, wurden Opfer von Schauprozessen, bei denen das antisemitische Motiv der Gerichtsherren mit antizionistischen Losungen dürftig zugedeckt worden ist. Der verschleierte Antisemitismus in den kommunistischen „Bruderparteien" hat einen Mann wie Axen kaum unberührt gelassen. Das weiß ich von einem SED-Gesprächspartner, der den für die Außenpolitik zuständigen ZK-Sekretär verehrt und ihn mit einigen guten Gründen für einen der schärfsten Köpfe im Politbüro hält. Dabei hat sich Axen zu keiner Zeit als wagemutiger Denker zu erkennen gegeben. Das ist in kommunistischen Parteien mit allerhand Risiken verbunden.

Augenscheinlich hatte sich Axen schon zu Beginn seiner Karriere vorgenommen, andere seine Überlegenheit nicht fühlen zu lassen. Fast hat er einen Stil daraus gemacht, unauffällig zu sein, hinter anderen zurückzutreten, Mikrofone und Kameras zu meiden. Das hat nicht bloß mit seiner geringen Körpergröße zu tun.

Für Honecker ist er, da mit dem Innenleben der anderen kommunistischen Parteien vertraut und über das außenpolitische Denken in westlichen Hauptstädten gut informiert, ein wichtiger Berater, zumal in solchen Fragen, die mit der Stellung der SED innerhalb des eigenen Lagers zu tun haben. Axen ist für die Moskauer der Mann der Kontinuität, ein Bürge dafür, daß sich Ostberlin jederzeit auf den Gleisen der sowjetischen außenpolitischen Strategie bewegt, auch dann nicht vom Weg abweichend, wenn Grundsatzentscheidungen wie im Fall Afghanistan im Führungsgremium der SED Zweifel an der Weisheit der russischen Freunde geweckt haben.

Einem Kommunisten wie Hermann Axen fehlt es gewiß nicht an politischer Phantasie. Daß die Teilung Deutschlands und die Existenz zweier deutscher Staaten geschichtlich endgültig sind, wird er ebensowenig für ausgemacht halten wie sein Generalsekretär. Auch Axen weiß, daß die Zeit der rivalisierenden und die europäischen Staaten polarisierenden Bündnissysteme noch in diesem Jahrhundert zu Ende gehen kann. Wie sollte ihm, der mit der Geschichte vertraut ist, entgangen sein, daß die Interessen von Großmächten wandelbar sind. Anders als Honecker, der

Hermann Axen beteiligt sich nicht an den waidmännischen Vergnügungen Honeckers, Mittags oder Stophs. Am Rande einer Hasenjagd in der Nähe von Erfurt sucht er das politische Gespräch.

die DDR auch mit dem ihm verfügbaren Instrumentarium der Deutschlandpolitik gegenüber solchen immerhin denkbaren Veränderungen der Interessenlage des eigenen Verbündeten abschotten möchte, ist der Außen- und Sicherheitspolitiker Axen jedem Risiko einer Entfernung von den Moskauer Vorgaben abgeneigt. Den Konzepten und Initiativen seines Generalsekretärs hat er kaum widersprochen. Seine wachsame Gegenwart im kleinsten Kreis gewährleistet die zuverlässige Abstimmung von DDR-Interessen und denen der Sowjetunion. Axen gehört zu jenen Kommunisten mit Rang und Einfluß, die zur Zeit von Chruschtschow in dessen Auseinandersetzung mit Mao Tse-tung (auf einer Konferenz der kommunistischen Parteien) das Abschlußkommuniqué im Sinne einer Konfrontation mit dem Westen und einer härteren Linie gegen den Revisionismus in den eigenen Reihen beeinflussen konnte. Hermann Axens Unterschrift findet sich unter einem Brief, in dem fünf kommunistische Parteien der Warschauer Allianz 1968 Alexander Dubcek unmißverständlich vor einer Fortsetzung seines Reformkurses warnten.

Im Gespräch verändert sich Axen von einem gehemmt und linkisch wirkenden Funktionär zu einem Mann, der in die intellektuelle Szene des Berlins der zwanziger Jahre gepaßt hätte, gebildet, witzig, mit einer Neigung zum Zynismus, schlagfertig und jeden Satz unter Fortlassung allen Zierats so formulierend, daß er unangreifbar ist und doch nicht zur Funktionärsphrase gerät.

Ein wirkliches Interesse an einer merkbaren Verbesserung der Beziehungen zur Bundesrepublik habe ich ihm nicht zugetraut. Mehr als andere möchte er den westdeutschen Staat auf die Nachfolge des Reichs festlegen. Vielleicht hilft dem ehemaligen Auschwitz-Häftling ein solches Bild, die Ungerechtigkeiten und die Härten zu verdrängen, die er als Mitglied der Führung gegenüber Meinungsgegnern im eigenen Staat mitzuvertreten hat. Bonn soll für das Deutschland von gestern verantwortlich gemacht werden. Kein Kanzler soll aus der Haftung für einige Vertriebenenpolitiker oder die HIAG und andere Gruppen unbelehrbarer Nationalisten entlassen werden. Dann steht man in der DDR auf jeden Fall als der unbestechliche

Antifaschist da. Eine solche Betrachtung wird es Axen vermutlich leichtmachen, das Thema einer Beteiligung der DDR an der Wiedergutmachung für Israel abzutun. Dabei meine ich zu wissen, daß der atheistische Jude Axen, ohne es jemals öffentlich anzudeuten, den jüdischen Staat anders sieht als manche seiner Genossen.

Für eine aktive Deutschlandpolitik, bei der auch die DDR etwas zu leisten hätte, was ihr Opfer abverlangt, ist Axen schwerlich als Verbündeter zu gewinnen. In der Zeitschrift „Probleme des Friedens und des Sozialismus" hat er 1976 eine Art Bekenntnis abgelegt: „Die Beziehungen zwischen der Deutschen Demokratischen Republik und der Bundesrepublik Deutschland sind nicht durch irgendwelche Gemeinsamkeiten charakterisiert, sondern durch unüberbrückbare Gegensätze, durch den unversöhnlichen Gegensatz zwischen Sozialismus und Kapitalismus." Von dieser dogmatischen Haltung ist er auch nach dem Treffen zwischen Schmidt und Honecker nicht abgewichen.

Als ich mich Anfang Mai im Hause des Zentralkomitees von ihm verabschiedete, war er liebenswürdig gestimmt. Meine Tätigkeit, schmeichelte er, werde einige Spuren hinterlassen. Vielleicht hatte er verstanden, daß ich mich bemüht hatte, den Bundeskanzler auf das Treffen am See von Werbellin positiv einzustimmen und daß mein Argument, wir dürften vorhandene Gegensätze nicht zukleistern, seiner Haltung mehr entsprach als eine in Bonn von manchen bevorzugte weiche Rhetorik, die Hoffnungen weckt und diese nachher nicht erfüllen kann.

Hermann Axen versäumte nicht, den Generalsekretär in seine eigenen Darlegungen einzubeziehen. Genau wie Honecker wünschte er klarzustellen, daß „die DDR die Verträge mit denen auszuführen und auszubauen plant, die diese Verträge gemacht und auf die Zusammenkunft von Werbellin hingewirkt" hätten. Ähnlich dem Generalsekretär lobte er Genschers „klares Urteil" über die von beiden Regierungen zu beachtenden Notwendigkeiten. „Solange nicht geschossen wird", sagte er, „läßt sich vieles machen."

Axen gehört zu jenen Politbüromitgliedern, die unsere

Presse mit gleichbleibender, ja gespannter Aufmerksamkeit beobachten und die es immer noch schwer verständlich finden, daß auch die geschickteste Pressepolitik einer Bundesregierung die Medien nicht „konstruktiv" beeinflussen kann. Er selber war einmal Chefredakteur des SED-Zentralorgans „Neues Deutschland", fast zehn Jahre lang, hatte den Auftrag, aus den ledern geschriebenen Parteizeitungen eine „Presse neuen Typus" zu machen, eine Unternehmung, die – gemessen an den Erwartungen der Leser dieser Blätter – gründlich mißlungen ist. Sie konnte gar nicht gelingen, weil sich die Partei bis zum heutigen Tag der Erkenntnis verweigert, daß eine auch nur mit begrenzter Offenheit geführte geistige Auseinandersetzung in den Spalten einer wichtigen Zeitung die Leser stärker motiviert als jener stromlinienhaft gleichförmige Journalismus, der beinahe noch die Interpunktion der politischen Aufsicht unterwirft. Dieses Joch abzuschütteln hatte nur ein einziger Chefredakteur des „ND" den Mut: Rudolf Herrnstadt, ein jüdischer Intellektueller wie Axen, ein Journalist von hohen Graden, der geistige Spannung in seinen Aufsätzen zu erzeugen verstand. Ihn hat das Politbüro unter Ulbricht als Häretiker verstoßen. Vermutlich nicht gegen den Widerstand von Hermann Axen.

Offenbar in Anspielung auf Erich Honeckers Bemerkung auf der Leipziger Frühjahrsmesse wollte mir Axen noch eine Information in eigener Sache nach Bonn mitgeben. Mit einem Lächeln, das etwas angestrengt wirkte, kam er selber auf seine Reputation als „Falke" im Politbüro zu sprechen. Irgendwie schien ihm die Rubrizierung durch den Generalsekretär auch gefallen zu haben, weil er sie wohl als ziemlich zutreffend empfunden hatte. Weil sich in der östlichen und in der westlichen Gesellschaft unter den Falken aber auch Politiker finden, bei denen man nicht bloß ideologische Unbeugsamkeit, sondern auch militant unfriedliche Gesinnung und Konfliktfreude beobachtet, wollte er das Bild nun doch berichtigen. „Ich orientiere meine Haltung an den Interessen der Deutschen Demokratischen Republik", sagte er – ein Satz für die Schulbücher. Daß Hermann Axen über Härte verfügt, wußte ich schon seit unseren ersten Begegnungen kurz nach Kriegsende. Dafür lieferte er auch bei diesem Abschiedsgespräch eine Probe. Vor dem Treffen mit ihm war ich von dem amtierenden Außenminister Krolikowski empfangen worden, der sich stets durch eine linientreue Argumentation und eine rauhe Sprache hervortut. Von Krolikowski trennte ich mich mit dem Eindruck, daß man im Außenministerium weisungsgemäß an der vom Generalsekretär ausgegebenen Losung festhielt, die in Werbellin besprochenen Punkte müßten schrittweise umgesetzt werden, die DDR-Diplomaten hätten dabei aber nicht besonderen Eifer zu entwickeln. Ohne Krolikowski beim Namen zu nennen, sprach ich zu Axen von dem Gefühl, daß sich in Führungszirkeln der DDR eine gewisse Verhärtung zeige. „Sie verlassen sich besser nicht auf Instinkte", meinte er unwillig. Der liebenswürdige Gesprächston verflüchtigte sich ganz, als ich ihn darauf hinwies, daß die Interessen beider Staaten nach weiteren Belegen für die Ernsthaftigkeit des Entspannungswillens beider Regierungen verlangten. „Zerbrechen Sie sich besser nicht den Kopf der DDR. Wir können unsere Interessen selber wahrnehmen." Augenscheinlich witterte er den Versuch, irgendeine Gemeinsamkeit der beiden Regierungen zu konstruieren, eine Allergie, die gerade bei ihm besonders stark ist.

Axen ist ein Mann, der ihm einmal zugefügte Kränkungen nicht vergißt. Ich erinnere mich daran, daß in etlichen Zeitungsartikeln, die bei uns über ihn erschienen sind, häßliche Adjektive, die ihn beschreiben sollten, seinen Verdacht wecken konnten, bei den Verfassern hätten antisemitische Ressentiments zumindest unbewußt mitgewirkt. Politische Kränkungen hat Axen uns erst recht nicht vergessen. Als er im Sommer 1981 als erster wichtiger DDR-Kommunist nach London reiste, stand eine Begegnung mit Außenminister Lord Carrington auf seinem Programm. Die DDR-Botschaft hatte sich auf Weisung des MfAA auch um ein Gespräch Axens mit der Premierministerin bemüht. Als wir von unseren englischen Freunden hörten, Maggie Thatcher sei bereit, diesen Wunsch zu erfüllen, fand man das in unserem Auswärtigen Amt eine etwas übertrieben freundliche Geste und deutete das dem Foreign Office auch behutsam an. Das war nun gewiß nicht ein ernster Rückfall ins Denken der Hallstein-Zeit. Eher hatte es mit der fast unvermeidbaren Rivalität der beiden Staaten an vielen Orten der Welt zu tun, wo beide – versteht sich – einen Alleinvertretungsanspruch leugnen und dennoch den Ehrgeiz haben, als das „eigentliche" Deutschland betrachtet zu werden; wir als der Staat, der demokratisch legitimiert ist, und die DDR vorzugsweise als jenes Land, das „den Hitler-Faschismus endgültig überwunden" und mit dem „imperialistischen Erbe" des Deutschen Reiches gebrochen hat. Jedenfalls war unsere Frage, was es mit der eher ungewöhnlichen Audienz für Hermann Axen in Downing Street 10 auf sich habe, der DDR-Botschaft hinterbracht worden.

Die Visite des ZK-Sekretärs für Außenpolitik beförderte ihn nicht in die Schlagzeilen der britischen Presse. Mit der Resonanz konnte er dennoch zufrieden sein. Immerhin schilderten ihn einige Londoner Blätter als guten Shakespeare-Kenner. Von seiner literarischen Bildung hat er, ohne davon Aufhebens zu machen, eher bescheiden und beiläufig etwas wissen lassen. Mit den Klassikern von Weimar ist er ebenfalls gut vertraut. Bei der alljährlichen Diplomatenjagd, die 1981 nach Erfurt führte, übernahm er die Führung einer dem Hasenschießen abgeneigten Gruppe von Missionschefs und betitelte sie als die „industriell-kulturelle Abteilung". Im Goethe- und im Schiller-Haus unterbrach er den langatmigen Vortrag eines Professors mit kenntnisreichen und witzigen Kommentaren über den großherzoglichen Förderer des Geheimrats, konnte von der Liberalität des Weimarer Fürsten erzählen und wußte über Schillers Verhältnis zur Französischen Revolution zu berichten.

Als wir später eine Uhrenfabrik besichtigten, tat er sich beim Gespräch mit den Arbeiterinnen sichtlich schwer. Wir kamen in eine Diskussion über den Unterschied zwischen Akkordarbeit und „sozialistischem Wettbewerb". Da war schnell zu bemerken, daß Axen zu jenen Führungspersönlichkeiten der DDR zählt, die trotz hoher Intelligenz eines freien Gesprächs entwöhnt sind. Den um uns herumstehenden Berufsdiplomaten aus dem Westen wußte er die Überlegenheit des DDR-Systems über das kapitalistische jedenfalls nicht so richtig plausibel zu machen. Die Unterhaltung mit den Frauen an den Werkbänken wirkte gekünstelt. Seine Sätze, die menschliche Nähe zwischen dem Politbüromitglied und den Werktätigen herstellen sollten, wirkten gestanzt. Das Echo blieb aus. Man merkte, wie manches Mal bei ähnlichen Gelegenheiten, daß sich die Führung mit den einfachen Leuten schwertut. Ihre Basis sind nun einmal nicht die Bürger, sondern die Funktionäre der SED. Der Umgang mit den parteilosen Bürgern des Arbeiter- und Bauernstaates kostet die Obrigkeit einige Anstrengung. Man möchte so gern um Sympathie werben und Sympathie auch spüren. Doch in Wahrheit ist man weit entfernt von denen, für die man Politik macht, auch von ihrer Sprache.

Ein Politbüromitglied rangiert nach kommunistischem Verständnis weit oberhalb wichtiger Minister in einem westlichen Kabinett. Das Gremium selber soll durch strengste Geheimhaltung seiner Beratungen zu einer Instanz überhöht werden, die dem Rat des Dogen ähnelt. Da braucht es auch die richtigen Embleme. Eines davon ist jener ungezwungene Gespräche buchstäblich verstellende Delegationstisch in den Arbeitszimmern der Politbüromitglieder. Als ich Axen im Februar 1981 das erste Mal besuchte, saßen wir uns an einer solchen schier endlosen Festtafel gegenüber. Auch Helmut Schmidt erlebte im Kreml bei seinen Gesprächen mit Leonid Breschnew diese Dramaturgie der langen Tische als sonderbar. Ein Einschüchterungsversuch? Eine bewußte Entpersönlichung solcher Begegnungen mit Besuchern aus dem Westen? Heiterkeit kommt bei dieser Innenarchitektur bestimmt nicht auf.

Hermann Axen, nur wenige Jahre jünger als Honecker, war niemals Kronprinz, wird es auch nie werden. Weil er an Verstandeskraft und politischer Erfahrung sowie an taktischer Begabung die meisten Führungspersonen überragt, wird er vermutlich noch lange auf die Meinungsbildungsprozesse in der SED Einfluß nehmen.

Als Egon Bahr im Spätsommer 1981, von Axen eingeladen, zu einem Meinungsaustausch über Abrüstungsfragen nach Ostberlin kam, wurde sichtbar, daß der außenpolitische Denker und Stratege der SED mittelbar, aber wirkungsvoll auch auf die deutsch-deutschen Beziehungen einwirkt. Es war eine merkwürdige Unterhaltung, an der mich die Gastgeber ursprünglich nicht beteiligen wollten. Ich begleitete Bahr ins Haus der Volkskammer und wollte ihn dann mit Axen allein lassen, weil von einer Begegnung zwischen „Parlamentariern" geredet worden war. Doch so reinlich werden in der DDR Exekutive und Legislative eben nicht auseinandergehalten. In einem der kleineren Beratungszimmer hatte der „Abgeordnete Axen" bereits eine förmliche Delegation um sich geschart. Zu der gehörte nicht nur der tüchtige MfAA-Abteilungsleiter für Abrüstungsfragen, Botschafter Krabatsch, sondern auch der von mir geschätzte Karl Seidel, der im DDR-Außenministerium seit vielen Jahren für die Bundesrepublik Deutschland zuständig ist.

Axen, der seinen Gast aus Bonn gleich ins Gespräch zog, hatte offenkundig die Vorstellung, daß er mich vor die Tür schicken könnte. Venezianische Höflichkeiten verschlagen bei Kommunisten in solchen Situationen nicht, wie ich gelernt hatte. Deshalb unterbrach ich die Unterhaltung der beiden und sagte zu Bahr, bei Anwesenheit zweier hoher Funktionäre des MfAA sei es geboten, daß der Ständige Vertreter anwesend bleibe. Bahr reagierte sofort und bat darum, daß ich an der Diskussion teilnehmen könne. Er tat das höflich, aber entschieden. Axen meinte etwas indigniert: „Wenn Sie das so wünschen, Herr Bahr." Da saßen sich nun zwei den Durchschnitt überragende Männer von starker Intellektualität gegenüber, die einander respektierten, und dennoch mißlang das von Bahr erstrebte freimütige Gespräch. Axen trennte sich nämlich über zwei Stunden nicht von seinem Notizzettel, so daß von einer Diskussion und einer kritischen Bewertung der beiderseitigen Argumente nicht die Rede sein konnte. Wichtigster Ertrag dieser traurig-sterilen Begegnung: Der Gastgeber knüpfte, zurückhaltend in der Wortwahl, glasklar in der Sache, einen Zusammenhang zwischen einem Verzicht auf die Verwirklichung des NATO-Doppelbeschlusses und weiteren Bewegungen in den Beziehungen zwischen den beiden Staaten. Die Botschaft, die er Egon Bahr übermitteln sollte,

Sommer 1981: Egon Bahr und Hermann Axen diskutieren im Haus der Ostberliner Volkskammer das erste Mal über Abrüstungsfragen. Zwei Jahre später, im August 1983, sitzen sie sich erneut gegenüber. Die Lage hat sich verschlechtert. Wenn die Nachrüstung kommt, werden modernste sowjetische Raketen auch auf dem Territorium der DDR stationiert.

bedeutete, aller Rhetorik entkleidet, daß in Deutschland die Lichter ausgehen würden, wenn wir in der Bundesrepublik die neuen amerikanischen Raketen aufstellten. Von Axen war – es überraschte weder Bahr noch mich – nicht mit einer Silbe angedeutet worden, daß ein solcher folgenreicher Rückschlag vielleicht durch Zugeständnisse auch der Sowjetunion abgewendet werden könne.

Wenige Stunden nach diesem Gespräch, das im Grunde keines gewesen war, und bei dem Bahr nicht ein einziges Mal Axens Armierung durchstoßen konnte, gingen wir zu Honecker ins Haus des Zentralkomitees. Bahr sollte durch diese Audienz ausgezeichnet werden, weil er sich inzwischen als Abrüstungsexperte und Mitglied der Palme-Kommission auch außerhalb der Bundesrepublik Ansehen verschafft und durch kritische Fragen an die Adresse der Reagan-Regierung freundliche Publizität in der SED-Presse erhalten hatte. Honeckers Urteil über Bahr war wegen der Verdienste des Sozialdemokraten um den Grundlagenvertrag Anfang der siebziger Jahre positiv gewesen. Das änderte sich, als Egon Bahr immer seltener in die DDR, dafür um so häufiger nach Moskau reiste. Zwei höchst ungleiche Personen begleiteten diese Erkundungstouren mit aktivem Mißtrauen: der FDP-Vorsitzende Genscher und der SED-Generalsekretär Honecker. Letzterer argwöhnte nicht grundlos, daß der SPD-Mann, der zwei Jahrzehnte vorher mit der These vom Wandel durch Annäherung allerhand Unruhe in die Reihen der SED gebracht hatte, mittlerweile zu dem Schluß gekommen sei, daß Veränderungen zwischen den beiden Staaten nur noch über die Sowjetunion zu erreichen seien. Bahrs Sprache gegenüber Ostberlin war gelegentlich hart gewesen. Doch was Honecker mehr schmerzte, war der Denkansatz von Bahr, daß die DDR-Führung offenkundig nicht den Mut aufbringe, sich eigene Spielräume zu schaffen und deshalb als Partner für weiterführende Lösungen kaum noch lohnend sei. Von solchen Irritationen ließ sich Honecker jedoch nichts anmerken.

Der Generalsekretär hatte in der Mittagszeit von Axen einen ersten Bericht über die uns enttäuschende Unterhaltung im Haus der Volkskammer erhalten. Mit Fleiß bemühte er sich jetzt, den Eindruck des sozialdemokratischen Gastes zu korrigieren, die DDR wolle uns unter Druck setzen und eines jener Junktims schmieden, die sie selber uns immer wieder als unzulässiges Instrument des Umgangs zwischen den beiden Staaten vorzuhalten pflegte. Was sich bei Axen wie eine offene Drohung angehört hatte, klang bei Honecker allerdings immer noch wie eine ernstgemeinte Warnung. Wieder einmal wünschte der Generalsekretär vorzuführen, daß er und allein er autorisiert sei, die im Politbüro beschlossene Linie zu deuten, jedenfalls verbal. Honecker konnte und wollte gegenüber Bahr nicht wegreden, daß der sowjetische Verbündete nicht noch einmal wie nach dem Einmarsch in Afghanistan zusehen werde, wenn sich im Zeichen einer womöglich dramatischen Verschlechterung der Beziehungen zwischen den beiden Großmächten die zwei deutschen Staaten so verhielten, als sei weiter nichts geschehen. Dabei war Honeckers Warnung keineswegs nur taktischer Art. Ihn beunruhigte die Vorstellung, daß bei einem totalen Mißerfolg der Genfer Verhandlungen über die Mittelstreckenraketen und einer dann kaum noch abwendbaren Stationierung neuer amerikanischer Raketen auf unserem Boden nicht viel Zeit verginge, bis die Russen Atomwaffen auch in der DDR stationieren würden. Er argumentierte gegenüber Bahr nicht anders als wenige Monate später gegenüber Helmut Schmidt. Er sprach nicht nur als Sachwalter sowjetischer Interessen.

Nach etwa einer Stunde gab Honecker zu verstehen, daß er mit dem Gast noch „über einige Dinge" zu zweit sprechen wolle. Wenige Tage nach Bahrs Besuch meldete eine Boulevardzeitung: „Skandal bei Honecker/Bahr: Bölling rausgeschickt. Spitzenbeamte des Kanzleramts sind empört über die ‚Geheimgespräche'."

Nichts davon stimmte, doch die Geschichte paßte genau zu dem Klischee, das in der Umgebung von Hans-Dietrich Genscher dem großen „Konspirator" Bahr übergezogen worden war. Hermann Axen und ich hatten den Arbeitsraum Honeckers verlassen. In den verbleibenden zwanzig Minuten redete Bahr mit dem Generalsekretär über einige humanitäre Fälle, in denen er zu helfen wünschte. Wir machten nach der Verabschiedung durch Honecker einen kurzen Spaziergang über die „Linden". Egon Bahr hatte keine geheime Botschaft für Schmidt empfangen, keine Anstiftung zu „gesamtdeutschen Kungeleien". Sicherer Eindruck des Besuchers: Die Angst des Machthabers vor der Nachrüstung beider Seiten sei nicht gespielt. Er wolle weiterreden, weitermachen und fürchte täglich mehr, daß andere ihn daran hindern, daß andere womöglich das so mühsam zustande gebrachte Geflecht von Verträgen und Abmachungen zwischen den beiden Staaten nachhaltig beschädigen könnten. Bahr und ich standen für wenige Augenblicke vor dem Rauchschen Reiterdenkmal des Preußenkönigs. Ein mit Kameras behängter Westberliner grüßte uns so freundlich-erregt, als sei er uns in Irkutsk begegnet. „Is doch prima", sagte er. „Der sitzt ja nu wieder fest im Sattel." Der Generalsekretär, der Friedrich II. dazu verholfen hat, tut das auch.

Der „Herr Graf Lambsdorff", wie Hans Matthöfer trotzig-republikanisch den Bundeswirtschaftsminister anzureden pflegte, hatte gewissermaßen eine natürliche Anwartschaft auf einen der frisch gepolsterten Rokokosessel an der festlichen Tafel in Schloß Niederschönhausen. Im Gästehaus der DDR-Regierung, das einst die freudlose Bleibe jener Elisabeth Christine gewesen ist, die der keineswegs liebende Gatte namens Friedrich II. nur selten dort besuchte, hatte *Günter Mittag* den Bonner Gast mitsamt der Delegation zu einem Abendessen geladen. Die Sachgespräche, die am Nachmittag dem wirtschaftlichen „follow up" von Werbellin gegolten hatten, waren kein Sprung nach vorn gewesen. Eher statuenhaft saß der Chefökonom der DDR dem Grafen Lambsdorff gegenüber. Obwohl er eine lebendige und genaue Sprache zu sprechen weiß, mochte sich Mittag nicht von einem vorbereiteten Manuskript lösen. Mit Spannung wartete Lambsdorff darauf, daß der ZK-Sekretär irgendeine Andeutung hören ließ, wie sich die DDR-Führung für die von ihm grundsätzlich befürwortete Verlängerung des zinslosen Überziehungskredits erkenntlich zeigen wolle.

Wir warteten vergebens. Während der Fahrt aus der In-

Der „Alte Fritz" in Ostberlin. Auf Veranlassung von Erich Honecker wird das Rauchsche Reiterdenkmal auf seinen alten Platz Unter den Linden zurückgebracht. Der DDR-Staatschef nennt den Preußenkönig seit einigen Jahren wieder Friedrich den Großen.

nenstadt zum Schloß regte ich den Minister an, er möge nach dem Essen Mittag beiseite nehmen und erkunden, ob sich die DDR endlich beim Mindestumtausch wenigstens zugunsten der besonders hart betroffenen Rentner zu bewegen bereit sei. Das hatte sich Lambsdorff bereits vorgenommen. Günter Mittag schien solche Absichten zu ahnen. Mit nebensächlicher Konversation entzog er sich der Erörterung des vom Bundeswirtschaftsminister in Werbellin beschriebenen „politisch-psychologischen Zusammenhangs". So saßen wir ziemlich stumm am Tisch der unglücklichen Preußenkönigin, die Herren aus Mittags Begleitung in jenen an bäuerliche Trauergesellschaften gemahnenden schwarzen Anzügen. Heiterkeit wollte nicht aufkommen. Einziger Gewinn des Abends: Der gelernte Eisenbahner aus Stettin wünschte, im Schloß zu Niederschönhausen guten Willen zu demonstrieren, obwohl er sich in der Sache nicht bewegen konnte. Mittelbar führte das zu einer stärkeren Motivierung des baltischen Grafen für die Deutschlandpolitik. Mit einem Mann wie Mittag, der „facts and figures" beherrsche, könne man reden und darauf hoffen, daß er etwas Vernünftiges tun werde, wenn es ihm die Lage, richtiger wohl: das Politbüro, erlaube.

Der Chefplaner der DDR ist ein Individualist, der sich das nicht gern anmerken lassen möchte. Deshalb hält er sich gewissenhaft an die Liturgie, die auch den Mitgliedern des Politbüros, ob in Moskau oder in Ostberlin, vorschreibt, daß sie sich im Kreis der Genossen so bewegen, als seien sie alle gleich.

Im Sommer 1983 sprach Mittag auf einem FDJ-Kongreß zu den Delegierten über die „Einheit von Wirtschafts- und Sozialpolitik", einem der bestimmenden Grundsätze der SED-Politik. Seine Rede enthielt genau jene stereotypen und blutleeren Sprüche, mit denen die Funktionäre in der Provinz ihr Publikum langweilen. Durch Anpassung an diese papieren-hohle Sprache schien sich der Mann fast zu entpersönlichen. Das ist schon ein sonderbarer Vorgang, eine nicht bloß DDR-spezifische Schizophrenie. Die Anerkennung, die sich Mittag im Westen hat erwerben können, hat ja gerade damit zu tun, daß von ihm Persönlichkeit ausgeht, nicht fachliche Kompetenz nur, sondern ein glaubhaft wirkendes menschliches Interesse an anderen, auch an politischen Widersachern.

Der neue Kanzler Kohl hatte genau dem falschen Mann die Tür gewiesen. Im Frühjahr 1983 kam Günter Mittag von der Hannoverschen Messe nach Bonn, wenige Tage nach dem Herztod eines westdeutschen Bürgers am Grenzkontrollpunkt Drewitz. Helmut Kohl wollte ihn nicht empfangen. Seine Berater meinten, daß man die DDR bestrafen und den CSU-Vorsitzenden Strauß beschwichtigen müsse, der beinahe täglich nach „neuen Akzenten" in der Deutschlandpolitik rief. Wenige Monate später beschloß die Bundesregierung, mit ausdrücklicher Zustimmung des bayerischen Ministerpräsidenten, einen Finanzkredit für die DDR über eine volle Milliarde zu verbürgen; ein Signal für die Einsicht, daß sich Helmut Kohl offenbar nichts von dem Rezept des amerikanischen Präsidenten verspricht, die kommunistischen Regierungen ökonomisch auszuhungern und eines Tages politisch in die Knie zu zwingen.

Günter Mittag ist mir bei mehreren Begegnungen als einer jener Mitarbeiter Honeckers mit dem Status eines Politbüromitglieds aufgefallen, die aus der DDR einen Staat entwickeln wollen, der sich durch seine wirtschaftliche Leistungskraft im Westen Respekt verschafft. Als Erich Honecker mit großem Stolz dem Kanzler in Werbellin erwähnte, daß die DDR mit ihrer industriellen Leistung innerhalb des sozialistischen Lagers gleich nach der Sowjetunion rangiere, sah Mittag bescheiden auf den Konferenztisch. Er wußte, daß das ohne ihn nicht hätte gelingen können. Der promovierte Wirtschaftswissenschaftler hat in der Schorfheide durch seine Sach- und Fachkenntnis überzeugt. Helmut Schmidt hatte ihn früher schon, im April 1980, ins Kanzleramt gebeten, verlängerte die Unterhaltung um mehr als eine Stunde und meinte nachher über den Besucher: „Der redet nicht Parteichinesisch. Der denkt weiter." Den Mann könne man, wäre er nicht Kommunist, im Kabinett als Minister verwenden. Das Kompliment des westdeutschen Regierungschefs wird Mittag nicht ohne Genugtuung, wenn auch mit einigem Amüsement, zur Kenntnis genommen haben.

Nicht nur zwischen Helmut Schmidt und dem Ostberliner ZK-Sekretär für Wirtschaftsfragen ergab sich ein gutes und völlig unverkrampftes Gesprächsverhältnis. Auf die Qualitäten des Chefplaners der DDR war der Bundeskanzler auch durch Berthold Beitz aufmerksam gemacht worden. Die Väter von Beitz und Mittag waren sich in Pommern einige Male begegnet. Diese Zufälligkeit trug dazu bei, daß sich zwischen ihnen eine für die Firma Krupp vorteilhafte Beziehung entwickelte. Bescheiden und zugleich selbstbewußt, detailgenau über komplizierte Probleme der Weltwirtschaft unterrichtet, präzise denkend und präzise formulierend, trat Mittag auch Otto Graf Lambsdorff gegenüber. Bonner Gesprächspartner fanden bald heraus, daß Mittag, obwohl ein sattelfester Kommunist, den Kontakt mit uns nicht bloß deshalb suchte, weil er sehr viel entschiedener als andere Mitglieder des Politbüros dafür eintrat, das Netz wirtschaftlicher Abreden zwischen den beiden Staaten stetig zu erweitern. Natürlich war es sein Wunsch, der DDR die überlegene Wirtschaftskraft der Bundesrepublik nutzbar zu machen. Da er seinen westdeutschen Partnern ohne Scheu und Hemmung gegenübertritt und obendrein keine Funktionärsallüren hat, kann man mit ihm unbefangen über die Gesamtheit der politischen Beziehungen reden.

Mittags Verhältnis zu Honecker ist nicht immer so eng und spannungslos gewesen, wie es sich uns in Werbellin und später darstellte. Der Generalsekretär hat immerhin Mittags Reformen der DDR-Wirtschaft politisch gedeckt, die auf eine größere Eigenverantwortlichkeit der Kombinate zielten, das Leistungsprinzip in den Mittelpunkt stellten und die Produktion durch materielle und psychologische Anreize zu steigern suchten.

In Günter Mittag meinte ich nach einigen Begegnungen einen Mann erkannt zu haben, der Schmidts Idee richtig und im Interesse der DDR lohnend fand, durch ein langfristiges wirtschaftliches Rahmenabkommen unsere Beziehungen unter ökonomischen Gesichtspunkten zu verstetigen und somit auch mehr politisches Vertrauen zu schaffen. Daß dafür von der DDR eine Leistung zu erbringen ist, wird ihm bewußt sein. Mittag ist kein Parteigänger der Abgrenzungsideologen. Der Arbeitersohn ist verschie-

Günter Mittag, der ranghöchste Wirtschaftsfachmann der DDR, wiederholt als Honeckers „Kronprinz" bezeichnet, im Gespräch mit Berthold Beitz, dem Aufsichtsratsvorsitzenden der Friedrich Krupp GmbH. Auf Honeckers und Mittags Anregung wird dem Industriellen und Pionier des Osthandels der medizinische Ehrendoktor der Universität Greifswald verliehen.

dentlich als der von Honecker favorisierte Nachfolger im Amt des Generalsekretärs genannt worden, zuerst in der DDR selber. In Werbellin identifizierte er sich, ohne Honecker zum Munde zu reden, als dessen Mann. Er ähnelt Honecker in manchem, auch darin, daß er, wie ich beobachtet habe, die DDR sehr bewußt als einen deutschen Staat begreift. Genau wie Honecker hat Mittag erkannt, daß die nationale Frage mit der Losung von der „sozialistischen Nation" unzulänglich und sicher nicht endgültig beantwortet ist. Günter Mittag will eine starke DDR, will ihr so viel Gewicht im eigenen Bündnis geben, wie sie nach ihrer industriellen Leistungskraft verdient. Er ist keiner, der die Schwächen des Systems schönt und sich an Perspektivplänen berauscht, die nur auf dem Papier zu erfüllen sind. Eigentlich sollte es unser Interesse sein, Pragmatiker wie ihn zu unterstützen. Nur eine DDR, die sich schrittweise aus ihrem Status als immer hinter der Bundesrepublik herhinkender Staat herauslöst, kann für uns ein Partner auf dem Weg zu guter Nachbarschaft sein. Bei Mittag scheint es da an gutem Willen nicht zu fehlen.

Der Mann, den Erich Honecker in Marsch setzt, wenn es in der DDR ökonomisch gewittert, kann trotz großer Willensstärke Desserts schwer widerstehen. Auch liebt er es, sich mit seiner hünenhaften Figur und seiner nicht geringen Leibesfülle zeitweilig unsichtbar zu machen. Bei einem Intelligenztest würde er die meisten der ranghohen Staatsfunktionäre ziemlich weit hinter sich lassen. Ein westdeutscher Unternehmensberater könnte *Dr. Alexander Schalck-Golodkowski* auch bei angespannter Arbeitsmarktlage unschwer in die Vorstandsetage einer renommierten Unternehmensgruppe vermitteln. Dort hätte man mit dem Staatssekretär im DDR-Ministerium für Außenhandel einen Fachmann für Gewinnoptimierung verpflichtet, der sich bei den Aktionären vermutlich schnell einen guten Namen machen würde, weniger allerdings beim Betriebsrat. Denn Schalck, der seinen polnisch klingenden Adelsnamen im Umgang mit seinen Parteifreunden als beschwerlich empfunden haben mag und deshalb abgelegt hat, gilt im inneren Kreis der Führung als „Malocher", dem Ostberliner Club der „Workoholics" zugehörig. Er treibt seine Mitarbeiter mit einiger Ungeduld zu Leistungen an, die er sich selber abverlangt, ohne auf seine nicht besonders robuste Gesundheit Rücksicht zu nehmen.

Nur karge Informationen sind in unseren westlichen Archiven über den DDR-Experten für verwickelte Finanzoperationen gespeichert. Man erzählt sich in Ostberlin, daß sein Sohn als Offizier bei den Grenztruppen dient und die Tochter eine russische Schule besucht. Nicht weit von der Residenz des Generalsekretärs bewohnt er in der Schorfheide eine der eher feinen Datschas. Wegen seiner Verdienste um den „Arbeiter- und Bauernstaat" wurde ihm vor mehr als zehn Jahren der Karl-Marx-Orden verliehen. Den pflegt er sich nicht ans Revers zu stecken, wenn er mit Gesprächspartnern aus der Bundesrepublik zusammentrifft. Schalck sagt gern „BRD", weil es Zeit spart, nicht um zu provozieren. Ich habe ihn nicht gefragt, ob er zu den in Ostberlin sehr raren Lesern der „Financial Times" gehört. Über Aktienkurse und Börsenbewegungen zwischen Frankfurt, Zürich und New York ist der mit dem vollen Vertrauen des Generalsekretärs ausgezeichnete Staatssekretär jedenfalls verläßlich informiert, nicht schlechter über die Preise auf den Weltrohstoffmärkten. Noch wichtiger als solche Grundkenntnisse ist für Schalck sein fundiertes Wissen über die westdeutsche Unternehmens- und Bankwirtschaft. Man kann ihn einen Monetaristen in einem ganz besonderen Sinn nennen: Er hantiert kundig mit solchen Währungen, die, zum Leidwesen vieler Funktionäre, heute und noch für längere Zeit erheblich härter sind als die Mark der DDR und der Rubel. Dr. Alexander Schalck, im Genossenkreis respektvoll „Millionen-Schalck" genannt, bemüht sich seit vielen Jahren und mit nachweisbarem Erfolg, alle für die Bundesrepublik geldwerten DDR-Leistungen in Valuten umzusetzen. Da haben ihn Bonner Gesprächspartner als phantasievoll, fintenreich und eisenhart erlebt. Von blitzschneller Auffassungsgabe ist dieser Mann, der im Kreis von Erich Honecker einige jener Funktionen übernommen hat, in denen der Kölner Bankier Pferdmenges dem Bundeskanzler Konrad Adenauer zu Diensten war.

In dem für den durchschnittlichen Wirtschaftsfunktionär schwer zu durchschauenden Geflecht westlicher Industriegesellschaften kennt sich Alexander Schalck so gut aus wie in der DDR sonst nur der mit ihm gelegentlich rivalisierende stellvertretende Außenhandelsminister Gerhard Beil, der hierarchisch über ihm steht und der für westdeutsche Unternehmer wie Otto Wolff von Amerongen und Berthold Beitz ein Schalck ebenbürtiger Partner ist.

Die konspirative Neigung des Honecker-Vertrauten kam mir eher als ein freundlicher Spleen vor. Obwohl er von den Eigenheiten einer westlichen Demokratie allerhand weiß und sich nur immer wieder darüber verwundert zeigte, wie kompliziert sich bei uns Entscheidungsprozesse vollziehen, konnte er nicht begreifen, daß über Gespräche, die wir vertraulich zu behandeln verabredet hatten, eines Morgens detaillierte Berichte in einer unserer Zeitungen veröffentlicht wurden. Ein Fanatiker der Verschwiegenheit, leuchtete ihm nicht ein, daß es bei uns Leute gibt, die durch Indiskretionen über Verhandlungsziele und -gegenstände politische Wirkungen zu erzeugen suchen, meist solche, die das ohnehin mühselige Geschäft zwischen Ostberlin und Bonn noch zusätzlich erschweren. Die Geschwätzigkeit des Bonner Polit- und Ministerialapparats brachte Schalck immer wieder in Zorn. Weil seine Eitelkeit eher darin besteht, sich nur wenigen Leuten aus dem Westen zu erkennen zu geben, und er wohl jene seiner Genossen verachtet, die ihren Namen nur zu gern in westdeutschen Zeitungen lesen, war er schon bei seinen Begegnungen mit Gaus daran interessiert, seine wichtige, bald gar nicht mehr zu entbehrende Funktion für die bilateralen Beziehungen möglichst zu tarnen.

Seinen bescheidenen Dienstwagen ließ er einige hundert Meter von dem Haus des Ständigen Vertreters entfernt parken. Fröhlich berlinernd setzte er sich in der Kuckhoffstraße zu einer Tasse Tee, bemühte sich, seinen kräftigen Appetit zu bezwingen, und kam ohne diplomatischen Firlefanz nach wenigen Minuten zur Sache.

Weil die meisten Themen, die zwischen der DDR und der Bundesregierung zu besprechen sind, so oder so mit Deutscher Mark zu tun hatten und haben (die Renovierung der von der DDR kontrollierten Berliner S-Bahn; der Berliner Gewässerschutz; die Durchleitung von sowjetischem Erdgas für Westberlin durch die DDR oder die besonders kostspielige Elektrifizierung einer Eisenbahnlinie zwischen der alten Hauptstadt und der Bundesrepublik), ist Alexander Schalck, mit einer weitreichenden Handlungsvollmacht Honeckers ausgestattet, zu einer Schlüsselfigur in den deutsch-deutschen Angelegenheiten geworden. Unsere Zeitungen haben keine langen Geschichten über ihn geschrieben. Sein Inkognito war aber bald nicht mehr zu halten.

Schalck ist mehr als ein leistungsbesessener Technokrat. Sein Ehrgeiz ist es, nicht anders als der seines unmittelbaren Vorgesetzten Mittag, aus der mit vielen unverschuldeten Hypotheken und Handicaps belasteten DDR eine auch an westlichen Maßstäben gemessen gut funktionierende Industriegesellschaft zu machen. Mit Günter Mittag stimmt er darin überein, daß die immer noch ansehnlichen Elemente von Planbürokratie abgebaut und durch eine Wirtschaftspolitik schließlich ganz überwunden werden müssen, die sich darauf konzentriert, Gewinne zu machen, oder die, wie es in der DDR genannt wird, „Rein-Einkommen" erzielt. Und weil das aus eigener Kraft so bald nicht gelingen wird, ist Alexander Schalck ein Anwalt enger wirtschaftlicher Zusammenarbeit mit dem westlichen Deutschland. An seiner kommunistischen Überzeugungstreue hat keiner von uns je gezweifelt. Auch bei solchen Gesprächen nicht, die ihn als einen Mann von Witz und Selbstironie auswiesen. Bei Lenins Machtfrage gibt es für den Staatskaufmann Schalck kein Schwanken. Zimperlich ist er nicht. Dabei war Schalck auf seine Weise stets ein „ehrbarer Kaufmann". Er versprach nicht mehr, als er halten konnte. Zu keiner Zeit hat er seine „Philosophie" vor Gaus oder vor mir versteckt, daß es zwischen uns und der DDR kaum noch Fortschritte geben wird, wenn wir mit dem Geld knausern, wo Ostberlin einen begründeten Anspruch auf Entlohnung zu haben glaubt.

Mal sagte er am Frühstückstisch: „Überall steigen die Kosten. Ökonomische Belastungen sind nicht von uns zu tragen. Die müssen Sie in Bonn übernehmen." Als ich ihm

Dr. Alexander Schalck-Golodkowski, Staatssekretär im DDR-Außenhandelsministerium und heimlicher Finanzminister Honeckers, verhandelt im Sommer 1983 im Auftrag des Generalsekretärs mit Franz Josef Strauß in München heimlich über den von der Bundesregierung abgesicherten Milliardenkredit.

zum wiederholten Male darstellte, wie sehr uns der erhöhte Mindestumtausch drücke, kam die Antwort: „Es gibt Dinge, die unveränderbar sind."

Nein, Alexander Schalck ist nicht zartbesaitet, und er versteht kaltblütig zu pokern. Ohne Schnörkel hat er bei seinen Gesprächen mit Vertretern der Bundesrepublik beschrieben, was machbar sei und was nicht. Von seiner Obrigkeit ist er in keinem Fall desavouiert worden. Mit sicherem Instinkt erspürt er die Zusammenhänge zwischen Politik und Wirtschaft, auch wenn er sie nach außen nicht gelten lassen mag.

Niemand sonst unter den einflußreichen DDR-Funktionären hat mich so nachdrücklich davon überzeugt, daß eine kommunistische Führung mit Geld nicht zu Konzessionen bewegt werden kann, die sie nicht aus eigenem Interesse zu machen wünscht. Im Sommer 1981, als von dem Thema Solidarnosc nach wie vor erhebliche Irritationen ausgingen, sagte Schalck: „Wir werden nicht zulassen, daß einige Leute Narrenfreiheit für sich beanspruchen. Hier geht es um unsere innerstaatliche Ordnung. Wir werden nicht an unseren Grundfesten rütteln lassen. Das würden Sie doch auch nicht." Und bei einer anderen Begegnung, als ich ihm die Schwierigkeiten schilderte, den Überziehungskredit für die DDR (Swing) in der gewünschten Höhe politisch durchzusetzen, wenn die DDR nicht wenigstens eine erkennbare Erleichterung bei den deutsch-deutschen Kommunikationen anbiete, antwortete er schroff: „Dieser Stil führt nicht weiter. Die Bundesregierung kann sich nicht immer auf ein hohes Roß setzen. Wenn es hart auf hart kommt, werden wir auch ohne Ihren Kredit überleben." Wir haben einige Monate später, einsehend, daß wir womöglich die Atmosphäre zwischen den beiden Regierungen zum Nachteil der betroffenen Menschen in der DDR durch eine Strafaktion beschädigen würden, den Kredit erneuert. Das provozierte hämische Kommentare aus den Reihen der Opposition, die uns wie gewohnt Leisetreterei vorhielt. Der im Haushalt abgesicherte Milliardenkredit vom Sommer 1983 gilt nun plötzlich als Ausweis der deutschlandpolitischen Voraus- und Weitsicht der neuen Bundesregierung. Schalck ist daran nicht unbeteiligt gewesen. Ihn kümmert im Grunde seines Herzens wenig, ob sein Gegenüber aus Bonn Christdemokrat oder Sozialdemokrat ist. Am besten hat er sich mit Karl Otto Pöhl verstanden, als der Bundesbankpräsident noch Staatssekretär im Finanzministerium war. Geldbewegung als hohe Kunst, das bewunderte er bei Pöhl. Von dieser Kunst versteht auch Alexander Schalck viel.

Mehr jedenfalls als von dem Metier der Geheimdiplomatie. Im Spätsommer 1981 wünschte er mir eine wichtige Nachricht zuzustellen. In die Residenz mochte er diesmal nicht kommen. Wir könnten uns doch in der Bornholmer Straße treffen. Er nannte eine der Querstraßen, nahe der Mauer. Gerade in dieser Gegend, wie in allen grenznahen Stadtbezirken, dürfen Passanten mit fürsorglicher Observation durch die Sicherheitsorgane rechnen.

Zu einer frühen Morgenstunde wartete er in seinem Dienstwagen. Es war ein bißchen wie in einem ost-westlichen Spionagefilm. Ich parkte hundert Meter hinter ihm. Als ich bei seinem Lada ankam, lud er mich zum Einsteigen ein. Von einem Papier ohne Briefkopf, einem „nonpaper", wie wir das in Bonn zu nennen pflegten, las er mir einen Text vor, der eine für die Westberliner verbesserte Regelung von Besuchen in der „Hauptstadt der DDR" in Aussicht stellte. Es war eine kleine, doch von uns durchaus begrüßte Konzession. Ob er deren Bedeutung durch die von ihm gewählte Kulisse überhöhen wollte, blieb unklar. Unsere Begegnung entsprach nicht gerade dem Stil, den das protokollsüchtige Außenministerium gewählt hätte, um einem fremden Missionschef eine amtliche Mitteilung zu machen.

Für die Welt der Diplomatie und der Diplomaten hatte Schalck nur milden Spott übrig, den er meist hinter einer gespielten Bewunderung für diesen Berufsstand versteckte. Nur gut, daß es in der DDR Leute wie Alexander Schalck-Golodkowski gibt. Sie bewegen in einem einzigen kurzen Gespräch mehr als die Beamten des Außenministeriums während einer langen Konferenz. Das hat auch Bayerns Ministerpräsident Franz Josef Strauß im Sommer 1983 erfahren. Mit Alexander Schalck besprach er in München die politischen und finanziellen Bedingungen des

Milliardenkredits. Vermutlich fanden die Herren bei ihrer ersten Begegnung Gefallen aneinander. Schalck, so war aus der Umgebung des CSU-Vorsitzenden nachher zu erfahren, hatte einen kleinen Zettel bei sich, auf dem er nach seinem vorbereitenden Gespräch mit Erich Honecker die wichtigsten Punkte notiert hatte. Strauß bat Schalck, ihm diesen Waschzettel zurückzulassen. Das hat der heimliche Finanzminister des Generalsekretärs höflich abgelehnt. So war es auch mir in der Bornholmer Straße ergangen. Selbst ein Papier ohne Kopf und Unterschrift hütet er wie der Rabbiner seine Thorarolle. Ohne die Mitwirkung dieses dynamischen Finanzmanagers mit seiner sicheren Witterung für Chancen und Risiken wäre zwischen den beiden Regierungen manches mißlungen. Wer mit ihm umzugehen hat, wird beachten müssen, daß Alexander Schalck auch die Begabung eines Charmeurs einzusetzen weiß. Sein Urteil wird Erich Honecker in vielen Zusammenhängen wichtiger sein als das mancher seiner Minister. Der Teetrinker mit dem schweren Gang, der vielleicht auch einen guten Geheimdienstchef abgeben würde, bleibt für die Bonner Deutschlandpolitiker ein Partner, der wie der Rechtsanwalt Vogel nicht mehr zu entbehren ist. Schalck fühlt sich dem von Honecker so oft hochgehaltenen Grundsatz vom Geben und Nehmen verpflichtet. Wenn es sich aber so fügt, daß er mehr nehmen kann, als er zu geben braucht, verbessert das seine Laune.

Wenn der Rechtsanwalt *Wolfgang Vogel,* ein Bonhomie verströmender Mann, irgendwann die Zeit fände, seine Erinnerungen zu Papier zu bringen, wären einige westdeutsche Chefredakteure vermutlich bereit, ein mittleres Vermögen als Honorar nach Ostberlin zu tragen. Wolfgang Vogel würde sich solchen Anträgen jedoch versagen. Das Geld braucht er nicht, weil er wohlhabend ist, und an Publizität kann ihm schon deshalb nicht gelegen sein, weil er sich durch Redseligkeit selber widerlegte. Zudem würde der Mann, von dem er seinen Einfluß in der DDR ableitet, der Generalsekretär höchstpersönlich, den Memoiren seines „Beauftragten für humanitäre Angelegenheiten“ schwerlich sein Imprimatur geben.

Als ich nach Ostberlin kam, wußte ich von Herbert Wehner und vom Kanzler, daß der aus Schlesien stammende Katholik ein Mann sei, dem wir trauen und vertrauen könnten. Das Treffen zwischen Wehner und Honecker am Wandlitzsee war von ihm mit Umsicht und viel politischem Fingerspitzengefühl vorbereitet worden. Ohne den Anwalt aus Teupitz bei Berlin wäre es für Wehner schwerer gewesen, die Härten der Teilung Deutschlands dort zu mildern, wo Menschen zwischen den beiden Staaten zerrieben zu werden drohten.

Nicht anders als mein Vorgänger habe ich den Rechtsanwalt in der Bonner und in der Ostberliner Zeit als einen Partner erlebt, der auf seine ganz unverwechselbare Weise das „Prinzip Hoffnung" darstellt. Wie anders erklärt sich wohl, daß ehemalige DDR-Häftlinge 1980 den Anwalt gegen eine militant antikommunistische „Gesellschaft für Menschenrechte" in Schutz nahmen und ihm bescheinigten, er habe stets auf der Seite der Gefangenen gestanden, und das Vertrauen, das sie in ihn gesetzt hätten, sei von diesem Mann nicht enttäuscht worden. Das war kein Persilschein von Leuten, die man umgedreht hatte. Der Antikommunismus der Unterzeichner eines Telegramms an Wolfgang Vogel war so authentisch wie jener der in Frankfurt ansässigen Gesellschaft, die dem Rechtsanwalt Bütteldienste im Auftrag des Staatssicherheitsdienstes vorgeworfen hatte.

Weder Herbert Wehner noch Helmut Schmidt hätten mit Vogel geredet, wenn sie auch nur den geringsten Verdacht gehabt hätten, er könne, wie ihm leichtfertig angehängt worden ist, ein Offizier der Sicherheitsorgane sein, zwar kein Guillaume, aber doch einer, der auf zwei Schultern trage. Wolfgang Vogel ist von einem seiner westdeutschen Journalistenfreunde als ein Mann geschildert worden, der zu seinen Maklerdiensten zwischen den beiden Staaten durch politische Naivität befähigt werde. Das war als Kompliment gemeint.

Richtig ist, daß Vogel zu keiner Zeit den Ehrgeiz zeigte, an hochfliegenden deutschlandpolitischen Konzepten mitzuwirken oder strategische Entscheidungen seiner Regierung zu beeinflussen. Ihn beschäftigt, ja fasziniert der deutsche Ist-Zustand; über den Soll-Zustand macht er sich Gedanken, die er für sich behält. Er bleibt bei seinem Auftrag. Eigentlich ist es eine Mission, und die ist während fast fünfunddreißig Jahren Teilung vielleicht eine der wichtigsten, die einem Deutschen von seinen Oberen zugewiesen worden ist.

Irgendwann im Frühsommer 1981 hatte er mich in sein mit alten und nicht so alten Uhren vollgestopftes Haus am Teupitzsee eingeladen. Anders als westdeutsche Boulevardblätter kolportiert haben, bewohnt der Anwalt keine pompöse Villa. Das Anwesen am Seeufer ist eher unauffällig. Das Interieur bestätigt den durchaus bürgerlichen und auch höchst deutschen Habitus und Geschmack des Besitzers. Bei ungemütlich naßkaltem Wetter besprachen wir auf einem Spaziergang unter märkischen Kiefern die Aussichten, zwischen Honecker und Schmidt einen für beide Staaten nützlichen Dialog in Gang zu bringen. Der Anwalt hatte den Kanzler schon einige Male getroffen. An manchen dieser Gespräche hatte ich teilgenommen.

Für den Bonner Regierungschef hatte Vogel eine keineswegs oberflächliche Sympathie entwickelt. Durch die freimütige Art des Kanzlers fühlte er sich in seiner Absicht bestärkt, zwischen den so ungleichen Männern Schmidt und Honecker etwas mehr Vertrauen zu schaffen. Vogel hat ein starkes Harmoniebedürfnis. Wenn es ihm gelingt, einen Konflikt zu lösen und die Konfliktparteien obendrein zu vernünftigem Umgang miteinander zu überreden, zieht er daraus vielleicht mehr Genugtuung als seine Klienten selber.

Die Absage des für den August 1980 geplanten Schmidt-Besuchs in der DDR empfand er beinahe als persönliche Niederlage und zugleich als Herausforderung zu einem neuen Versuch, den Hamburger und den Saarländer zu einem unverkrampften Gespräch zusammenzuführen. Dieser Ehrgeiz war bestimmt nicht unpolitisch. Sein Politikverständnis hat allerdings eine Menge mit Intuition zu tun. Da er in ziemlich kurzen Abständen mit Honecker sprechen kann, fast immer in humanitären Zusammenhängen, wußte er besser als manches Politbüromitglied den Manövrierraum des Generalsekretärs gegenüber Bonn ein-

Wolfgang Vogel, Rechtsanwalt, Dr. jur. h.c., enger Vertrauter Erich Honeckers, auch von Herbert Wehner, Helmut Schmidt und Rainer Barzel geschätzt, ist der Mann, der auf „stillen Wegen“ Härten der Teilung Deutschlands zu mildern sucht.

zuschätzen, kannte und kennt wie wenige andere auch die Gemütslage seines Gönners. Nur selten hat er im Gespräch mit mir seinen höchsten Auftraggeber zitiert. Er äußerte „persönliche Ansichten", die aber, wie sich wenig später ergab, stets mit denen Honeckers übereinstimmten.

Vogel läßt sich nicht zum Wunschdenken verleiten. Wenn er Möglichkeiten für eine auch nur graduelle Verbesserung der Beziehungen andeutete, konnten wir uns darauf verlassen, daß er mit verliehener Autorität sprach. Bisweilen bekam er die Empfindlichkeiten und Eifersüchteleien einiger Herren im Außenministerium zu spüren, obwohl er deren Zuständigkeiten achtete und sich nur dann auf den Weg nach Bonn begab, wenn der Marschbefehl vom „GS" selber ausgestellt worden war.

In Werbellin im Dezember 1981, bei einem der „Vier-Augen-Gespräche" lobte Schmidt den „go-between" als einen zuverlässigen Mann, der für die Kommunikation zwischen ihnen beiden fast unentbehrlich geworden sei. Honecker hörte das nicht ungern und fügte von sich aus den Satz hinzu: „Und der Wolfgang Vogel will von mir auch nicht befördert werden."

Schmückende Ämter braucht der Doktor jur. honoris causa schon deshalb nicht anzustreben, weil er seit über zwanzig Jahren durch seine Arbeit zwischen den Linien stärkere Wirkungen erzielt hat als viele andere in der DDR-Hierarchie. Mit allen in Bonn für die erst „gesamtdeutschen" und später „innerdeutschen" Beziehungen zuständigen Ministern, von Rainer Barzel bis Herbert Wehner, hat Wolfgang Vogel über den Freikauf von Häftlingen aus DDR-Gewahrsam und über die Zusammenführung getrennter Familien geredet. Es trifft zwar zu, daß er mitgeholfen hat, viele Millionen Deutscher Mark in die stets valutabedürftigen Kassen seines Staates zu transferieren. Wenn aber auf unserer Seite über die fragwürdige Formel „Menschlichkeit gegen Kasse" öffentlich nachgedacht wurde, hat er immer daran erinnert, daß die Idee mit dem Freikaufen von Menschen auf Rainer Barzel und auf Ludwig Erhards Kanzleramtschef Ludger Westrick zurückgehe. Einen westdeutschen Zeitungsmann fragte Vogel einmal: „Wer ist moralisch besser, der, der verkauft, oder der,

der kauft?" Auch Vogel idealisiert nicht die „Geschäftsgrundlage", auf der er seit 1962 handelt. Unter den Mitgliedern des Politbüros gibt es einige, die, wenn bei uns das Wort vom Menschenhandel gebraucht wird, Vogels Arbeit am liebsten beendet sehen möchten. Zu denen gehört Paul Verner.

Wolfgang Vogel, der 1962 geholfen hat, den sowjetischen Spion Rudolf Iwanowitsch Abel gegen den amerikanischen U-2-Piloten Gary Powers auszutauschen, ist schon lange keine geheimnisvolle Figur mehr. Er ist von seiner Regierung Mitte der siebziger Jahre mit dem „Vaterländischen Verdienstorden" in Gold ausgezeichnet worden. Einen Orden der Republik Österreich hat er mit einigem Stolz entgegengenommen. Es focht ihn nicht an, daß hochrangige Diplomaten im MfAA deshalb die Stirn kraus zogen. Eine Auszeichnung aus Wien hätten sich auch andere gern an den Rock geheftet. Vogel hatte etwas dafür geleistet. Denn der Mann ist weit unterbewertet, wenn man ihn nur als Vollstrecker der Entscheidungen eines anderen schildert.

In seine Kanzlei in der Reiler Straße in Berlin-Friedrichsfelde kommen nahezu täglich Menschen, die aus der DDR ausreisen wollen. Nicht wenige sind in existentieller Not. Was ich an Vogel bald schon schätzen gelernt habe, ist seine aufs Machbare gerichtete Menschlichkeit. Er kann nicht allen helfen. Gemessen an der Zahl derer, die irgendwann keinen Ausweg mehr aus ihren schwierigen Lebenssituationen sehen, sind es dennoch relativ viele. Er versucht nicht, seine Mandanten umzudrehen, wird nicht als Propagandist des Staates tätig. Er verspricht nicht mehr, als er halten kann. Er ist ein guter Psychologe im Gespräch mit denen, für die er manchmal die letzte Hoffung ist, und in der Auseinandersetzung mit jenen Behörden und ranghohen Justiz- und Staatssicherheitsfunktionären, auf deren Kooperation er auch dann angewiesen bleibt, wenn er sich der Zustimmung des Generalsekretärs zu den von ihm eingeleiteten Aktionen sicher zu sein meint. Für manche dieser SED-Leute ist er ein reichlich bunter Vogel, dessen Ausflüge in die „BRD" sie bis heute mit einer Mischung aus Mißtrauen und Neid begleiten.

Aus dem Rechtsanwalt in Berlin-Friedrichsfelde muß man keine männliche Version der Elsa Brändström machen, um seine Rolle gerecht zu beurteilen. Manche halten ihm vor, er sei ein Mann, der sich gern selber illuminiere. Seine Eitelkeiten habe ich bei vielen Begegnungen als harmlos erlebt. Seine zielstrebige, ungemein hartnäckige, bisweilen passionierte Bemühung um Menschen in Not wird nur von denen bei uns geleugnet, die dem Anwalt verargen, daß er „westlich" gekleidet ist, eine goldene Uhr trägt, und die ihn für „schillernd" halten.

Richtig ist, was der kluge Berufsdiplomat Carl-Werner Sanne, Leiter der außenpolitischen Abteilung im Bundeskanzleramt und deutschlandpolitischer Berater Schmidts, über Wolfgang Vogel sagte: „Der Mann, wenn er nicht seit langem diesem merkwürdigen und notwendigen Geschäft nachginge, müßte sonst irgendwo gesucht und gefunden werden. Ein Glücksfall, daß er so konstituiert ist, wie er gebraucht wird." Journalisten wie der ZDF-Redakteur Löwenthal, die Menschen in der DDR zu helfen meinen, wenn sie diesen Staat frontal angreifen, haben die Lage solcher Bürger eher noch erschwert. Vogel, der auf „stillen Wegen" geht, ist bei seinen Versuchen, komplizierte Fälle zu lösen, bei denen das Prestige von Staatsfunktionären berührt war, nicht selten auf unüberwindbare Widerstände gestoßen. Dann nämlich, wenn die selbstgerechten Antikommunisten mit markigen Sprüchen ihrem westdeutschen Publikum hatten weismachen wollen, man könne die DDR einen Polizeistaat nennen und damit erreichen, daß sie sich faktisch wie ein westlicher Rechtsstaat verhalte. Gerade weil sich Vogels Tätigkeit kaum anders als auf den „stillen Wegen" vollziehen kann, ist er immer wieder zur Zielscheibe von Leuten geworden, die jede Bemühung um etwas mehr Normalisierung zwischen den beiden Staaten als Akt der Unterwerfung unter den Willen der DDR denunzieren. Nicht alle Bittsteller wissen seine knappen, mit Vorsicht gesprochenen Sätze gleich zu verstehen. Über die Aussichten seiner Bemühungen und über zeitliche Horizonte äußert er sich stets verhalten. Hoffnungen auf ein gutes Ende macht er seinen Klienten erst, wenn er sich der Lösung des Falles sicher zu sein glaubt.

Wann immer Wolfgang Vogel von verbohrten Antikommunisten ins Zwielicht gebracht worden ist, hat er sich vor westdeutschen oder Westberliner Gerichten gegen die von ihm als ehrenrührig empfundenen Vorwürfe zur Wehr gesetzt. Den Rat Herbert Wehners, er solle sich eine dickere Haut zulegen, weil Diffamierungen ihm auch künftig nicht erspart bleiben würden, mochte er nicht beherzigen. Tatsächlich hat er sich auch jedesmal gegen die Verleumder durchgesetzt. Das war dem Anwalt wichtiger als ein Erfolgshonorar.

Wir trafen uns im Februar 1983 nach längerer Zeit zum ersten Mal wieder im Westen. Ihn bedrückte, daß durch Äußerungen des von ihm geachteten ehemaligen Bundesministers Egon Franke der Eindruck entstanden war, daß ein Betrag von mehr als fünf Millionen DM, den Franke nicht belegen konnte, im Zusammenhang mit humanitären Maßnahmen in die DDR geflossen seien, womöglich auf Konten des Anwalts. Daran stimmte nichts. Die Erklärungen Vogels, die er vermutlich mit Honecker abgesprochen hatte, wirkten überzeugend.

Es war das Verdienst des mit Vogel schon aus den sechziger Jahren bekannten Staatssekretärs Ludwig Rehlinger, daß sich die neue Bundesregierung nicht auf eine falsche Fährte führen ließ und dem Anwalt sogleich bescheinigte, daß die Zusammenarbeit bei der Regelung humanitärer Fragen mit der DDR stets korrekt gewesen sei und daß weder Vogel noch seine Auftraggeber mit den Finanzmanipulationen im Bundesministerium für innerdeutsche Beziehungen in der Amtszeit von Franke und seines Mitarbeiters Edgar Hirt etwas zu tun hätten. Rehlingers Intervention zugunsten des Ostberliner Anwalts kam nicht zu früh. Ohne die Ehrenerklärung wären Vogels Bemühungen um Häftlinge und um die Zusammenführung von Familien vermutlich für lange Zeit blockiert worden. Das hätten einige in der DDR nicht ungern gesehen, die sich zwar nicht trauen, die Aktivitäten ihres Generalsekretärs auf diesem Feld zu kritisieren, die dem Anwalt aber gern einige Stolperdrähte gespannt hätten. Seine Verläßlichkeit als Bürger der DDR können sie nicht anzweifeln, ebensowenig seine Tüchtigkeit im Dienst des Generalsekretärs, der ihn mit seinem persönlichen Vertrauen höher ausgezeichnet hat, als es mit dem Vaterländischen Verdienstorden oder dem Ehrendoktor möglich wäre. Zu hundert Prozent ist er der Anwalt der Interessen der DDR und weiß diese höchst tatkräftige Interessenvertretung dennoch mit der Erfüllung humanitärer Aufgaben zu vereinen. Auch DDR-Generalstaatsanwalt Streit, einst juristischer Lehrmeister Vogels, weiß seine Verhandlungskunst zu schätzen.

Als Wolfgang Vogel im Sommer 1982 von Helmut Schmidt zu dessen Sommerfest im Garten des Palais Schaumburg eingeladen wurde und mit seiner Frau auf einigen Pressefotos für seine Ostberliner Widersacher zu identifizieren war, ließen sie gegenüber westdeutschen Journalisten hämische Kommentare hören. Das brauchte Vogel nicht zu kümmern. Die Bilanz seiner Leistungen, betrachtet mit den Augen des Generalsekretärs, ist eindrucksvoll. Mehrere Bundesregierungen haben Vogel als einen Mann kennengelernt, der zäh verhandelt, aber stets glaubhaft zu machen wußte, daß es ihm zuerst um die Linderung menschlicher Not ging. Die Ursachen solcher Not aus der Welt zu schaffen, kann nicht die Aufgabe eines Maklers sein.

In einem kommunistischen Staat Außenminister zu sein, ist nicht immer ein ungetrübtes Vergnügen. Man darf viel reisen und allerhand protokollarische Ehrungen in Empfang nehmen, auch in westlichen Ländern – das putzt. Auf die eigentliche Außenpolitik haben die Amtsinhaber jedoch nur selten Einfluß. Andrej Gromyko ist die vielbeneidete Ausnahme. Er hat Sitz und obendrein gewichtige Stimme im Politbüro. Auch Leonid Breschnew und sein mit der auswärtigen Politik beschäftigtes Küchenkabinett kamen an ihm nicht vorbei. Die Kollegen des Russen sind fast allesamt nicht viel wichtiger als in westlichen Regierungen die Staatssekretäre: Sie haben auszuführen, was ihnen der Generalsekretär nach Beratungen mit dem Politbüro aufträgt. Dort und nur dort wird darüber nachgedacht, wie die Beziehungen zu den eigenen Verbündeten und zu den Regierungen der „nichtsozialistischen Staaten" aussehen sollen. Das ist in der DDR nicht anders.

Kein Wunder, daß Außenminister *Oskar Fischer* sich in seiner Haut oft unwohl fühlt. Wenn er sich mit Hans-Dietrich Genscher „am Rande" der UN-Vollversammlung traf, hatte er dem Bonner Außenminister kaum je etwas mitzuteilen, was dieser nicht schon wußte. Zuweilen hatte es sogar den Anschein, als sei Fischer über die Kontakte zwischen Bonn und Ostberlin weniger gut unterrichtet als Genscher. Eigene Gedanken zum Verhältnis zwischen den beiden Staaten zu entwickeln, hat er gar nicht erst versucht. In Werbellin war Fischer die prominenteste Nebenfigur. Drei Tage lang trug er seine schlechte Laune vor sich her.

Seine Zuständigkeit für die Deutschlandpolitik läßt Erich Honecker von niemandem antasten. Seine „Richtlinienkompetenz" wird allein durch die Notwendigkeit relativiert, daß alle wesentlichen Schritte zuvor mit dem Politbüro abgestimmt werden müssen. Nicht anders ist es mit den Beziehungen zu den westlichen Regierungen allgemein. Spätestens mit seinen Reisen nach Österreich, Japan und Mexiko hat der Generalsekretär die Außenpolitik als eine ihn faszinierende Beschäftigung entdeckt. In Wien hinterließ er bei Bundeskanzler Bruno Kreisky den Eindruck eines ehrlich um den Frieden besorgten Mannes, der Konfrontationen zwischen den beiden deutschen Staaten abbauen will. In Japan präsentierte er sich wirkungsvoll als Botschafter der einen, ungeteilten deutschen Kulturnation. In Mexiko intonierte er mit für ihn günstigem Echo das seiner Biographie wegen glaubhaft wirkende Thema der „antifaschistischen" DDR. In Tokio brachten ihn Fragen nach der Berliner Mauer nicht in Verlegenheit. Die Zuhörer konnten meinen, daß der Generalsekretär eigentlich erleichtert sein würde, wenn der „antifaschistische Schutzwall" sich irgendwann als entbehrlich erwiese. Seine deutschen Zuhörer in der japanischen Hauptstadt überraschte er mit der Äußerung, es sei besser, ein fremdes Land einmal zu besuchen, als hundertmal nur darüber zu hören. Da konnte er sich der uneingeschränkten Zustimmung aller DDR-Bürger sicher sein.

Zumal die Reise nach Wien erzeugte, wenn auch nur mittelbar, günstige Wirkungen für das Verhältnis zwischen Honecker und Schmidt. Der österreichische Kanzler, der von Anfang an darauf achtete, daß überdurchschnittlich fähige Diplomaten nach Ostberlin geschickt wurden, bestärkte den Bonner Regierungschef in der Einschätzung, der Generalsekretär sei ein lohnender Partner für Gespräche über weiterführende Sachlösungen auf verschiedenen Feldern der europäischen Politik. Mit der notwendigen Diskretion betätigte sich Bruno Kreisky gelegentlich als kritischer Interpret der Vorstellungen Honeckers. Zugleich war er als Makler zugunsten des Bundeskanzlers bei dem wichtigsten Mann der DDR vorstellig geworden.

Von Jahr zu Jahr beschäftigte sich Honecker intensiver mit der komplizierten Thematik der Abrüstung und der Rüstungsbegrenzung. Offenkundig ist er der Meinung, daß diese Probleme zu bedeutsam sind, als daß er sie seinen Fachleuten überlassen dürfte.

Unter dem Dach des MfAA gibt es einen Beamten, ein Sachse von Geburt und obendrein von Überzeugung, der von den Problemen zwischen den beiden Staaten so viel versteht wie kaum ein anderer in der DDR. Wegen seines politischen Urteilsvermögens und seiner Vertrautheit mit allen Facetten der zwischen Bonn und Ostberlin strittigen Fragen hat er das Vertrauen und die persönliche Anerkennung Honeckers.

Karl Seidel leitet in Fischers Ministerium die „Abteilung für die Beziehungen zur BRD". Für Gaus und später für mich war er der wichtigste und häufigste Gesprächspartner, Absolvent einer „Arbeiter-und-Bauern-Fakultät", überzeugter Kommunist, ganz gewiß, aber kaum einer von denen, die das eigene Regime kritiklos und den westlichen deutschen Staat als die Verkörperung alles Bösen sehen. Seidel denkt nicht wie die meisten seiner Kollegen in Freund-Feind-Kategorien. Er hat eine genaue Kenntnis der in Bonn mit dem deutsch-deutschen Verhältnis beschäftigten Politiker, ihres Denkens und ihrer Einstellung zur DDR. Er kennt die Rivalitäten unter den Deutschlandpolitikern der verschiedenen Parteien, er weiß zwischen denen zu unterscheiden, die meist nur freundliche Sprüche machen und nichts bewegen, und den anderen, die in die

DDR kommen, um schrittweise etwas verändern zu helfen, und die darum auch bereit sind, auf die Interessen der DDR Rücksicht zu nehmen.

Von Jürgen Weichert, dem vor wenigen Jahren verstorbenen Ministerialdirektor im Innerdeutschen Ministerium und gedankenreichen Gehilfen Herbert Wehners, hatte ich diesen Karl Seidel als einen Mann geschildert bekommen, der ein ehrlicher und verläßlicher Partner sei. Dabei hatte Weichert nicht unterschlagen, daß der Abteilungsleiter „BRD" für unsereinen nicht bequem sei, vielmehr ein hartnäckiger Anwalt der auf Gleichberechtigung gerichteten Interessen seiner Regierung. Dabei sei er doch einer jener Funktionäre, die trotz unbedingter Loyalität zu ihrem Staat zu nachbarschaftlichen Beziehungen beitragen wollen, weil sie sich von einer strikten Abgrenzungspolitik für die eigene Sache nichts Gutes erhoffen.

Karl Seidel hat vor mehr als zehn Jahren als Mitarbeiter des von seiner Regierung mit der Verhandlungsführung beauftragten Michael Kohl auf den „Vertrag über die Grundlagen der Beziehungen" erheblich Einfluß genommen. Vom Rampenlicht hielt er sich fern, ein uneitler Mann, eher wortkarg und ohne jene verkrampft-aggressive Haltung, mit der manche seiner Kollegen im Außenministerium Besuchern aus der Bundesrepublik entgegenzutreten pflegen. Ähnlich Honecker selber ließ Seidel immer wieder Sympathie für die deutschlandpolitischen Konzepte und die operativen Ideen Herbert Wehners erkennen. Bei dem sächsischen Landsmann konnten er und der von ihm fachlich beratene Generalsekretär sicher sein, daß er die DDR nicht in die Ecke zu drängen und zu übertölpeln versuchen würde.

Der Name von Karl Seidel fand sich in unseren Zeitungen immer dann, wenn der Ständige Vertreter der Bundesrepublik gegen Maßnahmen der DDR Verwahrung einzulegen oder ausdrücklich zu protestieren hatte, die von uns als Verstöße gegen den Grundlagenvertrag oder gegen die Schlußakte von Helsinki angesehen wurden. Immer wieder mußten Gaus und später ich selber gegenüber Seidel über die Einengung der Arbeitsmöglichkeiten unserer Journalisten Klage führen, denen die DDR zeitweilig weni-

Das Gesprächsklima ist gut. Bei seinem ersten Besuch in Wien gelingt es Erich Honecker, den österreichischen Bundeskanzler Bruno Kreisky davon zu überzeugen, daß er Konfrontationen zwischen den beiden deutschen Staaten nach Kräften abzubauen sucht.

Erich Honecker bei seinem Staatsbesuch in Mexiko im September 1981. Rechts Staatspräsident Lopez Portillo.

„Einmal sehen ist besser als hundertmal hören", so Erich Honecker bei seinem Staatsbesuch in Japan. Die Universität Tokio verleiht ihm bei dieser Gelegenheit einen Ehrendoktor.

ger Bewegungsspielraum einräumen wollte, als selbst die Regierung in Moskau den westlichen Korrespondenten gewährte. Natürlich mußte Seidel unsere Kritik an der ängstlich-bürokratischen Handhabung der pressepolitischen Richtlinien seiner Regierung stets zurückweisen und die Schuld für die Behinderung bei den Berichterstattern ansiedeln. Es war ihm nicht immer ganz wohl bei diesen diplomatischen Pflichtübungen. Oft genug habe ich ihm dargestellt, daß sich die bei seiner Regierung akkreditierten westdeutschen Pressevertreter fast ausnahmslos mit viel gutem Willen um eine Versachlichung des Urteils ihrer Leser, Hörer und Zuschauer über die DDR bemühten, daß sie viele kleinliche Schikanen übergingen und den Versuchungen einer Konfliktberichterstattung widerstünden.

Seidel hat das nicht nur gewußt, er hat wohl auch anerkannt, daß die meisten unserer Journalisten durch ihre Arbeit die Beziehungen positiv zu beeinflussen suchten. Ihm leuchtete kraft seiner Intelligenz ein, daß die Korrespondenten kritische Urteile über die Unterdrückung von Andersdenkenden in der DDR dennoch nicht verschweigen wollten. Sein Gesicht bekam einen leidenden Zug, wenn ich ihm vortrug, daß die Bundesregierung die Behandlung der Korrespondenten als Belastung für die Beziehungen zwischen Bonn und Ostberlin ansehe. Alle diese Schikanen illustrierten ja nicht Souveränität und Gelassenheit der DDR, sie verrieten im Gegenteil, wie wenig man sich in der Führung der eigenen Sache sicher war.

Die mit polizeilichen Mitteln erzwungene Isolierung des Physikers Robert Havemann war dafür eines von vielen Beispielen. Die Vorstellungen dieses Mannes, der in seinen Grundüberzeugungen als Kommunist niemals schwankend geworden ist, konzentrierten sich auf einen menschlichen Sozialismus. Havemann wollte nicht die DDR als Staat in Frage stellen, nur die Inhalte der Politik. Erst die harte Reaktion der Partei, der er über Jahrzehnte treu gedient hatte, machte ihn zu einem Märtyrer auch in jenen Zeitungen bei uns, die für seine Gedankenwelt nicht die geringsten Sympathien hatten. Es war selbstverständlich, daß die in der DDR tätigen westdeutschen Journalisten über die Drangsalierung dieses für die Führung unbequemen Mannes berichteten. Sie konnten sich schließlich nicht zu Komplizen jener Funktionäre machen, die sich der geistigen Auseinandersetzung mit Havemann entzogen und ihn mit Hilfe „administrativer" Praktiken totzuschweigen suchten. In der Berichterstattung über den Fall Havemann oder andere Dissidenten in unseren Medien vermochten die Bürokraten im Ostberliner Presseamt nur feindselige Aktionen gegen die DDR zu erkennen. Daß sie durch die Maßregelung von Journalisten, die die inneren Konflikte im Land des „real existierenden Sozialismus" schließlich nicht erfunden, sondern lediglich beschrieben hatten, dem Ansehen der DDR immer wieder und nachhaltig schadeten, wollte und will nicht in ihre Köpfe.

Einem Mann wie Karl Seidel mögen die Reaktionen seiner Obrigkeit manchmal vielleicht übertrieben vorgekommen sein. Angedeutet hat er das, versteht sich, zu keiner Zeit. Dann und wann gab es Zwischentöne, die mich vermuten ließen, Seidel habe begriffen, um wieviel klüger es wäre, die westdeutschen Korrespondenten, statt sie aus geringfügigem Anlaß zu schurigeln, zu Dolmetschern der Interessen seiner Regierung zu machen. In seinem Ministerium und bei seinem unmittelbaren Vorgesetzten würde er für diese Argumentation kaum Verständnis finden. Dort sind die meisten auch heute noch so sehr auf die Wahrung vermeintlichen Prestiges fixiert, daß sie die Chancen, die ihnen durch Anwesenheit unserer Journalisten geboten werden, einfach nicht wahrnehmen. Eine Menge guten Willens bei unseren Korrespondenten ist von engherzigen Funktionären verspielt worden.

Wenn die für die Pressepolitik verantwortlichen Beamten im MfAA auch nur ein wenig von der Gelassenheit zeigen könnten, die Honecker in kurzen Dialogen mit dem früheren ARD-Korrespondenten Fritz Pleitgen oder in Werbellin, obendrein mit erkennbarem Vergnügen, mit Friedrich Nowottny vorgeführt hat, wäre ein wichtiger Beitrag zur Entkrampfung geleistet. Aber auch der Generalsekretär hat das erst lernen müssen. Nowottny war von dem neuen Stil Honeckers in der Schorfheide so beeindruckt, daß er ihm, halb spaßhaft, ein Interview im „Bericht aus Bonn" antrug. Vermutlich hätte der Generalsekretär ihn dann auch nach Art fernseherfahrener Politiker in der Bundeshauptstadt mit seinem schlesischen Familiennamen angeredet.

Ohnehin bevorzugen die gelegentlich zu Kontakten mit westlichen Journalisten aufgelegten DDR-Funktionäre Unterhaltungen mit Presseleuten, die von außerhalb einreisen. Jene, die bei ihrer Regierung akkreditiert sind, lernen nun einmal ziemlich schnell, daß die Errungenschaften des ersten Arbeiter- und Bauernstaates auf deutschem Boden nicht ganz so prächtig sind, wie sich das in Reden auf SED-Parteitagen ausnimmt.

Von Karl Seidel werden Aufsätze, Reportagen oder Kommentare der in Ostberlin unter nach wie vor schwierigen Bedingungen arbeitenden Korrespondenten aufmerksamer gelesen als in den heimatlichen Redaktionen. Die Lektüre der „Frankfurter Allgemeinen" Zeitung, der „Süddeutschen Zeitung" oder der „Frankfurter Rundschau" ist für die durch den Bezug dieser Blätter privilegierten Funktionäre in den oberen Etagen der Staats- und Parteiführung ungleich spannender als die des „Neuen Deutschland". Die ihrem eigenen Staat gewidmeten Berichte werden, gar nicht so selten, zum Gegenstand ausführlicher Gespräche, auch unter den Mitgliedern des Politbüros. Es soll sogar vorgekommen sein, daß kritische, aber nicht in feindseliger Absicht verfaßte Berichte über die DDR die Meinungsbildung der Führung positiv beeinflußt haben, wenngleich nur in Nuancen. Die ZDF-Sendung „Kennzeichen D" des standfesten Berliner Journalisten Hanns Werner Schwarze hat manchen Funktionär nachdenklich gemacht und viele Nachbarn ermutigt. Gelegentliche Anstöße zu selbstkritischer Beschäftigung mit der eigenen Politik haben den führenden Leuten der DDR mitunter sogar Leitartikel in München und in Frankfurt geliefert. Das ist verbürgt.

Wann immer ich das Ministerium für Auswärtige Angelegenheiten der DDR betrat und in einem schlicht möblierten Besucherzimmer Karl Seidel gegenübersaß, dachte ich, kaum anders vermutlich als vor mir Günter Gaus, es sei ein mühsames Geschäft, mit diesem Staat zu handeln, aber es lohne sich, denn man rede mit jemandem, der einem den guten Willen glaube und einen nicht als Klassengegner schablonisiere. Bei dem stellvertretenden Außenminister *Kurt Nier* hat sich solche Hoffnung fast jedesmal nach wenigen Minuten verflüchtigt. Da sollte dem Ständigen Vertreter der Bundesrepublik Deutschland suggeriert werden, die Begegnung zweier dieselbe Sprache sprechender Staatsdiener bedeute durchaus nicht, daß man auch die gleiche Sprache spreche und daß die im Artikel I des Grundlagenvertrages als gemeinsames Ziel genannte gute Nachbarschaft für die DDR nichts Wichtigeres sei als die Beziehung zu irgendeinem anderen Staat.

Am 11. Dezember warteten wir in einem Regierungsvertretern vorbehaltenen Raum des Flughafens Schönefeld bei Berlin auf den Bundeskanzler: der Protokollchef Jahsnowski, Ewald Moldt und eben jener Kurt Nier, mit dem weder Gaus noch ich zu einem lebendigen Gespräch gekommen sind, weil dieser durch und durch funktionärhafte Mann die Argumente seines Gesprächspartners, mag er sie auch für nachdenkenswert halten, zwar sorgfältig registriert, aber nicht gewillt ist, sie aufzunehmen und darauf zu reagieren. Ich erzählte den Herren, daß unser Auswärtiges Amt gelegentlich junge Diplomaten aus den uns verbündeten Staaten als Hospitanten einlade und daß umgekehrt auch unsere Legationssekretäre die Möglichkeit hätten, sich in den Außenministerien in London und Paris mit den Traditionen und Arbeitstechniken befreundeter Regierungen vertraut zu machen. Vielleicht schafften wir es ja, daß diese gute Übung eines Tages auch zwischen der DDR und der Bundesrepublik praktiziert werde. Was ich mit etwas Ironie, aber doch mit ernstem Unterton gesagt hatte, wurde von Nier offenkundig als Versuch mißverstanden, eine Stunde vor der Landung der Luftwaffenmaschine gesamtdeutsche Konterbande loszuwerden. Eigentlich müßten gelernte Marxisten, dachte ich, Spaß an Gesprächen haben, die nach den Gesetzen der Dialektik ablaufen. Leider gibt es in der DDR nur wenige solcher Männer. Der für die Bundesrepublik Deutschland im MfAA zuständige stellvertretende Außenminister gehört ganz sicher nicht zu ihnen.

Einem Diplomaten-Funktionär wie Nier ist vermutlich alles verdächtig, was sich außerhalb seines Ministeriums tut. Er vertritt die reine Lehre, wonach eines Tages auch die letzten Elemente von „besonderen Beziehungen" zwischen uns getilgt sein sollen. Aus dieser Fiktion möchten solche Leute möglichst noch zu Lebzeiten eine dann nicht mehr zu verändernde Realität machen. In *Ewald Moldt,* dem Ständigen Vertreter der DDR in der Bundeshauptstadt, verfügt er über einen verläßlichen Parteigänger, der die Abgrenzungspolitik geradezu verinnerlicht hat und der schon manches Mal mit den Zähnen knirschte, weil seine Obrigkeit in Berlin andere Wege der Verständigung mit der Bonner Führung für nützlicher hielt als jene, die nach Moldts Meinung die erlaubten sein sollten.

Immerhin steht fest, daß zum Schluß alle strategischen und taktisch-operativen Unternehmungen der DDR in einer einzigen Marschroute zusammengeflossen sind. Auf unserer Seite hat es an der gebotenen Koordinierung und Geschlossenheit verschiedentlich gefehlt. Wir hatten folglich nie eine Chance, mit einer der an den Entscheidungsprozessen beteiligten Gruppen in der Partei- und Staatsführung eine andere zu desavouieren. Die DDR hatte da gar nicht so selten schöne Erfolgserlebnisse, die ihr durch die Kompetenzgefechte zwischen dem Bundeskanzleramt und dem Ministerium von Egon Franke beschert wurden.

An Wichtigtuern fehlt es auch in der DDR-Führung nicht, die sich als Weichensteller beleuchten lassen wollen. Sie sind allerdings in die eiserne Disziplin der Partei eingebunden und können sich nicht so mühelos entfalten wie manche der auf dem Feld der Deutschlandpolitik nach „Profil" strebenden Politiker am Rhein.

Es gibt ja bei uns nicht nur Leute, die durch eherne Sprüche kundtun wollen, daß sie nicht zu den Aufgeweichten und Leisetretern zählen, sondern auch andere, die sich bei ihren DDR-Gastgebern mit Kratzfüßen einführen. Solche habe ich in der Delegation einer kleinen, auf ihre fortschrittliche Reputation stolzen Gewerkschaft erlebt. Aufgeklärte Konservative, die sich in der CDU als aktive Deutschlandpolitiker hervortun wollen, haben sich auf ähnliche Weise anpasserisch verhalten. Auf der Leipziger

Kurt Nier (Mitte), stellvertretender Außenminister der DDR, zuständig für die Beziehungen zur Bundesrepublik, ist als Anhänger der Abgrenzungspolitik ein schwieriger Gesprächspartner. Zweiter von rechts: Abteilungsleiter „BRD“ Karl Seidel, unbequem, aber verläßlich. Links: Jürgen Weichert, Ministerialdirektor im Bundesministerium für innerdeutsche Beziehungen, bis zu seinem Tod kenntnisreicher und urteilssicherer Ratgeber Herbert Wehners.

Frühjahrsmesse 1982 hatte sich Erich Honecker auf dem Stand der Firma Wolff angesagt. Der Raum, in dem Otto Wolff von Amerongen den Staatsratsvorsitzenden empfangen wollte, war schon eine Stunde vor dessen Erscheinen überfüllt. Zu den prominenten westdeutschen Messebesuchern, dem Firmeninhaber befreundet, gehörten auch der CDU-Schatzmeister Leisler Kiep und die niedersächsische Wirtschaftsministerin Birgit Breuel. Beide hatten Wolff gegenüber den Wunsch geäußert, in die Nähe des Generalsekretärs gesetzt und in das Gespräch einbezogen zu werden. Das war vom Protokoll nicht vorgesehen. An dem kleinen Konferenztisch konnten nur mit Mühe die Honekker begleitenden Politbüromitglieder, der Gastgeber Otto Wolff und ich selber Platz finden. Frau Breuel und Kiep bedrängten den Firmeninhaber heftig, er möge sie Honekker wenigstens im Vorübergehen vorstellen. So geschah es auch, und die Journalisten erlebten und glossierten die Beflissenheit, mit der Schatzmeister und Ministerin dem Generalsekretär ihren „good will" vorführten. Ein Begleiter Honeckers zeigte sich mit der Bonner Dramaturgie gut vertraut: „Alles in Ordnung. Jetzt ist auch die Opposition auf dem Bildschirm."

Nach einem Besuch bei Günter Mittag in Ostberlin im Sommer 1983 gab die CDU-Politikerin dem ZDF zu Protokoll: „Ich darf erst einmal sagen, daß das Gespräch in einer ungeheuer freundlichen Atmosphäre stattgefunden hat, sicher das Ergebnis von vielen Gesprächen vorher. Ich darf ferner darauf hinweisen, daß wir die Raketen sofort ausgeklammert haben, die in einem solchen Gespräch gar nicht erst zur Debatte stehen sollten, und uns den deutsch-deutschen Themen zugewandt haben und hier die DDR in freundlich abwartender Form darauf hingewiesen hat, daß sie davon ausgeht, daß die Bundesregierung hier im Herbst noch einiges Initiatives von sich gibt; und ich glaube, daß mit diesem Hinweis die Bundesregierung die Möglichkeit hat, die deutsch-deutschen Beziehungen positiv weiterzuentwickeln." Mag sein, daß die allzeit rührige Wirtschaftsministerin bereits in die Pläne der Bundesregierung eingeweiht war, der DDR durch die Verbürgung eines Milliardenkredits zu demonstrieren, wie wenig sich

Erich Honecker mit Walther Leisler Kiep auf der Leipziger Messe. Der CDU-Politiker, seit Jahren um die Förderung des innerdeutschen Handels bemüht, balanciert lange zwischen deutschlandpolitischem Realismus und Rücksichtnahme auf die konservativen Kräfte in der eigenen Partei, nicht zuletzt auf Bayerns Franz Josef Strauß.

eine konservative Regierung von ihren antikommunistischen Glaubenssätzen beschwert fühlt, wenn sie ihr im Weg sind. Oder war es Einfalt aus lauteren Motiven?

Staunenswerte Flexibilität konnte ich ein Jahr vorher an dem so gern als deutschlandpolitischem Avantgardisten sich darstellenden Leisler Kiep beobachten. In Leipzig hatte ich ihm in Gegenwart von Frau Breuel und dem später zum Wirtschaftssenator in Westberlin berufenen CDU-Abgeordneten Pieroth dargelegt, warum wir die Forderungen Honeckers in der Rede von Gera ernst nehmen und warum wir über den Wunsch des Generalsekretärs nach einer Regelung der Elbgrenze zumindest mit der DDR reden sollten. Da es hier in Wahrheit nicht um eine nationale Schicksalsfrage gehe, sondern um mehr Sicherheit auf dem deutschen „Schicksalsstrom", sollten wir, so argumentierte ich, über eine Markierung der knapp hundert Kilometer zwischen Schnackenburg und Lauenburg dann verhandeln, wenn die andere Seite in Sachen Elbverschmutzung oder zusätzlicher Grenzübergänge nach Niedersachsen Gesprächsbereitschaft zeige. Ausdrücklich bestätigte Kiep, daß diese Überlegungen bedenkenswert seien. Damals noch Finanzminister im Kabinett Albrecht, bot er von sich aus an, mit dem Ministerpräsidenten über das Thema zu reden. Einige Zeit später berichtete die „Frankfurter Allgemeine" Zeitung über eine Sitzung der Grenzkommission, gebildet aus Beamten der Bundesregierung und der DDR-Regierung. Unter Berufung auf Kiep wurde gemeldet, ich hätte in Leipzig angedeutet, daß wir unseren Rechtsanspruch auf das Ostufer preisgeben sollten. Auf einen Brief an Kiep, in dem ich ihn um eine Klarstellung bat, erhielt ich keine Antwort. Gewiß, der Vorgang war nicht sehr bedeutsam, eine der vielen Indiskretionen zum Zweck parteipolitischen Geländegewinns, aber nicht ganz untypisch für einen Mann, der zwischen seinen mitunter recht mutigen liberalen Standpunkten und der Rücksichtnahme auf seine zu keinerlei Kursänderung in der Deutschlandpolitik geneigten Parteifreunde zu balancieren versteht.

Sozialdemokraten des linken Flügels waren, anders als die rechte Presse glauben machen wollte, für ihre Ostberliner Gastgeber keine bequemen Gesprächspartner. Ich denke an die Abgeordneten Karsten Voigt, Wolfgang Roth und den Hannoveraner Rechtsanwalt Gerhard Schröder, die aus ihrer Zeit als Jungsozialisten Beziehungen zu dem FDJ-Sekretär Egon Krenz unterhielten. Bei ihren Diskussionen mit den Vertretern der Staatsjugend hielten sie es nicht für zwingend, alle Positionen der Bundesregierung zu vertreten, was man ihnen nicht verargen durfte. Sie ersparten den FDJ-Oberen aber nicht harte Fragen nach der forcierten Militarisierung der Jugend, nach dem Wehrkundeunterricht und den Möglichkeiten der jungen Männer in der DDR, den Wehrdienst zu verweigern.

Im Frühjahr 1982 traf der Saarbrücker Oberbürgermeister Oskar Lafontaine seinen Landsmann Honecker zu einem Gespräch, das nicht nur wegen des landsmannschaftlichen Hintergrundes volle vier Stunden dauerte. Wiederum sprach der Generalsekretär von seinen Sorgen für den Fall einer Nachrüstung. Da war allerhand Übereinstimmung zwischen den beiden Saarländern. Der jüngere Sozialdemokrat wollte die Harmonie nicht übertreiben. Er wollte von dem Kommunisten Erich Honecker wissen, warum ein sich sozialistisch darstellender Staat wie die DDR seine Armee so demonstrativ preußisch ausstaffiere. Warum eigentlich die Soldaten eines Arbeiter- und Bauernstaates den Stechschritt lernen und vorführen müßten. Was das mit den antimilitaristischen Traditionen der Arbeiterbewegung zu tun habe. Die Antworten des Generalsekretärs, so erzählte mir Lafontaine später, waren defensiv, fielen nicht sehr überzeugend aus, ja, der Sozialdemokrat aus Honeckers alter Heimat meinte sogar, bei dem Landsmann aus Wiebelskirchen so etwas wie Verlegenheit zu spüren.

Ein Deutschland-Sachverständiger wie Karl Seidel, der alle diese Begegnungen zustande bringen half, handelte stets auf der Linie des Generalsekretärs. Da er an der Ausarbeitung des Grundlagenvertrages mitgewirkt hatte, nahm er auch jene mündliche Vereinbarung ernst, die zwischen den vertragschließenden Parteien Konsultationen auf Gebieten von gemeinsamem Interesse vorsieht, solchen vor allem, die „für die Sicherung des Friedens in Europa von Bedeutung sind“. Die werden freilich nur Nutzen stiften, wenn beide Regierungen den Willen haben, aufeinander zu hören und Kompromisse zu schließen, die durch den Gegensatz der politischen Ordnungen nicht behindert zu werden brauchen. Da müssen beide noch viel lernen. Die Besserwisser stellen heute noch auf beiden Seiten die Mehrheit. Die Zahl der Kleingläubigen ist groß, dort wie bei uns. Einem Mann wie Seidel kann es nicht schaden, wenn er in Bonn als einer respektiert wird, der beim Abbau von Spannungen mithelfen möchte. Der Entspannungswille kann sich auf vielen Gebieten zeigen: bei Problemen wie etwa der Wassergüte der Elbe, der Entsalzung der Werra, dem nichtkommerziellen Zahlungsverkehr oder dem mit vielen Emotionen belasteten Thema der Kriegsgräberpflege in der DDR. Vielleicht gehört der „Abteilungsleiter BRD", der Honecker mit fundierten Unterlagen zu beliefern hat, zur „alten Schule", die bei aller Lobpreisung des „sozialistischen Vaterlands" die Abschottung gegenüber der Bundesrepublik für eine unzulängliche Antwort auf die Herausforderung durch den „westdeutschen Imperialismus" ansieht. Im Ministerium für Auswärtige Angelegenheiten gibt es Leute von Rang und Einfluß, die seit Jahren darauf hinwirken, daß die Bundesrepublik Deutschland für die DDR ein Staat wie jeder andere wird. Dann erst meinen sie sich in ihrer DDR ganz sicher fühlen zu können. Doch gerade in diesem Punkt dürfen sie sich nicht auf ihren Generalsekretär berufen. Der sollte ihnen lieber etwas von seinem eigenen Selbstbewußtsein vermitteln, ohne das er für uns nicht der wichtigste Gesprächspartner hätte werden können. Mit Unterstützung jener wenigen Vertrauten Honeckers, die bei zahlreichen Begegnungen die Sache der DDR offensiv und gleichzeitig kompromißbereit vertreten haben, können wir weiterkommen. Von den Klassenkämpfern, die sich dem Klassenfeind in Wahrheit gar nicht stellen wollen, ist für die beiden deutschen Staaten nichts zu erhoffen.

Der Statthalter

KAPITEL VI

Zum traurigen Schluß fühlte sich der Außerordentliche und Bevollmächtigte Botschafter der UdSSR in der DDR von Richard von Weizsäcker, dem liberalen CDU-Mann, besser behandelt als von der Regierung, bei der er beinahe zwei Jahrzehnte akkreditiert gewesen war. Der Regierende Bürgermeister hatte den „Regierenden Botschafter" als einen der Architekten des Vier-Mächte-Abkommens mit protokollarischen Ehren verabschiedet. Anderntags äußerte sich der russische Diplomat in einem Fernsehinterview mit einer für seine Verhältnisse ungewöhnlichen Liebenswürdigkeit über den Christdemokraten.

Gleichsam über Nacht war der stolze Mann von seiner Regierung von einem der für die Sowjetunion wichtigsten Posten abberufen und zum Vorsitzenden des Staatlichen Komitees für Touristik herunterbefördert worden. Einige Wochen vor Abrassimows Schicksalstag war Erich Honekker bei Andropow gewesen, hatte den höchsten Orden der Sowjetunion und, so wurde in Ostberlin vermutet, die Zusicherung erhalten, daß der Diplomat, den der Generalsekretär der SED schon lange als Plage empfunden hatte, durch einen neuen Mann ersetzt werde. Andrej Gromyko konnte ihn nicht länger vor dem Ungemach schützen, das sich über viele Jahre in Ostberlin über seinem weißhaarigen Popenkopf zusammengezogen hatte. Dabei hatte es eine Zeit gegeben, in der sich der Weißrusse und der Saarländer als Freunde dargestellt hatten. Der Wechsel von Walter Ulbricht zu Erich Honecker war nicht ohne unsichtbares, doch sehr aktives Zutun von Abrassimow bewerkstelligt worden. Der Sachse war in mancher Beziehung für die Sowjetunion zu einem schwierigen Partner geworden. Der neue Mann, so erwarteten die Führung in Moskau und ihr Mann in Ostberlin, werde mehr Einsicht in die Notwendigkeiten der sowjetischen Außenpolitik zeigen. Abrassimow fühlte sich als Erich Honeckers geneigter Mäzen. Die Federführung für die Deutschlandpolitik der DDR gedachte er fürsorglich in den eigenen Händen zu behalten. Die Berlin betreffenden Fragen sollten die Gastregierung ohnehin nicht kümmern, eine viel zu sensitive Angelegenheit, als daß er seine Zuständigkeit mit den Genossen im Ministerium für Auswärtige Angelegenheiten hätte teilen wollen. Das hat er westlichen Besuchern immer wieder zwischen den Zeilen zu verstehen gegeben. Sein Vorgesetzter Gromyko wird ihm über die langen Jahre, in denen sich die Entfremdung zwischen seinem Botschafter und Honecker entwickelte, Schützenhilfe gegeben haben. Sonst hätte Abrassimow für seine Rolle als Mentor der DDR-Führung und für den von seinen deutschen Gesinnungsfreunden so manches Mal als unerträglich empfundenen hochfahrenden Umgangston mit ihnen viel früher den Preis entrichten müssen.

Nicht unvorbereitet trat ich Mitte Februar 1981 einem Sowjetdiplomaten gegenüber, über den ich aus den Berichten der drei westlichen Botschafter schon einiges erfahren hatte. Es war Abrassimows unverwechselbarer Stil, daß er sich anderen Diplomaten als eine bereits ausgewiesene Gestalt der Zeitgeschichte präsentierte. Das Vier-Mächte-Abkommen über Berlin war von Abrassimow wesentlich mitgestaltet worden. An dem Tag, an dem er stürzte, gingen seine Feinde in der Sowjetbotschaft zu westlichen Journalisten und erzählten hinter vorgehaltener Hand, der Chef habe sich seinerzeit von den Westmächten „reinlegen" lassen und übertriebene Zugeständnisse gemacht – eine bösartige Unterschätzung ihres gestürzten Vorgesetzten.

Der Salon, in dem Abrassimow seine Kollegen empfing,

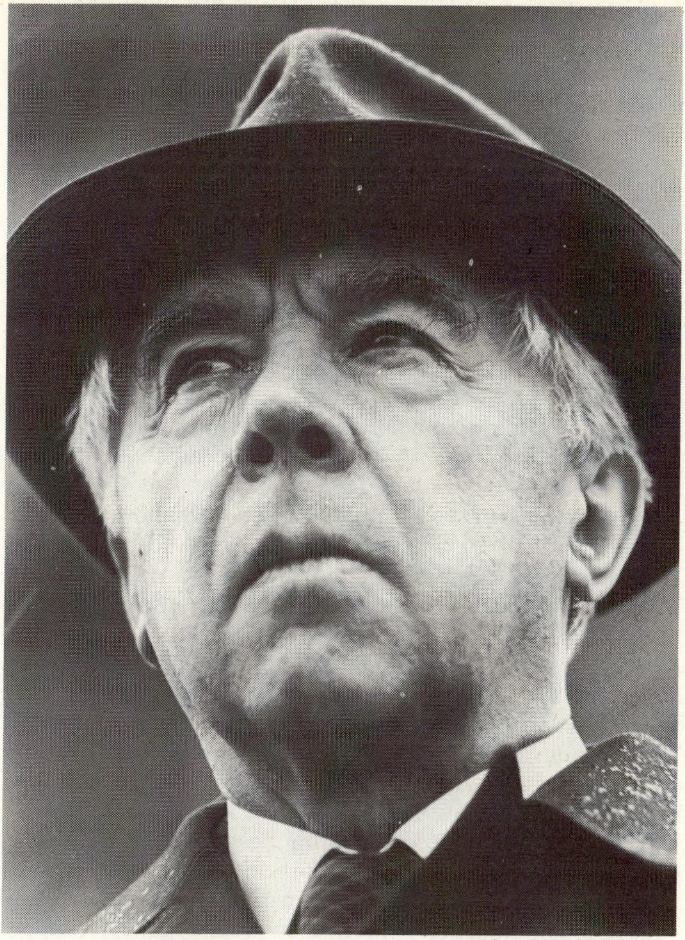

Der „Regierende Botschafter", wie er zuerst von seinen deutschen Genossen tituliert wird: Pjotr Abrassimow, fast zwei Jahrzehnte Botschafter der UdSSR in Ostberlin. Im Frühjahr 1983 holt Andropow ihn nach Moskau zurück, weil Honecker den Diplomaten, der ihn oft genug zu bevormunden sucht, als Belastung der Beziehungen zwischen der DDR und der Sowjetunion empfindet.

westliche und östliche, ist zeitlos russisch möbliert, ein runder Tisch mit einer schweren Decke und Spitzendeckchen darüber, eine goldgerahmte Birkenlandschaft, die große Weite der Heimat des Hausherrn symbolisierend. Bei meinem Antrittsbesuch war der Russe liebenswürdig und wollte doch gleich beim ersten Gespräch Maß nehmen. Die neuen sowjetischen Mittelstreckenraketen vom Typ SS-20 waren für ihn nur unwesentlich modernisierte Versionen der veralteten SS-4- und SS-5-Raketen und darum für den Westen kein Grund zur Beunruhigung. Gleichviel, ob Abrassimow mit dem amerikanischen, englischen oder französischen Botschafter redete oder an diesem Februartag mit mir, stets folgte er dem gleichen Rezept: Der Gast hatte sich einen „Prawda"-Leitartikel anzuhören, sollte ein Schuldgefühl eingeredet bekommen und fand, wenn er Abrassimow nicht unsanft unterbrach, kaum Zeit zur Erklärung des eigenen Standpunkts. Die Gespräche des Sowjetbotschafters mit den hohen DDR-Funktionären werden kaum anders verlaufen sein. Widerspruch konnte Abrassimow schwer ertragen. Jede kritische Bemerkung über die Politik seiner Regierung schien er als eine grundlose Verdächtigung der uneigennützigen Motive des Kreml zu empfinden. So war es wohl unvermeidbar, daß sich mit den Jahren zwischen ihm und Honecker Spannungen aufbauten, weil der Generalsekretär trotz eiserner Loyalität gegenüber dem stärksten Verbündeten das militärische und das wirtschaftliche Gewicht der DDR im eigenen Lager auch politisch anerkannt zu sehen wünschte.

Bei unserer ersten Begegnung beantwortete ich seine propagandistischen Reden mit einem Hinweis auf unsere Sorge vor der sowjetischen Überrüstung. Ich legte dar, daß seine Bonner Kollegen Falin und Semjonow genau wüßten, wie ernst es Bundeskanzler Helmut Schmidt mit einer drastischen Verringerung der nuklearen Waffenarsenale auf beiden Seiten sei. Dann kam Abrassimow auf das Thema, das sein Denken und Empfinden eine lange Diplomatenkarriere hindurch bestimmt hat: auf den letzten Krieg. Er begann mit einer süffisanten Bemerkung über Falin, der zu Beginn des Krieges noch zu jung gewesen sei, um in den Reihen der Roten Armee gegen die deutschen Faschisten mitzukämpfen. Aus Altersgründen habe auch der Kollege Semjonow nicht an der Front gestanden. Als Vaterlandsverteidiger blieb also von den dreien nur er selber übrig. Er schenkte mir einen Roman, in dem er seine Kriegserlebnisse beschrieben hat. Das Buch heißt „Mein Freund" und schildert in einer kolportagehaften Sprache die Kameradschaft unter Frontoffizieren. Obwohl das Buch ohne literarische Qualität ist, charakterisiert es den Autor und erklärt zugleich, warum die DDR-Führung den sowjetischen Botschafter eines Tages nicht länger als hilfreichen Anwalt im Fall von Meinungsverschiedenheiten mit dem Moskauer Verbündeten gesehen hat, sondern als eine Art Prokonsul, der die Richtlinien der DDR-Politik bestimmen wollte. Der Soldat, der seine Heimat im „Großen Vaterländischen Krieg" gegen die deutschen Eindringlinge verteidigte und im Mai 1945 erlebte, wie die Infanteristen der Roten Armee die Fahne mit Hammer und Sichel auf dem Brandenburger Tor aufpflanzten, hat den Überfall Hitler-Deutschlands nie vergessen können. Sein Mißtrauen gegen die Deutschen hat ihn über fast zwanzig Botschafterjahre in der alten Reichshauptstadt begleitet. Er hat Deutschlandpolitik mit Konsequenz und Härte als russische Sicherheitspolitik betrieben. Folgerichtig sah er seine Aufgabe zuallererst darin, jede Bewegung der DDR-Staats- und Parteiführung unter dem Gesichtspunkt zu prüfen und zu beurteilen, ob sie den Interessen seiner Regierung nützte. Das war die Elle, an der Abrassimow auch den Staatschef Honecker messen wollte.

Im Umgang mit ranghohen SED-Funktionären dekorierte er jene mit herablassendem Wohlwollen, die seinen Vorstellungen applaudierten und die in der Zufriedenheit der Moskauer Führung mit der DDR das wichtigste Kriterium für den Erfolg ihrer Arbeit sahen. In kaum einem anderen sozialistischen Land hat sich ein sowjetischer Diplomat in „normalen Zeiten" so herrisch in die inneren Angelegenheiten des Gastlandes eingemischt wie Pjotr Abrassimow. Honeckers Geduld mit dem Russen muß der Selbstentäußerung nahegekommen sein. Wann immer der Generalsekretär im Interesse der inneren Stabilität seines Staates den DDR-Bürgern einige Freiheitsräume gewährte, argwöhnte der Botschafter gefährliche Nachlässigkeit und deren noch gefährlichere Wirkungen auf den inneren Zusammenhalt des „sozialistischen Lagers". Es war dem Sowjetdiplomaten nur recht, daß die DDR Bonn gegenüber immer wieder den Anspruch auf Anerkennung ihrer Souveränität geltend machte. Daß sich der deutsche Verbündete mit der Zeit wünschte, daß auch die Sowjetunion die DDR als souveränen Partner respektiere, wollte dem Russen nicht einleuchten. Für Abrassimow sind die Deutschen in beiden Staaten bis zu seiner Entlassung die Gegner in einem mörderischen Krieg geblieben, für den sein Land mit mehr als zwanzig Millionen Soldaten und Zivilisten zu zahlen hatte. Den Stalin-Spruch: „Die Hitler kommen und gehen, das deutsche Volk bleibt bestehen", den die sowjetische Besatzungsmacht nach dem Krieg zum Leitmotiv ihres Handelns machte, hat Abrassimow auf sehr persönliche Weise interpretiert. Für diesen ebenso klugen wie mißtrauischen Mann waren nicht alle SED-Funktionäre überzeugte Antifaschisten, die er als gleichberechtigte Genossen der großen kommunistischen Weltbewegung anerkennen konnte. Die Macht, die sie ausübten, war durch einen hohen Blutzoll der Roten Armee erkämpft worden. Die DDR-Führung hielt er darum für verpflichtet, diese Dankesschuld durch genaue Befolgung der Instruktionen Moskaus zu begleichen. Aus dieser Schuld wollte er sie nicht entlassen.

Die allmählich enger und intensiver werdende Beziehung zwischen Erich Honecker und Leonid Breschnew kann ihm nicht gefallen haben. Seine Machtfülle wurde ihm von Gromyko und dessen Spitzendiplomaten am Smolensker Platz dennoch nicht geschmälert. Die wachsende Verbitterung des Generalsekretärs über sein selbstherrliches Auftreten bei öffentlichen Veranstaltungen wird dem Botschafter nicht entgangen sein. Nur schien ihm das eher eine willkommene Selbstbestätigung zu sein. Und doch ist der Sturz des Mannes, der sich häufig wie ein britischer Vizekönig durch Ostberlin und die DDR bewegte, nicht nur der Fall des Pjotr Abrassimow.

Seit langem schon stimmte das Verhältnis zwischen den Russen und den Deutschen in der DDR nicht mehr. Oft

Abrassimow, ein Meister der Belehrung und des Monologs, nutzt jede Gelegenheit (wie hier auf der Leipziger Messe), um westliche Gesprächspartner mit der amtlichen Lesart sowjetischer Außenpolitik in Wort und Schrift vertraut zu machen. Die SS-20 ist für ihn nur eine „gewisse Modernisierung“ älterer sowjetischer Waffensysteme.

habe ich DDR-Bürger, die nicht Parteimitglieder sind, von menschlichen Begegnungen in der Sowjetunion erzählen hören, aus denen richtige Freundschaften geworden seien. Da hat kaum einer berichtet, er sei wegen einer schwachen DDR-Währung schlechter aufgenommen worden als die Touristen aus der Bundesrepublik, oder gar wegen des letzten Krieges. In der DDR ist das anders. Man nennt die Sowjetunion nicht mehr so oft wie zu Lebzeiten Ulbrichts das große Vorbild. Man redet von der brüderlichen Freundschaft und spricht von „den Freunden", auffälligerweise nicht von „unseren Freunden". Die Sowjetunion ist mit ihren Soldaten und Offizieren fast überall in der DDR gegenwärtig und scheint sich doch unsichtbar machen zu wollen. Es muß auf sowjetischer Seite eine gewollte Zurückhaltung sein. Soldaten, selbst Offiziere leben an der Wirklichkeit der DDR und ihrer Bürger vorbei. Die russischen Wehrpflichtigen wissen gerade, in welchem Land sie stationiert sind und daß der imperialistische Gegner ihnen sehr nahe ist. Von den Menschen in ihrer Nachbarschaft wissen sie so gut wie nichts, obwohl es seit mehr als drei Jahrzehnten Gesellschaften der Freundschaft zwischen der DDR und der Sowjetunion gibt. Unter dem Dach dieser Organisation versammeln sich in längeren Abständen SED-Funktionäre mit ausgesuchten Offizieren der Sowjetarmee. Einer hat mir geschildert, wie solche Zusammenkünfte aussehen. Man sitzt – meist an langen Tischen – einander gegenüber wie richtige Delegationen. Reden werden ausgetauscht, die von den brüderlichen Gefühlen des einen für den anderen handeln; man ißt zusammen, singt vielleicht ein Lied. Manchmal wird etwas getanzt. Zu einer frühen Stunde des Abends ziehen die Russen mit ihren Frauen in das Ghetto ihrer Kasernen ab.

Fast alle Unterkünfte für die Angehörigen der Sowjetarmee in der DDR sind in einem ziemlich baufälligen Zustand. Das kann ebensowenig ein Zufall sein wie die Härte, mit der die Armee Disziplinarvergehen ahndet. Selten nur sind Mannschaften und Offiziere der mittleren Ränge länger als ein halbes Jahr in der DDR. Das Rotationsverfahren kommentierte mein SED-Gesprächspartner mit dem Satz: „Die sollen bei uns nicht heimisch werden und gar

Als Fremde im verbündeten Land. Die meisten Angehörigen der Sowjetarmee bleiben nicht lange in der DDR. Mit den Deutschen kommen sie in dieser Zeit nur selten in Berührung. Freundschaftliche Beziehungen zwischen Russen und DDR-Bürgern sind deshalb die Ausnahme.

nicht erst mit dem Nachdenken darüber anfangen, warum der Lebensstandard bei uns soviel höher ist als in der Sowjetunion." Diese Einschätzung ist beispielhaft. Allen feierlichen Reden über die „brüderliche" Verbundenheit, über das „ewige" Bündnis der Freundschaft zum Trotz gibt es unter der Oberfläche bei vielen Funktionären ein Gefühl der Überlegenheit über die „rückständigen" Russen, über ihre schlichte Wohnkultur und die Ärmlichkeit ihrer Kleidung. Mehr noch haben hochmütige Urteile mit der geringen Leistungskraft der sowjetischen Industrie zu tun. Auf vielen Feldern glaubt man, der Sowjetunion weit voraus zu sein. Man gibt zu verstehen, daß die DDR dem Niveau der Bundesrepublik schon viel näher sein könnte, wenn man nicht im Zeichen der RGW*-Pläne so oft der Sowjetunion unter die Arme greifen müsse. Mir ist die Bemerkung eines staatlichen Würdenträgers in Erinnerung geblieben, der mich, aus welchen Motiven auch immer, ins Vertrauen ziehen wollte: „Unsere sowjetischen Verbündeten haben die Amerikaner in der Raumfahrt überholt, ihre Raketen sind gut, aber nicht ganz so gut wie die der Amerikaner, sonst aber ist die Sowjetunion ja noch ein Entwicklungsland." Der Mann wäre erstaunt gewesen, wenn ihm jemand diese Bemerkung als antisowjetisch vorgehalten hätte. Er hat das ja nicht geringschätzig gemeint. Mich hat diese Variante der bundesdeutschen Losung „Wir sind wieder wer" seltsam berührt.

Die Faszination der imperialen Macht UdSSR ist bei uns vermutlich größer als in der DDR. Dort hat sich die von der Partei verordnete Bewunderung nach und nach verbraucht, so wie die noch in den kleinsten Dörfern hängenden, das „ewige Bündnis" preisenden Transparente vergilbt sind. Und Zufall kann es auch nicht sein, daß Millionen von DDR-Bürgern, die in der Schule Russisch als Pflichtfach gelernt haben, schon nach wenigen Jahren unfähig sind, diese schöne Sprache zu sprechen – ein Verdrängungsvorgang, wie er sich auch auf dem Niveau der politischen Beziehungen zwischen den Staats- und Parteifunktionären der DDR und den Vertretern der Sowjetunion vollzieht. Die Zurschaustellungen freundschaftlicher

* RGW = Rat für gegenseitige Wirtschaftshilfe, auch Comecon

Verbundenheit verdecken eine tiefreichende Fremdheit. Das schließt nicht aus, daß es zwischen einigen Mitgliedern des ZK und des Politbüros der SED und führenden sowjetischen Kommunisten engere Beziehungen gibt. Die Regel ist das nicht.

Die DDR ist schon lange keine deutsche Provinz der Sowjetunion mehr. Der Botschafter Abrassimow hat sie aus diesem Status nicht entlassen wollen. Es war ihm nicht genug, daß Honecker alle wichtigen deutschlandpolitischen Schritte penibel mit der Moskauer Führung abgestimmt hat. Er meinte, einen Anspruch darauf zu haben, über alle Kontakte und Sondierungen des Ostberliner Partners in Bonn oder anderswo haarklein unterrichtet zu sein. Der „Regierende Botschafter" erwartete, daß Honecker ihn nicht bloß konsultierte, sondern stets eine ausdrückliche Genehmigung einholte und nichts unternahm, bis er ihm sein Plazet gegeben hatte.

Schon die Abmessungen der Botschaft sollten jedermann zeigen, wo in Ostberlin die eigentliche Macht angesiedelt ist. Im größten der für Empfänge bestimmten Säle in der ersten Etage hatte er an der Stirnwand ein gewaltiges Relief des Kreml anbringen lassen. Westliche Diplomaten spotteten über diese von Abrassimow erdachte Innenarchitektur als „russisches Disney-Land". So sieht es tatsächlich aus. Für den Botschafter sollte es wohl die Allgegenwart der Kommandozentrale seiner Regierung und seiner Partei symbolisieren. Wer die gewaltige Freitreppe heraufkam, sollte spüren, daß er ein Heiligtum betrat, die Kathedrale der unvergänglichen Größe Rußlands. Als gläubigen Kommunisten und Patrioten charakterisierte sich Abrassimow in einem unserer Gespräche. Der Botschafter, auch heute noch Mitglied des Zentralkomitees der KPdSU, hochintelligent, witzig und von beachtlicher komödiantischer Begabung, außerdem ein willensstarker Autokrat, ist, was ihm selber vielleicht gar nicht bewußt ist, mehr Russe als Parteimann. Kein Wunder also, daß er der natürliche Widersacher jener Kommunisten in der DDR wurde, die den Vertrag über die Grundlagen der Beziehungen zwischen ihnen und uns möglichst selbständig als Instrument der DDR-Interessen zu handhaben suchten.

Als Erich Honecker Anfang 1981 vor Bezirksdelegierten der SED in Ostberlin davon sprach, daß sich für den Fall einer „sozialistischen Umgestaltung der Bundesrepublik Deutschland" die „Frage der Vereinigung beider deutscher Staaten vollkommen neu" stellen und dann der Sozialismus auch an unsere Tür klopfen würde, verbrachte Abrassimow sicher eine unruhige Nacht. Denn der SED-Generalsekretär hatte noch hinzugefügt: „Wie wir uns dann entscheiden, daran dürfte wohl kein Zweifel bestehen." Damals hat es, wie ich von dem Botschafter eines osteuropäischen Staates erzählt bekam, in dem Haus Unter den Linden ein mittleres Beben gegeben. Dabei war die Bemerkung Honeckers vom kommunistisch-parteilichen Standpunkt aus unanfechtbar.

Nichts verbarg sich hinter diesem Satz, was irgend jemanden auf die Idee hätte bringen können, daß Honekker klammheimlich mit dem Gedanken eines deutschen Weges zum Sozialismus umging. Doch wenn es um das Thema der deutschen Nation ging, reagierte Abrassimow mit beinahe pathologischer Empfindlichkeit. Eine starke DDR, das war in Ordnung – doch fest an die Leine genommen durch den großen Verbündeten. Genau kalkulierte Lockungen gegenüber der Bundesrepublik, die Bonn von der Seite der Amerikaner wegführen und davon überzeugen sollten, daß uns seine Regierung auf Dauer mehr zu bieten habe als die Amerikaner, auch das hielt er für richtig und gut. „Ihr Kanzler wird doch nicht die Rolle eines Dieners der Amerikaner spielen wollen." So wenig feinfühlig redete Abrassimow, wenn er wollte. Die Rolle, die er als für uns ehrenrührig empfand, hatte er von Anfang an „seiner" deutschen Regierung zugedacht. Im Zeichen einer mehr und mehr verblassenden Rolle Moskaus als des einst unangefochtenen Zentrums der kommunistischen Ideologie, vertrat er mit Leib und Seele und mit realpolitischem Rigorismus nur noch die Großmacht Sowjetunion, die als eine der Siegermächte unverändert an der Verantwortung für Deutschland als Ganzes teilhat. Ein einiges Deutschland aber, über dessen Schicksal nicht mehr die Siegermächte des Zweiten Weltkrieges befinden, bis zum Ende dieses Jahrhunderts und am besten noch lange darüber hinaus, blieb für den Frontkämpfer Abrassimow ein Trauma.

Als seine Abberufung bekannt wurde, dementierten MfAA-Funktionäre gegenüber westdeutschen Journalisten, es handele sich um eine Degradierung. Mit dick aufgetragener Ironie sagte ein DDR-Diplomat: „Aber wieso denn? Der Mann bekommt jetzt eine bessere Pension." Ein scheinbar farbloser Funktionär wurde zu seinem Nachfolger bestellt. Nur soll man sich nicht täuschen: Pjotr Abrassimow wurde nicht nach Hause geschickt, weil er die falsche Politik vertrat. Er beging nur den Fehler, die DDR und ihren führenden Mann so zu behandeln, als seien seit der bedingungslosen Kapitulation des Deutschen Reichs nicht bald vierzig Jahre vergangen.

„Es kostet etwas, ein Christ zu sein"

KAPITEL VII

Ähnlich dem Philipp Melanchthon pflanzt der groß gewachsene ältere Herr im Garten seines unauffälligen Hauses in Berlin-Waldesruh nahe der Galopprennbahn Hoppegarten vielerlei Kräuter und Feldsalat. Doch für ein „einfaches Leben" taugt der in Schlesien geborene Brandenburger nicht so ganz. Genügsamkeit übt er nur gegenüber der materiellen Welt, obwohl er zwischen Wein, den man zum Essen trinkt, und Wein, der besser nach Tisch und mit Bedacht getrunken wird, zu unterscheiden weiß.

Albrecht Schönherr ist für mich einer der faszinierenden Deutschen in der DDR. Auch weil er sich überhaupt nicht in eine jener Schablonen pressen läßt, die wir in der Bundesrepublik lange Zeit den Kirchenführern im anderen Staat zuteilten. Standen sie mutig gegen das Regime, oder hatten sie ihren Frieden mit der atheistischen Staatsmacht geschlossen? Das war die übliche Fragestellung in den Jahren des Kalten Krieges. Aus solchen Abziehbildern hat sich der Bischof der östlichen Region der Berlin-Brandenburgischen Kirche in mehr als einem Jahrzehnt herausgedacht und herausgehandelt.

Im März 1983 saßen wir uns das erste Mal nach dem Wechsel in Bonn gegenüber. Er führte jetzt den Titel eines „Altbischofs", den es eigentlich nicht gibt, und der zu diesem Mann auch nicht paßt. In Dingen der Theologie und der Politik war er so wenig genügsam geworden, wie er das in den Jahren gewesen ist, da er in Finkenwalde in der Mark Brandenburg das Predigerseminar besuchte und Dietrich Bonhoeffer begegnete. Viele Gedanken des evangelischen Märtyrers, den Hitler an den Galgen brachte, sind für Schönherrs Leben als Prediger und als Kirchenpolitiker bestimmend geworden. Doch schon das Wort vom Kirchenpolitiker, das schillernd ist und manch einen Verdacht schöpfen läßt, muß am Beispiel dieses Mannes geklärt werden. Am besten mit den nur scheinbar spröden Sätzen aus der Feder von Herbert Wehner. Der Fraktionsvorsitzende widmete dem Bischof, was manchen erstaunt hat, einen sorgsam formulierten Aufsatz, als dieser Ende September 1981 sein Amt als Vorsitzender des Bundes der Evangelischen Kirchen in der DDR abgab. Er sei dem Bischof einige Male begegnet und könne sich, schrieb Wehner, ein eigenes Urteil über einen Mann bilden, der einen anderen Weg gegangen sei als viele seiner Generation. Das war die Verbeugung des von Nationalsozialisten verfolgten Kommunisten vor dem Hitler-Gegner Schönherr. Dann charakterisierte Wehner die eigentliche Leistung des Bischofs: „Albrecht Schönherr hat die Perspektivlosigkeit des Antikommunismus von Anfang an gesehen und statt dessen in der bewußt gesuchten Auseinandersetzung mit dem Marxismus-Leninismus die Voraussetzungen für einen Kurs mit abstecken helfen, den man heute mit einem nicht unberechtigten Ausdruck der Genugtuung ‚Kirche im Sozialismus' nennt." Und später: „Bischof Schönherr und seine gleichgesinnten Amtsbrüder haben als Theologen Politik gemacht, ohne daß die politische Führung der DDR darüber dauerhaft mißtrauisch geworden ist. Was dies für den zukünftigen Kontakt zwischen den beiden deutschen Staaten im getrennten Deutschland bedeuten kann, wird sich in der Friedensfrage erweisen. Die Kirche hat es in der DDR verstanden, die Friedenssehnsucht der dortigen Bevölkerung als Auftrag für die Gestaltung des innerdeutschen Entspannungsprozesses zu artikulieren. Wir sehen darin einen wichtigen Ansatz, unsererseits das Interesse an einem Gedankenaustausch in dieser Richtung zu bekunden. Wer näher hinsieht, wird feststellen können, daß in den Kirchen sowohl der DDR als auch der Bundesrepublik ein Stück selbständigen Lebens- und Sicherheitsinteresses der Deutschen im Entstehen begriffen ist, das systemübergreifend wirkt."

Am 6. März 1978 hatte der Bischof dem Staatsratsvorsitzenden gegenüber gesessen. Der evangelische Christ und der von seinen Eltern als Atheist erzogene Generalsekretär verabredeten mehr als einen Modus vivendi zwischen Kirche und regierender Partei. Schönherr machte durch seine Rede zweifelsfrei, daß sich die Protestanten nicht, wie unter der nationalsozialistischen Diktatur, von neuem als eine „Bekennende Kirche" verstünden. Der Christ sagte dem Marxisten, daß die Kirche zu partnerschaftlichen Beziehungen mit dem Staat bereit sei. Eine sozialistische Kirche, argumentierte der Bischof, sei für ihn nicht vorstellbar, wohl aber eine „Kirche im Sozialismus". Dieses Angebot war für Albrecht Schönherr ein Wagnis, weil nicht wenige Protestanten darin eine Unterwerfung unter die Obrigkeit argwöhnten und dem „Schönherr-Kurs" nur widerwillig folgen mochten.

Gewagt hat damals auch Honecker einiges. Nur wenigen seiner Freunde im Politbüro wird diese Abmachung gefallen haben, denn Honecker verfügte damit nicht nur eine Art Toleranzedikt: Er war bereit, der Kirche das Recht zuzugestehen, gemeinsam mit der politischen Obrigkeit an Aufgaben zum Wohl der Bürger der DDR mitzuarbeiten. Es ist schwer zu sagen, welches die Motive waren, die Erich Honecker veranlaßten, der evangelischen Kirche diesen Freiraum zu garantieren. Er wußte so gut wie sein für die Kirchen zuständiger Staatssekretär Klaus Gysi, daß die Menschen sich in den Kirchen der DDR zum Gottesdienst nicht drängen. Gysi, der sich gern als Zyniker darstellt, hat zu verstehen gegeben, der Staat könne sich Großzügigkeit gegenüber den Kirchen gestatten, denn die Religion werde ohnehin irgendwann absterben. So einfach wird sich das Honecker nicht gemacht haben. Eher war es so, daß der Generalsekretär dem Instinkt folgte, es sei in der DDR mehr Bereitschaft zum christlichen Glauben als der Kirchenbesuch anzuzeigen scheint. Ein Kirchenkampf hätte seine Bemühung um die innere Stabilität der DDR erheblich beeinträchtigt und neue Widersprüche provoziert.

Die begrenzte und sehr genau bemessene Bewegungsfreiheit, die er der Kirche zu gewähren versprach, hatte mit der Person des Bischofs Schönherr zu tun. Honecker wußte, daß dieser Mann politisch nicht zu bestechen war, daß man Schönherr nicht als christlichen Kronzeugen des „real existierenden Sozialismus" gewinnen konnte. Zum Kollaborateur eignet sich der Bischof nicht. Honecker muß gespürt haben, daß Albrecht Schönherr den Menschen in der DDR, Christen und Nichtchristen, helfen wollte, mit ihren Nöten und Ängsten fertig zu werden. Trennungslinien wollte er nicht verwischen, war aber ebensowenig bereit, wie Wehner sagte, sich selber durch dogmatische Unbeweglichkeit zu lähmen.

Ein Jahr vor seinem Treffen mit Honecker predigte Schönherr in der Leipziger Nikolai-Kirche über die Bedeutung Dietrich Bonhoeffers für das Christsein in der DDR: „Wir sind eine schrumpfende Kirche geworden, eine Schar von Leuten, die immer ‚noch' sagen, wenn sie von der Kirche reden; also eine Schar der ‚Noch'-Glaubenden, wie die Vorväter geglaubt haben, der ‚noch' anständigen Menschen, weil sie die Zehn Gebote der Bibel auswendig können, der ‚noch' nicht Angepaßten. Die Kirche als die schwindende Schar der Unentwegten, die sich einigelt, um durchzukommen, und die darum das Angebot der warmen Stube pflegt, das Angebot der Geborgenheit, bei der man eng zusammenrückt und dafür sorgt, daß die Tür verschlossen ist. Frage: Ist unser Schicksal die Kirche, die sich nützlich macht, oder jene, die sich in den Hintergrund zurückzieht?" Schönherr antwortete mit Bonhoeffer: „Christsein heißt Zeuge von der wahren Wirklichkeit sein." Und für Schönherr wie für Bonhoeffer ist die Kirche zuallererst Zeugin der Gotteswirklichkeit. Das ist für ihn jene Wirklichkeit, „in der Gott, die Welt und die Menschen beieinander sind".

Im Mai 1981 erlebte ich Bischof Albrecht Schönherr das erste Mal auf der Kanzel. In Potsdam wurde nach mehr als dreißig Jahren ein renoviertes Gotteshaus feierlich eingeweiht, das ungleich stärker als andere berühmte Kirchen mit der unglücklichen und unglückseligen Geschichte von Thron und Altar zu tun hat. „Nikolai, Potsdam, 2. 5. 81 re-

**Bischof Albrecht Schönherr, Theologe und Kirchenpolitiker, verabredet mit Erich Honecker im März 1978 einen Modus vivendi zwischen Kirche und Staat.
Sein Konzept von der „Kirche im Sozialismus" bleibt umstritten und schafft der evangelischen Kirche dennoch wesentliche Freiräume, die allerdings immer wieder gegen den Druck bestimmter Parteikreise verteidigt werden müssen.**

novata est" hieß es auf den Plakaten mit der Zeichnung des Schinkel-Baus. Die „Kathedrale der Kurmark" hatte der Berliner Bischof Otto Dibelius das Gotteshaus genannt, unter dessen Kuppel zur Hitler-Zeit einer der Prediger das Regime des Antichristen mit dem Segen der Kirche ausstattete.

Dibelius hatte ich, bald nach dem Krieg, einige Mal predigen hören; ein kluger, konservativer Mann, jeder Zoll ein evangelischer Kirchenfürst und Kirchendiplomat. Schönherr, ein stattlicher Mann mit dem Kopf eines gleichermaßen Strenge, Zucht und Güte ausstrahlenden Patriarchen ist zu Dibelius, der einer seiner Vorgänger war, ein Antityp. Nicht, daß dieser Bischof einfältige Vorstellungen vom Wesen der Macht hätte. Er kennt ihre Gesetze und weiß sich auf sie einzustellen. Im Herzen ist sie ihm ziemlich gleichgültig. Er hat einmal davon gesprochen, daß sich manche evangelischen Pastoren durch „pfäffische Tricks viel zerstören". Schönherr ist ein Geistlicher von männlicher Demut. Im Umgang mit der kommunistischen Obrigkeit wurde er niemals laut. Taktische Züge hat er verschmäht. Er trumpfte nicht auf, legte es nicht darauf an, als Märtyrer das Besprechungszimmer zu verlassen. Sein Verhältnis zu Erich Honecker blieb distanziert, Respekt vor einem Andersdenkenden, der für ihn eben auch ein Bruder ist, dessen Last im Sinne des Pauluswortes er mitzutragen gewillt ist.

Für die „bedrängte Schar" der Christen in der DDR, sagte Schönherr in Nikolai zu Potsdam, solle die wiederaufgebaute Kirche ein „Gewächshaus der Hoffnung" sein. In Nikolai zu Leipzig hatte er sich 1977 mit dem viele Male und mit schlimmen Folgen mißverstandenen Begriff der Volkskirche beschäftigt. Er hatte Dietrich Bonhoeffers Wort zitiert: „Christsein ist Verzicht auf Macht und Privilegien", mit dem er sich aus freien Stücken identifiziert. Den vielen Verzagten in der „bedrängten Schar" wollte er Mut machen: „In der Volkskirche konnte man von oben herab, von Kanzel und Katheder aus, den anderen belehren. Es geht jetzt darum, daß wir helfend mit dem anderen und für ihn die konkrete Wahrheit suchen, in der er leben kann – nicht aus Gefälligkeit oder aus beflissener Dienstleistung, sondern um das Leben mit Christus weiterzugeben. Die Verbindung von Glaube und Macht ist verführerisch und korrumpierend. Das hat die Kirchengeschichte gezeigt. Die Zeit der Inquisition ist dafür das beste Beispiel. Darum sollten wir nicht Privilegien nachtrauern und keiner Macht, die wir einmal gehabt haben. Natürlich gibt es keine absolute Machtlosigkeit; aber für die Kirche ist nicht die Macht legitim, die man durch Gewaltmittel, durch Waffen, durch Organisation oder durch Massenaufgebote bekommt. Es gibt eine Macht, die von uns nicht ergriffen werden, sondern die uns nur geschenkt werden kann, die Macht echter, frei anerkannter Autorität, die nicht durch Amt und hierarchischen Anspruch gewonnen wird, sondern durch Hingabe der Person."

Das ist der authentische Albrecht Schönherr, der die DDR-Führung durch nichts anderes herausforderte als durch seine Geradlinigkeit und der sie durch seinen Scharfblick beeindruckt hat. Denn dem Bischof ist nicht entgangen, daß manche Aggression der Staatspartei, die gegen die Kirche und die Gläubigen zielt, nicht aus der Stärke des Glaubens an die Überlegenheit des Marxismus-Leninismus stammt; eher schon aus der Schwäche derer, die die Macht halten. Da hat er nicht nachsetzen wollen, hat nicht mit dem Finger auf die Gottlosen gezeigt. Er hat, wie sein Berliner Bischofskollege Kurt Scharf sagt, das ungut belastete Verhältnis zwischen militant atheistischem Staat und einer Kirche, die sich dem öffentlichen Eintreten für die Benachteiligten verpflichtet weiß, zu entspannen gewußt.

Honecker hatte dem Bischof am 6. März 1978 zugesagt: Gleichberechtigung und Gleichachtung aller Bürger. Die Kirche als Institution solle an der Gestaltung der Zukunft beteiligt sein. Zu Neujahr 1981 sprach Schönherr in der Evangelischen Akademie Tutzing über die „Chancen und Probleme christlicher Existenz in einer sozialistischen Gesellschaft". Seine Unterhaltung mit dem Generalsekretär der SED, so bekannte er da, habe das Verhältnis zwischen Staat und Kirche nicht ein für allemal zum Guten gewendet. Er war sich bewußt, daß er an vielen Fronten zu streiten habe: gegen die Konservativen in den Reihen der eigenen Kirche, die die Kommunisten für uneinsichtig halten und Honeckers Entgegenkommen als bloß taktisch beurteilten; gegen die staatlichen und Parteifunktionäre, die auf das nach dem 6. März 1978 erkennbar werdende neue Selbstbewußtsein der Kirchen abermals mit Drangsalierung reagierten; schließlich gegen die zahlreichen Kritiker in der Bundesrepublik, die ihm opportunistische Anpassung vorwarfen.

Albrecht Schönherr ließ sich nicht irremachen, wenngleich ihm manchmal Zweifel gekommen sind, ob die andere Seite ganz ehrlich zum gegebenen Wort stehe. Bei Honecker meint er sich sicher zu sein, doch der Generalsekretär ist nicht allgegenwärtig. Nicht wenige seiner Pfarrer traf der Bischof, wenn er durch die Bezirke reiste, in einer Stimmung tiefer Verzagtheit. In Tutzing sagte er: „Der Christ vor Ort erlebt eine klein gewordene Kirche. Diese Minorisierung scheint für uns keine unmittelbare Folge atheistischer Propaganda zu sein; sie ist auf den Schwund an Kirchlichkeit zurückzuführen, den wir in fast allen Industriestaaten der nördlichen Hemisphäre erleben." Seine Folgerung: „Jeder einzelne Christ wird zum Zeugen des Evangeliums; er vertritt, ob er sich dessen bewußt ist oder nicht, die ganze Kirche. Für die Mehrzahl der Menschen bei uns ist nicht mehr der Pfarrer, den man früher im Zusammenhang mit Amtshandlungen aufsuchen mußte, sondern der Christ, der ihm im Beruf, in der Nachbarschaft oder in der Familie zufällig begegnet, die einzige Gelegenheit, mit dem Evangelium in Berührung zu kommen. Es hat sich immer wieder bestätigt, daß es nicht nur geistlich geboten, sondern auch taktisch klug ist, Flagge zu zeigen, nämlich deutlich zu machen, mit wem der Partner es zu tun hat." Albrecht Schönherr wußte aber: „Neben guten und fruchtbaren Gesprächen zwischen den Vertretern von Staat und Kirche auf allen Ebenen gibt es Ablehnung von Gesprächen; kritische Mitarbeit wird erbeten und angenommen, kritische Worte können aber auch in den Verdacht bringen, einer wolle mit dem ‚Klassenfeind' gemeinsame Sache machen."

Bei meinen Reisen durch die DDR traf ich auf evangelische Geistliche, die sich erst vor der Persönlichkeit des Albrecht Schönherr verneigten und wenig später zu erkennen gaben, daß sie ihn für einen Parzival, einen „reinen Toren", hielten. Seltsam nur, das waren Kirchenleute, die nur im eigenen Kreis räsonierten, die sich der gewiß äußerst schwierigen, aber nicht unmöglichen geistigen Auseinandersetzung mit den Kommunisten meist entzogen und die sich durch gelegentliche Gunstbeweise der SED-Obrigkeit sogar geehrt fühlten.

Aus diesen Kreisen kam nicht selten der Vorwurf, der Bischof lasse die jungen Christen allein, die sich so mutig in der Friedensbewegung engagierten. Damit taten sie ihrem Bischof bitter Unrecht. Schönherr wollte nur verhindern, daß einige Pfarrer jüngere DDR-Bürger in eine Frontstellung gegen den Staat hineinredeten. Mehrfach war es nämlich geschehen, daß der Staatssicherheitsdienst diese jungen Männer und Frauen verhaftete und ihnen „subversive Tätigkeit" vorhielt. Dann konnten jene Pfarrer, die solche Initiativen veranlaßt oder den jungen Leuten vielleicht nur den geschützten Raum der Kirche angeboten hatten, nichts mehr ausrichten. Die Sensationsberichterstattung der Westberliner und westdeutschen Boulevardpresse verschlimmerte alles noch.

Die Gratwanderung zu bestehen, zu der Schönherr aufgebrochen war, verlangte Klugheit und Selbstbescheidung. Der Bischof wollte nicht beschwichtigen, wollte nur die Grenzen zeigen, die er bei seiner Begegnung mit Honecker hatte anerkennen müssen. Den Kritikern seiner Formel von der „Kirche im Sozialismus" antwortete Schönherr: „Zweierlei muß ausgeschlossen bleiben: die Gefahr der totalen Anpassung und die Gefahr der totalen Verweigerung. Die Gefahr der Anpassung ist darum so groß, weil die Macht gerade eine machtlos gewordene Kirche verlokken könnte, die Freiheit und die Fülle ihrer Verkündigung für das Linsengericht einer größeren Überlebenschance preiszugeben. Die Gefahr der Verweigerung beruht auf der falschen Überzeugung, daß ein im Kern atheistisches und totalitäres Regime überall und immer nur Falsches hervorbringen könne."

Schönherr verweigerte sich dem Gedanken, daß die Kirche ein „Sammelbecken der Opposition und Antigesellschaft" darstellen müsse. Er sagte seinen Pfarrern, was viele von ihnen nicht wahrhaben wollten: „Die Kirche hat als solche und auch die meisten ihrer Amtsträger haben kaum unmittelbare Beziehungen zur Arbeitswelt. Die Gefahr droht, ins Abseits zu geraten."

Auch darin ist Albrecht Schönherr seinem theologischen Vorbild Dietrich Bonhoeffer vergleichbar, daß er an sich selber und an andere einen Anspruch stellt, dem die Mehrheit nicht gewachsen ist. Das feindliche Gegenüber in Gestalt des atheistischen Staates macht noch nicht aus vielen einfachen Pastoren jene Geistlichen, ohne die Schönherrs „Kirche im Sozialismus" eigentlich nicht auskommt.

Es gibt in der DDR nur wenige Pastoren, die nicht irgendwann erwogen haben, einen Ausreiseantrag zu stellen, weil sie sich in der täglichen Auseinandersetzung mit den Funktionären seelisch erschöpft fühlen – und auch, weil sie die Menschen nicht mehr zu erreichen glauben. Dennoch sind es nicht viele, die tatsächlich aufgeben. Manche sprechen sich selber Mut zu: Die Kirche dürfe das Land und die Menschen nicht den Kommunisten überlassen. Doch wie an die Menschen herankommen?

Unser westdeutscher Eindruck von der Evangelischen Kirche drüben ist richtig und falsch zugleich: Denn die Protestanten in der politischen Diaspora entwickeln neue Kräfte, die bei uns nur selten wahrzunehmen sind; aber es sind da auch viele Schwächen, die erst beim zweiten Blick offenkundig werden. Das Streben der DDR-Bürger nach mehr materiellem Wohlstand gibt es auch bei den Pfarrern. Und trotz der Hilfen, die von Kirchen in der Bundesrepublik gegeben werden, vergleichen manche der Pastoren ihre kargen Bezüge mit denen ihrer westdeutschen Amtsbrüder. Andere stellen sich eine missionarische Aufgabe und versperren sich dadurch den Zugang zur Gesellschaft, den Schönherr ihnen hat öffnen wollen. Für die dialektische Theologie eines Karl Barth, der so kraftvoll auf die Autorität des Wortes Gottes verweist, können sich nicht so viele öffnen, das überfordert sie.

Da sind allerhand Reste vom obrigkeitsstaatlichen Denken in den Reihen der Pastoren; auch von der preußischhierarchischen Ordnung ihrer Kirche in der Vergangenheit. „Wir sind noch nicht auf der Höhe der Einsichten von Bruder Schönherr", hörte ich einen Pfarrer sagen, der zu seinen Gefolgsleuten gehört. Der Kirche fehle auch die Dimension des Sinnlichen. „Wir sind verarmt", sagte jener junge Pastor, „wir sind eine furchterregend männliche Kirche. Wir tun so wenig für das Herz. Wir sind zu genügsam. Wir tun uns auch nicht leichter, weil wir ein feindliches Gegenüber haben. Das ist für viele nur eine Ausrede."

Wer glaubt, er könne es in der DDR nicht mehr aushalten, findet eine strenge Obrigkeit, die ihn Mal um Mal zur strengen Selbstprüfung drängt. Bei einem unserer Gespräche habe ich von Schönherr wissen wollen, ob denn die geistlichen Vorgesetzten ein zwingendes theologisches Argument wüßten, mit dem sie ihren Untergebenen das Verlassen der DDR verwehren könnten. Nein, sagte der Bischof, weder im Neuen noch im Alten Testament finde sich ein Wort, das hier als unwiderlegbares Argument gebraucht werden könne. Doch im Pastoralen, da gebe es gute, triftige Gründe. Die hat er denn auch viele Male gegen die Schwachwerdenden in seiner Kirche ins Feld geführt und manche überzeugen können. Auch muß man wissen, daß jene Pfarrer, die in die Bundesrepublik kommen, einer sogenannten Sperrfrist von zwei Jahren begegnen. In dieser Zeit können sie bei uns weder als Pfarrer tätig, noch überhaupt im Dienst der Kirche beschäftigt werden. Danach entscheidet die Kirchenleitung in der DDR, wenn auch in enger Konsultation mit den „Brüdern in der BRD", ob sie wieder auf die Kanzel treten dürfen.

Von Albrecht Schönherr habe ich gelernt. Nicht nur Wehners, sondern auch Helmut Schmidts Bild von der inneren Befindlichkeit des Nachbarstaates ist durch Albrecht Schönherr vollständiger, wirklichkeitsnäher geworden. Für den Bischof wiederum war es ermutigend, bei einem seiner wenigen Gespräche mit dem sozialdemokratischen Bundeskanzler zu erfahren, daß der Hamburger Protestant nicht nur wegen der politischen Räson um Tuchfühlung mit der kommunistischen Staatsführung bemüht war.

Ehe ich mich von Schönherr nach einem Abend in Waldesruh verabschiedete, gab er mir für Schmidt ein Buch mit, in dem seine von ihm für wesentlich angesehenen Aufsätze und Reden vereinigt sind. Als Widmung wählte er ein Wort von Bonhoeffer – für Schönherr und für viele evangelische Christen in der DDR mag es eines der wichtigsten sein: „Ich glaube, daß Gott aus allem, auch aus dem Bösesten, Gutes entstehen lassen kann und will. Dafür braucht er Menschen, die sich alle Dinge zum Besten dienen lassen. Ich glaube, daß Gott uns in jeder Notlage soviel Widerstandskraft geben will, wie wir brauchen. Aber er gibt sie uns nicht im voraus, damit wir uns nicht auf uns selbst, sondern allein auf ihn verlassen . . . Ich glaube, daß auch unsere Fehler und Irrtümer nicht vergeblich sind und daß es Gott nicht schwerer ist, mit ihnen fertig zu werden als mit unserem vermeintlichen Guthaben. Ich glaube, daß Gott kein zeitloses Faktum ist, sondern daß er auf aufrichtige Gebete und verantwortliche Taten wartet und antwortet."

Zu meinem Antrittsbesuch bei dem damals noch amtierenden Bischof von Berlin-Brandenburg war ich mit allerhand skeptischen Gefühlen aufgebrochen. Wie die meisten, die von Bonn aus die DDR beobachteten, hatte auch ich Schönherrs Kurs für nicht sehr realistisch gehalten. Die harschen Reden eines Paul Verner, des eigentlichen Widersachers von Schönherr, klangen mir noch im Ohr. Der hatte etliche Male im Ton einer Kampfansage hören lassen, daß die Gegensätze zwischen Marxisten und Christen unüberbrückbar seien. Und jene fanatisierten FDJ-Funktionäre, die bei Dunkelheit die Scheiben kirchlicher Schaukästen zerstören, konnten sich auf Verner so gut berufen wie die Beamten in den Behörden für Inneres, die jeden aus Gewissensgründen den Wehrdienst verweigernden jungen Christen nicht nur im Auftrag, sondern häufig auch mit persönlichem Haß verfolgten. Antwort auf vielfältige Schikanen und Einschüchterungen hatte Albrecht Schönherr bereits in den fünfziger Jahren im Dom zu Brandenburg gegeben, wo er damals Pfarrer und Superintendent des Kirchenkreises war: „Es kostet etwas, ein Christ zu sein. Keine gute Sache ist billig."

Als mehr und mehr junge DDR-Bürger Anfang 1981 den

Junge DDR-Bürger demonstrieren für Frieden und Abrüstung: Sie wollen weder amerikanische noch sowjetische Atomraketen. Honeckers Antwort auf die Friedensbewegung im eigenen Staat ist zögerlich. Er weiß, daß sich die meisten jungen Männer und Frauen nicht als politische Opposition verstehen. Doch Gelassenheit und Toleranz fallen der SED schwer. Meist antwortet die Partei mit Verfolgung, in einzelnen Fällen mit Ausweisung.

Wehrdienst ablehnten und einen waffenlosen sozialen Friedensdienst eingeführt sehen wollten, meinten einige, den Bischof als einen „Doktor Unblutig" anschwärzen zu können. Schönherr erinnerte daran, daß das Recht auf Wehrdienstverweigerung nicht in der Verfassung der DDR geschrieben stehe. Deshalb wollte er beizeiten warnen und Konfrontationen verhindern helfen. Kurz zuvor hatten einige tausend Jugendliche im wehrpflichtigen Alter Eingaben an die evangelische Kirche geschickt und die Kirchenleitung um Unterstützung ihrer Forderung nach einem sozialen Friedensdienst gebeten. Unmittelbar danach signalisierte die Partei, daß sie über dieses Thema in keinem Fall mit sich werde reden lassen. Werner Walde, Mitglied des SED-Politbüros, nannte solche Vorstellungen „friedens-, sozialismus- und verfassungsfeindlich".

Schönherr wollte nicht abwiegeln und die SED beschwichtigen; vielmehr ging es ihm darum, schmale Freiräume vor der Zerstörung zu bewahren. Sein Standort war klar. In einem Interview mit einem westdeutschen Sender kommentierte er von Ostberlin aus den zumal vom Verteidigungsminister Hoffmann angreiferisch zitierten Satz „Der Friede muß bewaffnet sein": „Es ist bestimmt gut, daß die Friedensbewegung hier und dort die Selbstverständlichkeit hinterfragt, mit der man meint, der Friede müsse bewaffnet sein."

Der Bischof wußte auch, daß die DDR-Führung mit ihren Verbündeten im Warschauer Pakt, vor allem mit den Generälen der Sowjetarmee in für sie schwierige Gespräche über die Einrichtung der „Bausoldaten" verwickelt worden war. Die Militärs wollten nicht einsehen und akzeptierten nur mit größtem Widerwillen, daß gerade in dem am meisten nach Westen exponierten Paktstaat jungen Männern gestattet wurde, einen Dienst zu leisten, der sich in der Regel zwar auf militärische Objekte bezieht, aber eben nicht mit der Waffe geleistet wird. Der Zahl nach ist die Formation der Bausoldaten von geringer Bedeutung.

Schönherr erkannte, daß die DDR-Führung hier mit dem Rücken zur Wand stand und daß auch jene Personen im Politbüro, die seine Verabredungen mit dem Generalsekretär richtig gefunden hatten, zu einer harten, ja womöglich brutalen Reaktion genötigt wurden, wenn sich die Kirche an die Spitze der Bewegung der jungen Christen setzte. Er hat nicht alle bösen Zusammenstöße verhindern können. In den Kirchen der DDR werden noch im Sommer 1983 jene jungen Männer in die Fürbitte der Gemeinde eingeschlossen, die wegen Wehrdienstverweigerung in die Gefängnisse geschickt worden sind.

Bei meinem Antrittsbesuch im März 1981 schilderte mir Schönherr die Gründe für die zunehmende Unruhe der Jugend in der DDR. Da redete nicht einer, der sich im Bischofsamt von der Gemeinde und von der Wirklichkeit des kommunistisch regierten Staates isoliert hatte. Ihm war oft genug von der großen Langeweile und Leere berichtet worden, die sich seit Jahren in der staatlichen Jugendorganisation ausgebreitet hatten. Er wußte, daß in die von manchen seiner jungen Pfarrer organisierten Blues-Messen überwiegend Jugendliche kamen, die man im Gottesdienst vergeblich gesucht hätte. Er fand daran nichts Schlechtes. Manche dachten hinterher anders über die Religion. Schönherr wußte auch, daß die Unruhe unter denkfähigen jungen DDR-Bürgern das Politbüro beschäftigte. Er hoffte darauf, daß sich jene Kräfte in der Führung seines Staates durchsetzen würden, die der Jugend mehr Freiräume öffneten und kleinere Risiken zu ertragen bereit waren, und nicht jene, die, wie Paul Verner und Werner Walde, gleich wieder die Faust zeigen wollten. Schönherr verhinderte, unterstützt von seinen Amtsbrüdern Krusche in Magdeburg, Hempel in Dresden, Rathke in Schwerin oder Leich in Thüringen, daß den „hardlinern" Vorwände geliefert wurden.

Es waren eher bescheidene Erfolge, die sein Kurs der „kleinen Schar der ‚Noch'-Glaubenden" brachte – strahlende Siege sind nicht zu haben. Auch nicht beim kirchlichen Widerstand gegen den Wehrunterricht, der nicht bloß die Minderheit der bewußt christlichen Eltern schwer bedrückt. Schönherr war oft genug bei der kommunistischen Obrigkeit vorstellig geworden, weil „wir meinen, daß es nicht gut ist, wenn man Kinder schon mit vierzehn Jahren vor solche Fragen stellt, so stark mit militärischen Dingen in Berührung bringt, weil sie dann am Ende gar nicht lernen können, daß es auch gewaltfreie Konfliktlösungen gibt. Wir sind mit unserem Vorstoß natürlich nicht durchgekommen, aber es hat doch einige Entwicklungen gegeben, die wir für ganz positiv halten, zum Beispiel, daß die Kinder, die nicht zu diesem Unterricht kommen beziehungsweise gegangen sind – obwohl dies ein obligatorischer Unterricht ist –, nicht diskriminiert worden sind".

Herbert Wehner hat einmal gesagt, es sei ein „einmaliger Glücksfall" gewesen, daß der Bischof „im gleichen Jahr den Vorsitz des DDR-Kirchenbundes übernahm, als wir in Bonn den politischen Wechsel mit der Regierungsübernahme im Jahr 1969 einleiteten". Kaum hat sich dieser Geistliche als heimlicher Bundesgenosse der Sozialdemokraten verstanden. Richtig aber hatte Wehner nach seiner Begegnung mit Schönherr erkannt, daß hier einer war, der niemandem, auch nicht der kommunistischen Staatsführung, den Fuß in den Nacken setzen und Triumphe der Rechthaberei feiern wollte. Einer seiner engsten Mitarbeiter, Manfred Stolpe, der seinen Bischof über lange Jahre klug zu beraten wußte – er ist heute Präsident des Konsistoriums der Evangelischen Kirche Berlin-Brandenburg –, hat das politische Kredo des Bischofs mit dem Satz ausgedrückt: „Wir brauchen Entspannung in Europa, wie wir Luft zum Atmen brauchen." An den verbalen Glasspielereien, die wir uns in Bonn mit dem Begriff der Entspannung meinten leisten zu können – „wirkliche" Entspannung, „realistische" Entspannung oder „genuine" Entspannung –, haben sich Schönherr und der mit scharfem Verstand ausgerüstete Jurist Stolpe nicht beteiligt.

Dieser Manfred Stolpe hat als Leiter des Sekretariats des Kirchenbundes seit dessen Gründung 1969 an der Seite Schönherrs erheblichen Anteil an der Entwicklung einer Dialogbeziehung zwischen Staat und Kirche. Auch an dem Zusammentreffen zwischen Schönherr und Honecker hatte er erfolgreich gezimmert, einer von denen, die die „stillen Wege" bevorzugen und der bei seinen Gesprächen mit Vertretern der Evangelischen Kirche Deutschlands hartnäckig dafür warb, daß die Bundesregierung der Führung des anderen Staates mit Verständnis für deren Schwierig-

Die Partei hat ihr Lutherbild berichtigt. Im Juni 1980 findet in Ostberlin die konstituierende Sitzung des Martin-Luther-Komitees der DDR statt. (V.l.n.r.) Politbüromitglied Kurt Hager, Professor Erich Correns, Honecker, der thüringische Landesbischof Leich, der Vorsitzende der DDR-CDU Gerald Götting, der Magdeburger Bischof Krusche.

Im Februar 1973 wird Albrecht Schönherr (rechts) als erster Bischof der Regionalsynode Ost der Evangelischen Kirche von Berlin-Brandenburg in der Marienkirche in Ostberlin in sein Amt eingeführt. Die Teilung des Bistums ist die Konsequenz der nicht mehr anzuzweifelnden Eigenstaatlichkeit der DDR.

keiten begegne. Ein loyaler Bürger der DDR, hat Stolpe verhindert, daß die Kontakte der Kirchen hüben und drüben ins Zwielicht gesamtdeutscher „Kungelei" gerieten.

Für Verner und andere war und ist ein Ärgernis, daß der Kirchenbund der DDR von den Glaubensbrüdern in der Bundesrepublik erkleckliche materielle Hilfen bekommt. Ohne diesen großzügigen Beistand wäre die Kirche in der DDR schwerlich in der Lage, ihre diakonischen Aufgaben zu bewältigen. Von den mit westdeutschen Geldern finanzierten karitativen Leistungen zugunsten pflegebedürftiger alter Menschen oder geistig Behinderter profitiert der Staat. Das sehen die Besonnenen unter den Regierungsfunktionären.

Wo die Kirche in der DDR baut und renoviert, Gotteshäuser oder soziale Einrichtungen, stellt der Staat seine Rechnungen in harter Deutscher Mark aus. Einige unter den Bischöfen der DDR haben selbstkritisch gefragt, ob nicht die generösen Spenden aus der Bundesrepublik zu einer gewissen Bequemlichkeit verleiten. Da und dort gibt es tatsächlich Zeichen einer Subventionsmentalität. Das wird man auch deshalb in Kauf genommen haben, weil die Spenden der Kirchen aus der Bundesrepublik mittelbar dazu beitragen, daß sich die „Kirche im Sozialismus" an der Verbesserung der sozialen Infrastruktur im eigenen Staat beteiligen kann.

Nur wenige Politiker in der Bundesrepublik haben den Beitrag zu würdigen verstanden, den die Evangelische Kirche in der DDR für den friedlichen Umgang zwischen den beiden Staaten seit Jahren leistet. Zu diesen wenigen zählen Hans-Jochen Vogel, Richard von Weizsäcker, Gerhard Stoltenberg, Jürgen Schmude und Erhard Eppler. Von diesen Politikern fühlten sich die Vertreter des Schönherr-Kurses verstanden.

In meiner kurzen Zeit in Ostberlin habe ich einige Begegnungen zwischen Männern der DDR-Kirche und zum Zuhören bereiten Politikern unserer Seite zustande bringen können. Ich vermute, daß die deutschlandpolitischen Vorstellungen gerade des Regierenden Bürgermeisters von Westberlin und des neuen Oppositionsführers, die beide in einem andauernden Zwiegespräch mit der Kirche sind, von Gedanken beeinflußt wurden, die in den Reihen der Evangelischen gedacht werden. Das sind Gedanken, die den in ausgefahrenen Gleisen denkenden Politikern in der Bundeshauptstadt nicht passen. Darauf wollen und brauchen die kritischen Geister im DDR-Protestantismus nicht Rücksicht zu nehmen. Ebensowenig wollen sie sich bei konservativen Gruppierungen der EKD beliebt machen.

Im März 1983 veröffentlichte die Theologische Studienabteilung beim Bund der Evangelischen Kirchen in der DDR eine Denkschrift unter dem Titel „Sicherheitspartnerschaft und Frieden in Europa". Das Papier fand bei uns wenig Echo. Wer sich nicht im deutschlandpolitischen Maginotdenken verstrickt hat – und daraus obendrein Genugtuung zieht –, sollte den dort beschriebenen Denkprozeß ernst nehmen. Für Diskussionen der kommenden Zeit lohnt es, daraus zu zitieren:

„Wahrnehmung ihrer Friedensverantwortung erfordert von beiden deutschen Staaten nicht nur die Politik einer ‚friedlichen Koexistenz'. Eine wirkungsvolle Friedenspolitik, wie sie für den Aufbau einer stabilen Friedensordnung in Europa notwendig ist, erfordert die gegenseitige Stabilisierung der beiden deutschen Staaten und ihrer Beziehungen.

Weder eine politisch schwache DDR noch eine politisch schwache Bundesrepublik sind hilfreich für den europäischen Frieden. Die beiden deutschen Staaten werden aber ihre Friedensaufgabe verfehlen, wenn ihre Friedenspolitik bei den Nachbarstaaten mit der Sorge gesehen oder unter dem Verdacht beargwöhnt wird, daß diese Politik eines Tages wieder zu einer starken wirtschaftlichen und politischen Zentralmacht in Europa führen könnte. Darum hängt alles davon ab, daß das mögliche und notwendige stärkere Engagement der beiden deutschen Staaten für eine europäische Friedensordnung mit substantiellen Schritten verbunden wird, die belegen, daß sich beide Staaten gegenseitig die volle Gleichberechtigung, Unabhängigkeit und Souveränität im Sinne des internationalen Völkerrechts zugestehen und daß sie die entsprechende Regelung ihrer gegenseitigen Beziehungen, soweit diese noch nicht gegeben ist, schrittweise verwirklichen wollen."

Das Papier, an dem auch ein katholischer DDR-Theologe mitgewirkt hat, berührt eines der Bonner Tabus: die Staatsbürgerschaft. „Es ist deutlich", heißt es in der Denkschrift, „daß die volle Normalisierung der Beziehungen zwischen den deutschen Staaten nur ein über Jahre gehender politischer Prozeß sein kann, an dessen Ende die notwendige Änderung der Verfassung der Bundesrepublik steht: die Abänderung derjenigen Teile des Grundgesetzes (Präambel, Artikel 116), in denen gesamtdeutsche Ansprüche oder Verpflichtungen der Bundesrepublik festgeschrieben werden. Eine Verfassungsänderung erfordert eine Zweidrittelmehrheit im BRD-Bundestag. Sie ist ohne breite Zustimmung der politischen Kräfte und der Bevölkerung nicht durchsetzbar. Deshalb gehören zu dem für eine stabile europäische Friedensordnung unverzichtbaren Normalisierungsprozeß der Beziehungen zwischen den deutschen Staaten – nicht am Anfang, aber untrennbar verbunden mit dem ganzen Prozeß – die schrittweise Normalisierung der Kommunikationsbeziehungen zwischen den beiden Staaten (Reiseverkehr, Informationsaustausch usw.). Die Durchsetzung des Normalisierungsprozesses, insbesondere seines Endpunktes, setzt in gleicher Weise Zustimmung bzw. Förderung sowohl (das ist selbstverständlich) der Großmächte als auch der Nachbarstaaten der deutschen Staaten voraus."

Dieses Vorher- und Voraus-Denken von DDR-Christen, das sich sinngemäß auf Bonhoeffers Wirklichkeitsbegriff stützt und nur von Ignoranten auf der anderen Seite als Gefälligkeit der Kirche gegenüber dem Staat verdächtigt werden kann, verlangt Mut. Niemand vermag zu sagen, ob der Generalsekretär die Grenzen für die sich um den Frieden sorgenden Kirchenmänner nicht bald schon enger ziehen wird. Auf dem Dresdner Kirchentag im Juli 1983 sagte Schönherr, er sei zuversichtlich, daß die Abrede vom März 1978 unangetastet bleibe, solange sich die gegenwärtige Führungskonstellation nicht ändere. Das war die Umschreibung der Hoffnung, daß Honecker selber an der Macht bleibt und sein Wort hält. Wenn aber in der Ostberliner „Friedenswerkstatt" die These vertreten wird, durch mehr Waffen könne nicht gleichzeitig auch mehr Sicherheit gewonnen werden; wenn weiterhin dieses nicht nur kirchliche Gruppen vereinigende Forum feststellt, daß eine Stationierung von Atomraketen in unserem Land – für den Fall eines Scheiterns der Genfer Verhandlungen – keine höhere Abschreckung bewirken könne, wohl aber eine weitere Destabilisierung der Lage, dann wird nicht mehr allein vom Staatssekretär für Kirchenangelegenheiten darüber entschieden, ob solcher Freimut hinzunehmen ist.

Im Juni 1983 hat Klaus Gysi die Bischöfe gewarnt. Dieser Sommer werde darüber entscheiden, ob Staat und Partei ihren Teil zum Schönherr-Kurs auch künftig leisten könnten. Der Staatssekretär, bis heute mit Honeckers Vertrauen ausgestattet, gerät zunehmend unter Druck. Die Konservativen im Politbüro drängen ihn, daß er „seine" Bischöfe fester an die Kandare nimmt. War es für einige junge Leute in der DDR neulich noch eine „Show", sich unter Dach und Schutz der Kirche kritisch zu äußern, so ist es derweil eine über Ostberlin und Sachsen hinausgehende geistige und emotionale Unruhe, die nicht nur die der Kirche nahestehenden Jugendlichen angesteckt hat.

Bischof Johannes Hempel, seit bald einem Jahr Vorsitzender des DDR-Kirchenbundes, hat im Sinne von Schönherr heraufziehende Konflikte mit dem Staat abzuwenden gewußt. Auch er will verhindern, daß die Friedensgruppen aus der evangelischen Kirche ein Sammelbecken der Opposition machen. Das wollen die meisten selber nicht. Ihr Interesse ist es nicht, den kommunistischen Staat zu provozieren. Was aber sollen sie tun, wenn dieser Staat darauf besteht, er sei bereits in unerträglicher Weise herausgefordert?

Im Luther-Jahr will die Obrigkeit den Zusammenstoß vermeiden. Was kommt danach? Auf den Kirchenbänken drängen sich die DDR-Bürger auch jetzt nicht. Dort, wo es um den Frieden geht, auch um den Schutz der Umwelt, versammeln sie sich in großer Zahl. Sie wollen ihrer Regierung helfen, doch nicht um den Preis der Anpassung an verschlissene Feindbilder. Nur fühlen sich die Funktionäre einer Auseinandersetzung über Inhalte meist nicht gewachsen. Sie haben bis heute das Trauma des 17. Juni 1953 nicht bewältigt. Und schnell sind sie deshalb mit dem Vorwurf zur Stelle, die Kirche begünstige jene „konterrevolutionären Kräfte", die den ganzen Staat in Frage stellen wollten. Harte Reaktionen gegen die Kirche haben allzu oft in der Schwäche der eigenen Position ihr Motiv.

Es war Bischof Hempel – damals noch nicht an der Spitze des Kirchenbundes –, der mir im Sommer 1981 darlegte, warum der Bundeskanzler in Bonn noch klarer, als es bisher geschehen sei, den Verhandlungsteil des NATO-Doppelbeschlusses herausstellen müsse. In seiner behutsamen, abwägenden Art warnte Hempel vor der Meinung, daß der Westen einfach auf sowjetisches Einlenken warten könne. Die schrillen Töne aus Washington beunruhigten auch ältere Christen in der DDR.

So wenig wie Albrecht Schönherr ist der in Zittau geborene Theologe ein „gesamtdeutscher Träumer". Die Christen in der DDR hätten anerkannt, sagte er, daß zwei deutsche Staaten entstanden seien. Nicht akzeptiert sei allerdings, „daß die Menschen im anderen deutschen Staat unsere Feinde sein sollen". Die komplizierte, ungelöste Frage nach der deutschen Nation, sagte Johannes Hempel bei anderer Gelegenheit, sei mittelbar eine andere Ursache für die pazifistischen Initiativen in der DDR. „Wir gehören Gott, dem Herrn aller Geschichte", aber gerade deshalb sind wir keine Saboteure. So Hempel im Herbst 1982 vor der Synode der Evangelisch-Lutherischen Kirche Sachsens. Für die Christen in der DDR heiße das, es sei nicht gut, den „Ort, an den Gott sie gestellt hat, innerlich oder äußerlich zu verlassen, schon gar nicht um Christi willen". Hempel also stellt einen hohen Anspruch an die christlich denkenden Deutschen in dem anderen Staat. Notwendig sei eine Entscheidung der Kirche „für unser Land und für die Menschen darin, für diesen Staat mit seinem realen Sozialismus".

Viel zu selten haben uns in der Bundesrepublik solche Ansichten zu eigenem kritischen Nachdenken darüber angeregt, was von uns aus geschehen kann, damit geistige Barrieren zwischen den Deutschen allmählich abgetragen werden können. Die Bischöfe der „Kirche im Sozialismus" scheinen mir jedenfalls bessere Patrioten zu sein als jene selbstgerechten Herolde einer Wiedervereinigungs-Philo-

Bischof Dr. Johannes Hempel, Landesbischof von Sachsen mit Sitz in Dresden und neuer Vorsitzender des Bundes der Evangelischen Kirchen in der DDR (rechts) mit Kurt Domsch, dem Präsidenten des Landeskirchenamtes und treuem Mitstreiter Hempels bei dem ersten „Friedensforum" im Februar 1982.

Dresden, 13. 2. 1982: Jugendliche DDR-Bürger aus Dresden und anderen Bezirken in der DDR versammeln sich am Jahrestag der Zerstörung der Stadt durch einen der schlimmsten Luftangriffe in der Kreuzkirche zu einer Kundgebung für den Frieden.

sophie, die von der Gedankenwelt und von der inneren Befindlichkeit unserer Nachbarn kaum noch etwas wissen.

Heiligabend 1982, ein Vierteljahr nach dem Ausscheiden aus dem Regierungsdienst, besuchte ich den Gottesdienst in der Alten Pfarrkirche von Berlin-Pankow, nicht weit von der Kuckhoffstraße, wo wir knapp anderthalb Jahre gelebt hatten. Werner Krätschell, Superintendent dieses Sprengels und überzeugter Anhänger von Albrecht Schönherr, predigte über einen Text des Johannes: „Da sagten einige Leute aus Jerusalem, sollten etwa unsere Oberen wirklich erkannt haben, daß er der Christus ist? Wir wissen doch, woher dieser ist; wenn aber Christus kommt, wird niemand wissen, woher er ist. Da rief Jesus: Ihr kennt mich und wißt, woher ich bin. Aber ich bin nicht von mir aus gekommen, sondern einer, der Wahrhaftige, hat mich gesandt, und den kennt ihr nicht. Ich kenne ihn aber; denn von ihm bin ich, und er hat mich gesandt."

Auch im Westen Berlins waren die Kirchen an diesem Abend überfüllt. Und doch war es hier im alten Stadtteil Pankow, ein paar hundert Meter von der Mauer entfernt, anders. Krätschell sagte: „Heute abend braucht keiner sein Parteiabzeichen, welches auch immer. Und jeder hat irgendeines. Hier kann man nichts falsch machen. Hier sind wir einfach nur zusammen. Dieser Heiligabend-Gottesdienst ist eine glaubwürdige Friedensdemonstration: ein heiliger Abend im ursprünglichen Sinne des Wortes. Hier demonstrieren wir nicht gegen oder für, hier wollen wir auch niemanden provozieren, hierher hat uns auch kein Aufruf befohlen. Hier sind alle Waffen abgelegt, alle Orden und eben alle Parteiabzeichen auch." Der Pastor redete ohne Anflug von weihnachtlichem Pathos über jene Wirklichkeit, die Schönherr im Geiste von Dietrich Bonhoeffer beschworen hat. Er redete der Gemeinde zu, daß sie mehr Kraft auf die Liebe wende. „Vielleicht gelänge es auch", sagte der Pfarrer von Berlin-Pankow, „dem Staat nur insoweit Vorwürfe zu machen, als vorher die eigenen Lieblosigkeiten bewußt geworden sind. Ich käme dann manchmal von der Rolle des Anklägers in die des Ratgebers. Bloßes Meckern hilft nichts! Mehr Energie für die Liebe. Ich könnte vielleicht auch besser verstehen, was die

Kirche mit ihrer Forderung nach einer ‚Erziehung zum Frieden' im Kern meint: nicht westliche, nicht pazifistische oder irgendeine Erziehung, bei der die ‚Woher-Frage' gestellt werden kann, sondern die Kirche meint mit der Erziehung zum Frieden die Erziehung zur Liebe."

Hier wurde weder DDR-deutsch noch BRD-deutsch gepredigt. „Es ist für den Frieden so wichtig", sagte mein Pfarrer-Freund, „daß es heilige Orte und heilige Zeiten und heilige Abende gibt. Hier spielt es keine Rolle, woher du kommst. Es wäre ein Beitrag zum Frieden, wenn nicht mehr soviel gefragt würde – jedenfalls nicht mehr soviel gefragt würde, um Menschen festzulegen. Es hat schlimme Folgen für die psychische Befindlichkeit eines Volkes, wenn Personalakten, Fragebögen und bestimmte Computer über Wohl und Wehe des einzelnen bestimmen. Man braucht sich dann nicht zu wundern, wenn so viele Ausreiseanträge gestellt oder Emigrationen versucht werden – nach innen oder gar ins Nichts!"

In Bonn habe ich einem Freund den Predigttext zu lesen gegeben. „Wenn die Kommunisten klug wären", sagte er mir, „würden sie über solche Predigten nachdenken. Wenn einige unserer Sonntagsredner einsichtiger wären, als sie sind, müßten sie regelmäßig in die DDR fahren und solchen Leuten zuhören. Vielleicht würden sie was begreifen."

Ich fürchte, es reisen fast immer nur die, die schon begriffen haben.

Ein Kranz für Goethe

KAPITEL VIII

Am 150. Todestag Goethes hatte ich einen Kranz in seiner Stadt Weimar niederzulegen. Im Vorfeld führten wir zwischen der Ständigen Vertretung und dem Bundeskanzleramt zahlreiche Gespräche darüber, wer der „Absender" des Kranzes zu sein habe. Für meine Mitarbeiter und für mich selber war von Anfang an klar gewesen, daß nur einer in Betracht käme, nämlich Bundespräsident Karl Carstens. Weder der Kanzler noch der für „nationale" Gedenktage zuständige Bundesinnenminister, noch gar der Leiter der Ständigen Vertretung hatten eine überzeugende Kompetenz. Das wurde akzeptiert. Einige Tage ist dann über den Text auf der Schleife debattiert worden. Im Bundespräsidialamt gab es einen Beamten, der, ohne Wissen des Staatsoberhauptes, offenbar „gesamtdeutsche" Politik zu machen wünschte. Nichts anderes sollte auf die Schleife gedruckt werden als „Der Präsident" oder, schon als Zugeständnis an die DDR gemeint, „Der Bundespräsident". Ausgerechnet an der Ruhestätte eines genialischen Weltbürgers sollte wieder ein verkappter Alleinvertretungsanspruch vorgeführt werden. Es war gar nicht so leicht, die Bonner davon zu überzeugen, daß nur eine einzige Aufschrift realistisch sei: „Der Bundespräsident der Bundesrepublik Deutschland."

Den Freiherrn vom Stein, die Generäle Scharnhorst, Gneisenau und Boysen hatten die unentwegten Wiedervereinigungs-Advokaten an die DDR mittlerweile „freigegeben". Johann Wolfgang von Goethe und den Doktor Martin Luther wollten sie in ihrer Obhut behalten, um sie gleichsam unter bundesdeutschen Verschluß zu nehmen. Mit solchen Torheiten des unvergänglichen deutschen Stammtisches hatte man sich auseinanderzusetzen, als ginge es tatsächlich um Schicksalsfragen der gespaltenen Nation. Es ist einfältig zu meinen, daß sich Honecker nur aus propagandistischen Bedürfnissen des preußischen „Erbes" und des Reformators bemächtigt hat, oder weil die Parteiführung sich endlich mit Hilfe der „fortschrittlichen" Gestalten der deutschen Geschichte hofft legitimieren zu können. Daß man sich in der DDR vor wenigen Jahren mit dem „Erbe" so intensiv zu beschäftigen begonnen hat, so vermutete Albrecht Schönherr, müsse nicht ein Zeichen von Schwäche oder ideologischer Ratlosigkeit sein; daß die DDR-Führung jetzt mit der Geschichte gelassener und souveräner umgehe, könne auch darauf hindeuten, daß man die Machtfrage als gelöst ansehe.

Man wird weder Honecker noch Kurt Hager, der im Politbüro als „Chefideologe" über die rein marxistische Lehre wacht, unterschätzen dürfen, indem man ihnen unterstellt, sie wollten aus Martin Luther einen frühen Sozialisten machen. Wenn Hager schreibt, es entspreche dem sozialistischen Weltbild, die Geschichte in ihrem objektiven, tatsächlichen Verlauf und in ihrer gesamten Dialektik zu erfassen, darüber hinaus aber auch die Größe und die Grenzen hervorragender historischer Persönlichkeiten zu erkennen, so hat das mit dem Versuch zu tun, den „Arbeiter- und Bauernstaat" – gewiß mit erhofftem Gewinn für seine innere Stabilität – in die Kontinuität der deutschen Geschichte zu stellen. Da ist mit schnellem Spott nicht auszukommen, die DDR bemühe sich, die Abwesenheit demokratischer Grundrechte dadurch wettzumachen, daß sie sich deutscher als die Bundesrepublik darstelle. Mag auch vieles an dieser über einige Jahre bedachten und langfristig geplanten „Erbe-Rezeption" vordergründig und forciert wirken, so steht dahinter doch eine politische Idee, die wir besser ernst nehmen sollten.

Jene bei uns, die immer wieder vom „Offenhalten der

deutschen Frage" und von den – allenfalls durch einen Friedensvertrag mit dem ganzen Deutschland zu korrigierenden – Grenzen von 1937 reden, beziehen ihr selbstsicheres Urteil über die DDR aus der vermeintlichen Gewißheit, daß bei freien Wahlen die SED nicht die Fünf-Prozent-Hürde nehmen würde. Doch ist dies einstweilen müßige Spekulation. Selbst wenn die Deutschen eines Tages in freier Selbstbestimmung darüber entscheiden könnten, wie sie sich inhaltlich und in welcher staatsrechtlichen Form als Nation zusammenschließen wollen, müßten bis dahin tiefsitzende Ängste unserer Nachbarn im Osten und im Westen durch friedfertiges Verhalten der Deutschen in beiden Staaten gleichsam kuriert werden. Und deren geschichtlich bedingte Traumata werden nicht durch Wahlen aufgelöst.

Es war von zwingender Logik, daß Konrad Adenauer – gegen den Widerstand Kurt Schumachers – unseren Staat mit dem Westen verbunden hat. Geschichtlich folgerichtig war auch, daß Willy Brandt und Walter Scheel die Bonner Republik durch Verträge mit den Regierungen des „sozialistischen Lagers" sicherer machten.

Ihre Ostpolitik ist von den meisten Bürgern der Bundesrepublik als vernünftig erlebt worden. Die Emotionen, die Willy Brandt 1972 einen scheinbar überraschenden Wahlsieg brachten, hatten allerdings mehr mit den Ränken und Kabalen der Opposition zu tun als mit einer in die Tiefe des Gemüts reichenden Genugtuung über die von ihm begonnene Arbeit der Aussöhnung. Der Kniefall des Bundeskanzlers Brandt im Warschauer Ghetto galt jungen Bürgern und den Liberalen zwar als schönes Symbol; die meisten aber, und nicht einmal nur die Konservativen, fanden das übertrieben.

Ostpolitik wurde von den meisten mit dem Kopf akzeptiert. Die Länder im Osten und deren Völker rückten deshalb kaum näher. Leider auch nicht die DDR und unsere Landsleute. Die Grenze mit Mauer und Selbstschußautomaten tat ein übriges. Man wollte ja gelten lassen, daß das Reisen nach den Verträgen leichter geworden war (doch es blieb, so fand man, beschwerlich genug). Und selbst wer alle Bestimmungen der DDR im Kopf hatte, spürte ein Gefühl der Beklommenheit, wenn er sich bei Helmstedt-Marienborn oder bei Wartha-Herleshausen ins Niemandsland zwischen den beiden deutschen Staaten begab.

Als Regierungssprecher habe ich viele Male und mit gutem Gewissen die steigenden Zahlen des Besucherverkehrs als Beweis für die unverändert lebendige Zusammengehörigkeit der Deutschen kommentiert. Die Zahlen aber dokumentieren nicht die ganze Wirklichkeit. Manche dieser Reisen schaffen nicht Nähe, sondern verstärken das Gefühl von Ferne. Es nutzt wenig, darüber zu wehklagen. Es hilft auch nicht viel, wenn den Bundesbürgern vom Bundespräsidenten oder dem patriotisch gestimmten Bürgermeister einer grenznahen Gemeinde empfohlen wird, sie sollten doch mal in die DDR reisen. Auch wenn von Bundesbürgern und DDR-Bürgern anderes behauptet wird: Die Begegnungen zwischen den Deutschen beider Staaten reflektieren die ungelösten Konflikte zwischen den Staaten und Regierungen – denn wer kann sich schon für die kurze Dauer eines Besuchs aus seiner Rolle lösen . . .

Als 1983 in den Tagen der Eishockey-Weltmeisterschaft in Dortmund die bundesdeutschen Spieler mit Rufen „Deutschland, Deutschland" angefeuert und Gegenstände nach den Sportlern aus der DDR geworfen wurden, widerriefen einige „West"-Deutsche, was die Politiker so oft über die lebendige „Einheit der Nation" erzählen. Solche Kundgebungen der Feindseligkeit kamen nicht von ungefähr, ließen sich nicht dem gewohnt aggressiven Verhalten des Publikums bei Wettkämpfen zwischen Klubs in der Bundesrepublik vergleichen. Das war eine böse, beschämende Demonstration gegen einen Staat samt seinen Bürgern, von dem viele von uns buchstäblich nichts wissen und von dem sie, beflügelt durch die polemischen Reden mancher Politiker und ihrer journalistischen Claque, auch nichts wissen wollen. Die Wurfgeschosse zielten nicht nur auf die DDR-Spieler. Sie richteten sich – jedenfalls unbewußt – gegen die Nachbarn, die man einer Welt zugehörig glaubt, der man nicht Einlaß in die eigene gewähren will.

Gedankenlose Sportreporter, die in ihren Reportagen über Begegnungen zwischen Mannschaften aus beiden Teilen Deutschlands den Eindruck suggerieren, als gehörten die Sportler aus Magdeburg oder Ostberlin zum „Ostblock", sind kaum zu schelten. Sie reflektieren ja nur eine Einstellung zur DDR, die ihnen von namhaften Gegnern einer innerdeutschen Entspannungspolitik über Jahrzehnte als patriotisch vorgeführt worden ist.

Die auf Abgrenzung hinwirkenden Kräfte tun ein übriges: Auf beiden Seiten reichen sie sich gern die Hände und rühren sie dann emsig, um geistige Mauern hochzuziehen. Das „ganze Deutschland" können sie nur denken, wenn es sich zu den eigenen Geschäftsbedingungen bekommen läßt. Weil man doch die richtige und gerechte Sache vertritt, sollen die anderen die weiße Fahne hochziehen, sollen sie öffentlich eingestehen, daß sie einem Irrweg gefolgt sind und Reue üben wollen.

So werden wir die Ferne zwischen den beiden Staaten und ihren Bürgern, die geistige und die Ferne der Gefühle, nicht verringern. Von Jahr zu Jahr wird es schwieriger werden, diesen schleichenden Prozeß der inneren, der seelischen Entfremdung aufzuhalten oder gar ihn umzukehren. Nation und nationale Zusammengehörigkeit, an denen genug Deutsche in beiden Staaten festhalten möchten, werden zur Schimäre, wenn das spontane und auf Rollenspiel verzichtende Gespräch zwischen den Menschen versiegt. Oder wenn sich in solchen Gesprächen der Argwohn ausbreitet, der eine wolle den anderen niederringen, zu Kapitulationen nötigen. Oder wenn Gespräche aus dem Gefühl jener falschen Barmherzigkeit heraus geführt werden, die eigentlich nichts anderes als Herablassung ist.

Noch ist genug Substanz da. Noch haben die politischen Systeme die Bürger in den beiden Staaten nicht so sehr verändert, daß sie zur guten Nachbarschaft nicht mehr tauglich wären. Vielleicht hat die bittere Erfahrung der Teilung die Deutschen für ein friedliches Zusammenleben besser vorbereitet, als sie zur Zeit der Reichsgründung durch Bismarck auf eine Einheit vorbereitet waren, die vielen ohnehin als gewaltsam erschienen ist.

Doch ohne Wagemut und Phantasie verlangende Korrektur unserer Politik gegenüber der DDR wird diese Chance womöglich vertan werden. Versäumnisse haben auch die Regierungen der sozial-liberalen Koalition zu verantworten. Sie fanden nicht immer die Kraft, aus richtigen Einsichten die notwendigen Konsequenzen zu ziehen. Mit einer stärkeren Mehrheit hätte mehr gewagt werden können. Gemeinsamkeit in der Deutschlandpolitik scheiterte, weil die Opposition von gestern den Sozialdemokraten Erfüllungspolitik gegenüber den Kommunisten in der DDR vorhielt. Auf dem rechten Flügel der Union sollte eine um Ausgleich bemühte Politik obendrein als Beleg für die heimliche Verwandtschaft zwischen Kommunisten und Sozialdemokraten denunziert werden, unselige Nachwirkungen der Polarisierung in den Jahren der Regierung Adenauer.

Dagegen hatten sich die Bundesregierungen unter Willy Brandt und Helmut Schmidt zu wehren. Das kostete wertvolle Kraft und überdies viel Zeit. Die DDR hat es den beiden sozialdemokratischen Kanzlern wahrlich nicht leichter gemacht. Oft genug war das kleine Karo das Wappenzeichen der Ostberliner Politik: ihre provinzielle Beschränktheit und ideologische Starrheit, deutsch-kommunistische Rechthaberei und eben jene Verkrampfungen und Berührungsängste. Die sind freilich nicht ein Monopol des anderen Staates. Ob der neue Kanzler über die Zukunft der innerdeutschen Politik schon gründlicher nachzudenken sich Zeit genommen hat, ist aus seiner Regierungserklärung nicht zu erkennen. Helmut Kohl ist gelegentlich und privat in der alten Handelsstadt Leipzig gewesen. Ob er dort kritische Meinungen zur Deutschlandpolitik seiner Partei gehört hat, weiß ich nicht. Das in manchen seiner Reden nachhallende Pathos aus der Adenauer-Hallstein-Zeit findet in der DDR jedenfalls schon lange keine Resonanz mehr.

Immerhin ließ sich der Kanzler von dem Instinkt leiten, daß ein bewußt angestrebter Bruch mit der Deutschlandpolitik seines ungeliebten Vorgängers eine Wende zum Schlimmeren bedeuten würde. Auf den Rat kenntnisreicher Beamter im Bundeskanzleramt war er ebenso zu hören bereit wie auf die Empfehlung seines Vertrauten Philipp Jenninger. Der CDU-Staatsminister folgte der pragmatischen Linie seines Vorgängers Hans-Jürgen Wischnewski und entwickelte nach kurzer Zeit jene Sensibilität im Umgang mit Vertretern des anderen Staates, die uns Sozialdemokraten oft genug als „Appeasement" und Leisetreterei vorgehalten worden ist. Daß Kanzler Kohl den erfahrenen, seiner Aufgabe auch emotional verpflichteten Hans Otto Bräutigam auf dem Posten des Leiters der Ständigen Vertretung beließ, obwohl der Karrierediplomat noch von Helmut Schmidt nach Ostberlin geschickt worden war, zeigte richtiges Gespür.

Nur reicht das nicht. In der Auseinandersetzung um einen der DDR gewährten Milliardenkredit, der ohne politische Deckung durch die Bundesregierung nicht zustande gekommen wäre, zeigte sich erneut jene fatale und womöglich folgenschwere Fehleinschätzung „bürgerlicher" Politiker, derzufolge es möglich sein soll, mit hartem Westgeld den devisenhungrigen und zu vernünftigem Wirtschaften angeblich unfähigen Kommunisten abzukaufen, was man von ihnen auf politischem Wege nicht kriegen kann. Natürlich wird die Staatsführung der DDR in Gegenleistungen einwilligen; doch werden diese mit Gewißheit nicht in der Erfüllung solcher Bonner Forderungen bestehen, die wir schon unter der Kanzlerschaft von Helmut Schmidt an die DDR gerichtet haben. Gewiß, mit Geld kann man bei dem, der es dringend braucht, einiges erreichen. Diese banale Wahrheit bestätigt sich allerdings auch tagtäglich im Umgang mit nichtkommunistischen Regierungen, sogar zwischen Verbündeten.

Die Losung „Menschlichkeit gegen Kasse" ist ein feines Stichwort für moralische Entrüstung. Daß es auch im Politbüro Leute gibt, die den Häftlingsfreikauf als moralisch fragwürdig lieber ganz abgeschafft hätten, habe ich berichtet. Zugeständnisse, die zu Lasten der Stabilität der DDR gehen, sind auch durch neue Milliardenkredite nicht zu haben. Was Honecker und das Politbüro an Abgrenzung zur Bundesrepublik für nötig halten und was sie an Liberalität im Umgang mit den eigenen Bürgern und mit einer Bonner Regierung für möglich ansehen, das bestimmen sie selber. Dann besprechen sie es mit „den Freunden". Gegenüber den Großmächten bleiben die deutschen Staaten berichterstattungspflichtig, beide wohlgemerkt.

Auf dem Weg zu besserer Nachbarschaft kommt eine

Bundesregierung jedenfalls nicht weiter, wenn sie sich als eine Art Geschäftsbank versteht, die in Erwartung einer späteren Rendite die Bonität des Kreditnehmers mit großherzigen Maßstäben mißt. Weder können die Härten der Teilung Deutschlands gemildert, noch die im Grundlagenvertrag liegenden Chancen für eine schrittweise Entkrampfung genutzt werden, wenn wir als einzige Antwort die unzulängliche Formel „Leistung – Gegenleistung" verfügbar haben. Im Verhältnis zwischen DDR und Bundesrepublik versagen, wenn es um die künftige Struktur der Beziehungen geht, die Kosten-Nutzen-Rechnungen. Mit denen kommen wir nicht einmal in der Europäischen Gemeinschaft weiter. Wenn die andere Seite materielle Hilfe von uns wünscht, wird eine jede Bundesregierung hart zu verhandeln haben. Wo es um die Perspektiven des Zusammenlebens in der Mitte Europas geht, im Zeichen der so bald nicht aufzulösenden Bündnissysteme und der nicht zu versöhnenden politischen Ordnungen, müssen Gleichheit und Gleichberechtigung im Umgang selbstverständlich werden. Wer da meint, daß Deutschlandpolitik den tieferen Sinn hat, die Deutschen in der DDR vom Kommunismus zu befreien, wird dazu beitragen, daß sich dort undemokratische, unfreiheitliche Strukturen immer mehr verfestigen. Die andere Hälfte der Nation, die knapp siebzehn Millionen Bürger der DDR, messen unseren Patriotismus nicht zuerst oder gar allein an der Unbestechlichkeit unserer antikommunistischen Gesinnung.

Ob uns die Zusammengehörigkeit der Deutschen mehr wert ist als Kredite in Millionen- und Milliardenhöhe, werden sie auch künftig daran erkennen, ob wir uns im Sinne der auf König Salomo zurückgehenden Parabel verhalten: Beim Streit um das Kind, das zwei Frauen ihr eigenes nennen, läßt die wirkliche Mutter als erste den Arm des Kindes los, da ihr das Leben des Kindes wichtiger ist, als ihr Anrecht darauf.

Es war ein Pfarrer in der Uckermark, der mich an das schöne Gleichnis erinnerte. Er sagte: „Wenn nur die Obrigkeiten in unseren beiden Staaten verstehen lernen, was dieses Gleichnis ihnen nahelegt. Irgendwann könnte es zum Begreifen zu spät sein."

Personenregister

Die Namen Helmut Schmidt und Erich Honecker wurden wegen Häufigkeit nicht ins Register aufgenommen.

Bildnachweis

Associated Press 15; Bildarchiv Jürgens 21, 39, 41, 63, 104/105, 109, 131, 137, 177, 209, 217, 238, 281 o.; Bundesbildstelle: Titel, 34/35, 76/77, 166/167; Darchinger, J. H. 222/223, 303; Deutsche Presseagentur 71, 281 u.; Höpker, Thomas 127; Ihrt, Fred 101; Rondholz, Peter 268/269; Schmitt, Harald 29, 43, 48/49, 65, 91, 95, 111, 147, 158/159, 163, 171, 213, 229, 238/239, 239, 245, 247, 253, 257, 259, 287 (2).